La palabra ambigua

David Jiménez Torres

La palabra ambigua
Los intelectuales en España (1889-2019)

taurus

Papel certificado por el Forest Stewardship Council®

MIXTO
Papel procedente de
fuentes responsables
FSC
www.fsc.org FSC® C117695

Penguin
Random House
Grupo Editorial

Primera edición: enero de 2023
Primera reimpresión: febrero de 2023

© 2023, David Jiménez Torres
© 2023, Penguin Random House Grupo Editorial, S. A. U.
Travessera de Gràcia, 47-49. 08021 Barcelona

Printed in Spain – Impreso en España

ISBN: 978-84-306-2466-9
Depósito legal: B-20.335-2022

Compuesto en Arca Edinet, S. L.
Impreso en Artes Gráficas Huertas
Fuenlabrada (Madrid)

TA 2 4 6 6 9

Para Aída,
wise men say...

ÍNDICE

INTRODUCCIÓN

¿Quién de nosotros, los que escribimos para el público, no ha usado, no ya una sino muchas veces, en estos últimos tiempos el sustantivo *intelectual?* [...] Y la verdad es que si se nos pidiera a cuantos nos hemos servido de semejante denominación, el que la definiéramos, nos habríamos de ver, los más de nosotros, en un gran aprieto.

MIGUEL DE UNAMUNO, 1905[1]

En Alemania y en Inglaterra [...] eran ya socialistas casi todos los ciudadanos cultos o —digamos la palabra ambigua— casi todos los intelectuales.

JOSÉ ORTEGA Y GASSET, 1908[2]

Yo es que he pensado que a mí también me interesaría ser intelectual. Como no tengo nada que perder...

Amanece, que no es poco,
dir. JOSÉ LUIS CUERDA, 1989

¿Qué espera un lector de un libro sobre *los intelectuales?* Quizá un resumen de las obras de algunos autores influyentes, especialmente si se distinguieron por algún esfuerzo de abstracción. O quizá espere semblanzas de personajes vinculados a la cultura, la universidad o el periodismo —o los tres a la vez—. Quizá, también, espere una descripción de los círculos sociales en los que se movieron, o del contexto histórico que marcó sus experiencias. Puede que el lector espere, además, una exposición de sus itinerarios sentimentales, y de cómo trataron a sus parejas, a sus amigos y a sus enemigos. Quizá espere incluso cierta ejemplaridad en los casos elegidos, la demostración de que algunos personajes han arriesgado mucho a causa de un hondo compromiso moral. O quizá espere todo lo contrario: una denuncia de comportamientos hipócritas, frívolos y cobardes. Puede que espere, también, una explicación de por qué los especímenes más acabados de esta especie surgieron en unos países y no en otros. Y seguramente espera, por último, un diagnóstico acerca de por qué estas figuras ya no exhiben la pureza química de otros tiempos. Por qué, incluso, se hallan en peligro de extinción.

Estas son expectativas razonables, pero conviene ser claro desde el comienzo: el lector encontrará muy poco de todo ello en este libro. Este no es un estudio sobre unos individuos concretos, ni sobre los espacios y grupos que frecuentaron, ni sobre las ideas que propusieron, ni sobre su apoyo a —o denuncia de— determinados regímenes. Este libro se centra, más bien, en el largo y sorprendente viaje de una palabra: *intelectual,* en su uso como sustantivo. Una palabra cuya acepción moderna tiene unos ciento treinta años de historia y que, a lo largo de ese tiempo, ha ejercido una singular atracción. El objetivo es mostrar cómo se ha utilizado esa palabra en España, qué sentidos se le ha ido otorgando, en qué debates ha aparecido y qué nos enseña todo ello acerca de nuestra historia y nuestra cultura. Se busca explicar, por ejemplo, por qué tantas personas hoy en día tienen una idea formada acerca de *los intelectuales,* por qué esa idea suele tener una fuerte carga de atracción o de rechazo, y por qué suele estar ligada a episodios de nuestra historia como la Segunda República o la Guerra Civil.

Existen varios motivos para adoptar esta perspectiva. El primero es que los trabajos sobre los intelectuales siempre han debido enfrentarse a un problema: cómo definir su propio objeto de estudio. La polisemia de la palabra *intelectual* sigue dificultando saber de qué hablamos cuando hablamos de intelectuales. Sobre esto ha insistido el investigador británico Stefan Collini, quien propuso en su libro *Absent Minds* muchas de las reflexiones que guían este trabajo. Collini señala que, históricamente, el sustantivo *intelectual* se ha usado para denotar tres conceptos muy diferentes.[3] Por un lado estaría el *sentido sociológico*: la palabra hace referencia a alguien cuya ocupación principal tiene que ver con la intelección y el conocimiento, y que debido a ello tiene un nivel educativo superior a la media. En segundo lugar estaría el *sentido subjetivo*: intelectual sería quien siente interés por las ideas y por la cultura, independientemente de que esto tenga o no que ver con su profesión. El tercer sentido sería el *sentido cultural*, y se refiere a aquellos individuos que «poseen algún tipo de "autoridad cultural", esto es, que utilizan una posición o unos logros intelectuales reconocidos a la hora de dirigirse a un público más amplio que el de su especialidad».[4] Estos sentidos no son solo distintos entre sí; también pueden ser mutuamente excluyentes. Un ingeniero que solo estuviera interesado en las cuestiones relacionadas con su trabajo, por ejemplo, podría ser considerado un intelectual en el sentido sociológico, pero tendría un encaje más difícil en el sentido subjetivo. Por el contrario, un barrendero que dedicase su tiempo libre a ver películas de la *nouvelle vague* y a releer *Finnegan's Wake* sería considerado un intelectual en el sentido subjetivo («este es un intelectual»), mas no en el sociológico. Por último, es poco probable que ni este ingeniero ni este barrendero fuesen considerados intelectuales en el sentido cultural. Esto solo sucedería si encontraran la manera de dirigirse a un público que quedara fuera de su círculo social o profesional, y que reconociera en ellos cierta autoridad para pronunciarse sobre asuntos de interés general. El sentido cultural es, por tanto, el más restrictivo: excluye a la mayoría de los individuos que encajan en el sentido sociológico y en el subjetivo, y depende de un acceso al gran público que está al alcance de muy pocos. E incluso si se dan todos esos factores, es posible —la historia lo demuestra— que surjan debates sobre si es un *verdadero intelectual*.

A estas acepciones genéricas podríamos añadir otras que se derivan de obras especialmente influyentes, a menudo escritas desde alguna disciplina académica o perspectiva ideológica. Es el caso de las ideas sobre el intelectual de Karl Mannheim —desde la sociología—, las de Antonio Gramsci —desde la tradición marxista— o las de Raymond Aron —desde la tradición liberal—; trabajos que definen al intelectual según una serie de funciones sociales o patrones de comportamiento. Ocurre lo mismo con la descripción de Pierre Bourdieu de los intelectuales como participantes privilegiados en los mecanismos de legitimación cultural, y con la distinción que estableció Michel Foucault entre el *intelectual universalizante* y el *intelectual específico*. También han sido influyentes los relatos de naturaleza más claramente histórica, que suelen enhebrar procesos colectivos y carreras individuales en un relato acerca del *auge, consolidación, declive* y —en ocasiones— *muerte* de los intelectuales. Estos trabajos también pueden generar sus propias definiciones de lo que es un intelectual, como ocurre en el caso de *Les intellectuels en France* (1992) de Pascal Ory y Jean-François Sirinelli y su idea del intelectual como alguien que interviene en la política.[5]

Los estudios sobre los intelectuales suelen optar por una de estas definiciones, utilizándola como base para su análisis. Aunque también es común, sobre todo en obras polémicas o de divulgación, que planteen un pacto tácito al lector, según el cual el significado de la palabra es lo suficientemente claro como para que no resulte necesario precisarlo. En su influyente *Intelectuales*, por ejemplo, Paul Johnson reúne semblanzas de autores como Rousseau, Marx, Brecht, Hemingway y Sartre, sin explicar en ningún momento qué le lleva a considerar a estos autores como figuras homologables.[6] Otras obras también emplean la palabra de forma genérica para referirse a grupos de personas que habitan una zona gris entre el sentido sociológico y el sentido cultural. Al fin y al cabo, la economía del lenguaje favorece que hablemos de grupos de «intelectuales» en lugar de sobre grupos de filósofos, catedráticos, periodistas, novelistas, poetas, ensayistas… sobre todo cuando, en muchos casos, los individuos en cuestión han participado en varios de estos campos a lo largo de sus carreras.

Sin embargo, como apuntó François Dosse, la polisemia de la palabra *intelectual* no es un mero obstáculo que el investigador debe salvar antes de alcanzar sus conclusiones. Más bien forma parte intrínseca y definitoria del propio objeto de estudio:

> El intelectual puede definir muy numerosas identidades, que pueden coexistir en un mismo periodo. Por lo tanto, la historia de los intelectuales no puede limitarse a una definición *a priori* de lo que debería ser el intelectual según una definición normativa. Por el contrario, tiene que quedar abierta a la pluralidad de estas figuras.[7]

En un plano más general, también Reinhart Koselleck insistió sobre la atención que se debe prestar en la historia de los conceptos al cambio semántico, en particular a la coexistencia de varios significados de una misma palabra en un momento histórico. Y Quentin Skinner y Terence Ball advirtieron igualmente contra la tentación de hipostasiar conceptos, aislando en ellos una coherencia que no tenían para el conjunto de quienes los usaban.[8] Si los hablantes de una época no se decidieron por un único significado para una palabra determinada, nuestro trabajo no es ponerles de acuerdo *a posteriori*. Conviene, en fin, aplicar a los intelectuales una perspectiva que ya está muy arraigada en otros campos: aquella que entiende que la relación entre lenguaje y realidad es más ambigua y compleja de lo que parece.

Partiendo de todo esto, parece que, cuando abordamos la figura del intelectual, no nos encontramos ante un sujeto histórico claramente delimitable, sino ante un fenómeno semántico y discursivo cuya principal característica es la ambigüedad. Dicho de otra forma, estamos ante una palabra que se ha proyectado sobre ciertos individuos de manera problemática. A diferencia de lo que ha ocurrido con otros términos polisémicos como *política*, *filosofía* o *arte*, ningún Estado ha desarrollado mecanismos que legitimen el uso de esta palabra para referirse a individuos concretos. Uno puede licenciarse en Ciencias Políticas, en Filosofía o en Bellas Artes en muchas universidades; en ninguna se puede licenciar, cursar un máster o doctorarse en Intelectualidad. Uno puede tener un título oficial que acredite su estatus de politólogo, filósofo o artista; ningún papel ratificará su estatus de *intelectual*. En lo tocante a los registros oficiales, el intelectual no existe. Es una categoría que discurre completamente al margen de la organización institucional y de mercado laboral. Y las definiciones que destacan su naturaleza cualitativa se hunden, igualmente, en la ambigüedad. Cuando se dice, por ejemplo, que el intelectual es alguien que interviene en la política, esto solo anima a preguntar: ¿qué es y qué no es «intervenir en la política»?

No parece anecdótico que una y otra vez, a lo largo de ciento treinta años, nos hayamos planteado lo mismo que ya preguntaba Azorín en 1911: «¿Qué es lo que debemos entender por intelectual cuando de intelectuales hablamos?».[9] Así pues, y como señaló el hispanista E. Inman Fox en un trabajo pionero, la cuestión no es relegar el estudio de los intelectuales al campo de la lingüística histórica.[10] Más bien se trata de reconocer que, si existe una historia de los intelectuales, esta debe incluir la historia de los debates acerca de la naturaleza, la presencia y la función de los intelectuales.

Este libro propone, por tanto, recoger los usos de una palabra especialmente problemática y prestar atención a los discursos que fueron sedimentándose a su alrededor. Porque esta es la segunda parte de la historia: a lo largo del tiempo, y pese a la ambigüedad que se acaba de señalar, ha habido sorprendentes continuidades en lo que se ha dicho sobre *los intelectuales*. Ha sido frecuente, por ejemplo, señalar que los intelectuales españoles son inferiores a sus homólogos de otros países europeos (y, muy especialmente, a los franceses). También se planteó muy temprano que el intelectual era una figura masculina, pero que aquella palabra podía usarse para cuestionar la masculinidad de un hombre o la feminidad de una mujer. También fue constante la idea, sobre todo en sectores conservadores, de que *los intelectuales* no apreciaban la historia nacional. Y llevamos más de cien años de escritos acerca del *deber* del intelectual, o de su *traición*, o de la *torre de marfil* en la que se ha refugiado o de la que nunca debería haber salido (en cualquier caso, mal hecho).

Es cierto que este enfoque puede dar la impresión de que los intelectuales son puro discurso, que no hay ninguna realidad social o económica que influya en la idea que se tiene de ellos en cada momento histórico. Por supuesto, en muchos casos ese contexto es muy relevante. Cuando el dictador Primo de Rivera exaltó las virtudes del sentido práctico frente a la abstracción de *los intelectuales*, por ejemplo, estaba apelando a los valores de los sectores que más apoyaban su régimen (como la pequeña clase media) en contra de aquellos que más lo criticaban (los Ateneos y algunos catedráticos). Igualmente, la idea de que *los intelectuales* desempeñaron un papel destacado en la Segunda República se puede apoyar en el perfil profesional de muchos de los diputados de las Cortes Constituyentes de 1931.[11] Y varios autores de los años sesenta y setenta señalaron que la dificultad para definir quién era y quién no era un *intelectual* había aumentado con el acceso masivo a la educación superior. La cuestión era más sencilla de acotar en una España que, hasta bien entrados los años cincuenta, no superó el número de cincuenta mil estudiantes universitarios, y en la que persistían elevados niveles de analfabetismo. Fue el cambio de esa realidad educativa lo que dio pie a que en 1977 Joan Fuster escribiera: «Hoy día, somos tantos los intelectuales, y de tan variado pelaje, que meternos a todos en el mismo saco sería una bobada».[12] Veinte años después, Fernando Savater señaló que «*intelectuales* es una categoría tan amplia que no es difícil pertenecer más o menos a ella: yo creo que lo difícil es lo contrario».[13] Estas declaraciones no se entienden si no se tienen en cuenta las transformaciones objetivas de la sociedad española en las décadas centrales del siglo xx.

Sin embargo, a lo largo de este libro veremos que muchas ideas sí se mantuvieron estables pese a los grandes cambios del siglo. Es posible, por ejemplo, que *el intelectual* fuera entendido como una figura masculina porque la palabra se consolidó en un momento en el que las mujeres tenían un acceso muy limitado a la educación, a la publicidad literaria y a los espacios de sociabilidad cultural. Pero esto no explica que, en la España de 1987, cuando las mujeres ya habían accedido de forma masiva a los estudios universitarios, un periódico publicase que los intelectuales «suelen tener a su lado sufridas y valientes compañeras que les llevan las cuentas».[14] Además, a la hora de hablar sobre los intelectuales ha sido muy común hacer referencia a autores del Siglo de Oro o incluso la Antigua Grecia; es decir, épocas cuyas condiciones materiales eran extraordinariamente distintas de las del siglo xx. Esto indica que el concepto del *intelectual* ha sido entendido como algo que trasciende las particularidades de una etapa histórica concreta. Así pues, los discursos sobre esta figura tienen cierta autosuficiencia, o al menos cierta impermeabilidad a los cambios sociales. Y este es otro aspecto de lo que se quiere mostrar aquí: hasta qué punto llevamos más de un siglo diciendo las mismas cosas sobre *los intelectuales*.

El libro está organizado de manera cronológica. El primer capítulo corresponde a la etapa de aparición y consolidación de la palabra en España —de 1889 a 1914—, y el segundo a la que se ha solido considerar como la de mayor influencia de los intelectuales —de 1914 a 1936—. La importancia de estas etapas, tanto en el estudio de los intelectuales como en los discursos sobre los mismos, hace que estos dos capítulos sean los más extensos del libro. Los capítulos siguientes (centrados en la Guerra Civil, la dictadura franquista, la Transición, la etapa democrática y la etapa de crisis que comienza en 2008) son más breves e indagan en las principales novedades que se fueron produciendo en lo que los españoles decían y pensaban sobre los intelectuales.

Las fuentes que se utilizarán son textuales en su mayoría: ensayos, artículos, novelas, cuentos y obras de teatro. En los últimos capítulos también se incluyen algunas fuentes radiofónicas y audiovisuales. A riesgo de poner a prueba la paciencia del lector, se hará un uso frecuente de citas de fuentes primarias. Se busca con ello mostrar los matices en el uso de aquella palabra, ya que son en sí mismos uno de los principales objetos de este estudio. También se ha buscado recoger una amplia muestra de fuentes, que abarque desde publicaciones militares hasta textos anarquistas, y desde obras de autores famosos a sueltos sin firma. Esto es porque no nos interesa solamente lo que los autores más conocidos de un periodo pensaban acerca de los intelectuales, sino también lo que se decía de ellos en todo tipo de sectores sociales. Es cierto que muchas de las citas que se emplearán llevan la firma de algunas de las figuras clásicas de nuestra historia intelectual: Unamuno, Maeztu, Azorín, Ortega, Zambrano, Aranguren, Montalbán, Savater, etc. Pero esto no se debe tanto a su canonicidad como al hecho de que reflexionaron explícita y públicamente acerca de *los intelectuales*. A cambio, varios textos canónicos —por ejemplo, el *Idearium español* de Ángel Ganivet— no reciben atención, y algunos de los autores que suelen incluirse de manera destacada en estudios sobre los intelectuales españoles —por ejemplo, Manuel Azaña— solo aparecen de forma muy secundaria. La razón es sencilla: he intentado ser escrupuloso a la hora de incluir solamente aquellas fuentes que utilicen explícitamente las palabras *intelectual* e *intelectuales*. Y resulta que, como comprobaremos, muchos de los textos o autores canónicos mostraron una gran reticencia a la hora de emplearla. Veamos por qué.

CAPÍTULO 1

EN EL PRINCIPIO FUE LA AMBIGÜEDAD (1889-1914)

A finales del siglo XIX se produjo un curioso cambio entre los hablantes del español. Donde antes se habían referido a ciertos individuos como *filósofos, catedráticos, escritores, polígrafos, artistas, científicos* o *pensadores*, ahora se referían a ellos como *intelectuales*. La sustitución no fue completa: todos los términos anteriores continuaron usándose. Pero el cambio tuvo la suficiente importancia como para llamar la atención de algunos puristas del lenguaje. El narrador de un cuento publicado en 1897 por el escritor José Echegaray, por ejemplo, señalaba que la fisonomía de un personaje «era la del que hoy, con mejor o peor gramática, se llama *un intelectual*».[1]

Este cambio ha llevado a muchos investigadores a considerar esta época como la del *nacimiento de los intelectuales* (añadiendo a veces el adjetivo *modernos*) en nuestro país. Y se han señalado varios procesos sociales, económicos, políticos y culturales que lo habrían provocado: desde el crecimiento de la clase media y de la población alfabetizada hasta la creciente relevancia de la prensa escrita, pasando por la quiebra de confianza en el sistema de la Restauración y la búsqueda de nuevos líderes sociales. Otros autores también han considerado el advenimiento de *los intelectuales* como un paso importante dentro de procesos de mayor recorrido, como el cambio cultural que arranca con la Ilustración, el ascenso político de la burguesía o los proyectos de construcción nacional que marcaron el siglo XIX. Se ha señalado igualmente la influencia de modelos foráneos, como la *intelligentsia* reformista rusa o la movilización que se produjo en Francia a propósito del caso Dreyfus, sobre todo tras la publicación en 1898 del artículo «*J'accuse!*», del escritor Émile Zola. Por otra parte, varias figuras de la historia cultural de estos años han sido consideradas como representativas de esos primeros intelectuales españoles modernos. Tanto Miguel de Unamuno, Pío Baroja, José Martínez Ruiz «Azorín», Ramiro de Maeztu y los hermanos Machado —entre los autores asociados habitualmente a la presunta generación del 98— como José Ortega y Gasset, Manuel Azaña, Gregorio Marañón y Ramón Pérez de Ayala —entre los que se vinculan a la igualmente presunta generación del 14— son presencias habituales en los estudios acerca de los intelectuales españoles. También se ha analizado el complejo papel de la intelectualidad catalana y su vínculo con dinámicas de modernización social y cultural, que hundirían sus raíces en la *Renaixença* y que tendrían que ver también con el desarrollo de la Lliga Regionalista.[2]

Esta historia adquiere un cariz distinto, sin embargo, si tenemos en cuenta la perspectiva que se ha detallado en la Introducción. Es decir, si examinamos las últimas décadas del siglo XIX y las primeras del XX no como las de la aparición de un agente histórico, sino más bien como las de la configuración de varios discursos relacionados con el sustantivo *intelectual*. Visto desde este prisma, observamos que aquella palabra apareció, efectivamente, a finales de la década de 1880, que se consolidó en el idioma sin necesidad de un acontecimiento o *causa célebre* concretos y que muchas de aquellas personas sobre las que se proyectaba se negaron a identificarse con ella. Esto no impidió que la palabra se utilizara en el debate público, como cuando se discutía acerca de quién (o quiénes) debían dirigir el país, cómo debía pensarse España con relación a las otras naciones de Europa occidental e incluso qué actividades correspondían a los hombres y cuáles a las mujeres. También comprobamos que hubo desde el comienzo una gran ambigüedad en cuanto a su significado y que suscitó reacciones muy negativas en varios sectores. Antes de analizar todo esto, sin embargo, exploremos el cambio lingüístico que lo hizo posible.

1. NACIMIENTO DE UNA PALABRA

La palabra *intelectual*, utilizada como sustantivo, aparece de forma prácticamente simultánea en la mayoría de las lenguas europeas en las dos últimas décadas del siglo XIX.[3] Su uso como adjetivo ya estaba consolidado en el castellano desde mucho antes, y la posibilidad de un deslizamiento hacia el sustantivo también parece haber existido durante mucho tiempo. Si bien durante el siglo XVIII los diccionarios de la Real Academia solo recogieron sus dos acepciones como adjetivo («Lo que pertenece al entendimiento» y «Lo mismo que espiritual, sin cuerpo»), la edición de 1803 incluyó una tercera: «El dedicado al estudio y la meditación». Sin embargo, esto venía precedido por la abreviatura «ant.» (por «antiguo; anticuado; antiguamente») y seguido por una referencia al latín: «*Litteris, meditationi deditus*». Esta tercera acepción se mantendría en sucesivas ediciones hasta 1914, cuando se cambia por «Dedicado preferentemente al cultivo de las ciencias y letras. Usado también como sustantivo» y se abandona la indicación de que el uso no es actual.[4] Otra palabra relevante, «intelectualidad», mantuvo durante el siglo XIX una sola definición

(«Entendimiento, en la acepción de potencia») hasta que en 1917 el Diccionario de la Lengua Española de José Alemany y Bolufer recoge una nueva acepción: «Conjunto de personas cultas de un lugar, de un país, etc.», añadiendo el ejemplo: «La intelectualidad española, madrileña». Esto pasará al Diccionario de la RAE como segunda acepción de la palabra en la edición de 1925.[5]

Si pasamos de los diccionarios a otras fuentes —como epistolarios, libros o artículos de prensa—, comprobamos que durante la segunda mitad del xix el adjetivo *intelectual* fue adquiriendo una relevancia cada vez mayor en debates acerca de las élites, la cultura y la participación política. Como señaló el hispanista E. Inman Fox, a lo largo de la década de 1880 se puede apreciar un uso cada vez más común de sintagmas como «la juventud intelectual», «*l'élite* intelectual» y «obrero intelectual». Este último estaba especialmente extendido en los círculos socialistas y anarquistas de toda Europa, y lo podemos encontrar en documentos como las cartas que varios dirigentes del PSOE enviaron a Unamuno en la década de 1890.[6] El interés por la literatura rusa en las últimas décadas del siglo xix también conllevó una familiarización con la palabra «*intelligentsia*» y con el sentido que tenía en la Rusia contemporánea.[7]

De esta intensificación surgen los primeros usos de *intelectual* como sustantivo. Curiosamente, los más antiguos que he encontrado fueron escritos en la Cuba colonial y se publicaron en un periódico ligado al ejército. Se trata de sendos artículos fechados en La Habana y publicados bajo seudónimo en *El Correo Militar*. En ambos se abordaba la situación política en la que aún era colonia española. En el primero, de 1889, el autor explicaba que el partido que abogaba por la autonomía de la isla estaba dirigido por:

unos cuantos abogados sin pleitos, paseantes de esta capital, en cuya mayoría domina más el deseo de figurar y medrar que el interés por la felicidad del país. Dios me perdone si me equivoco; pero ocúrreseme pensar que, si a los intelectuales se les diera algunos nombramientos de importancia, no para este país, que fuera una calamidad, sino para Filipinas y la Península, los vividores políticos, los que alborotan el cotarro, llegarían a ser ministeriales.[8]

En este texto, y a diferencia de lo que sería habitual más adelante, *intelectuales* no aparece ni en cursiva ni entre comillas, y tampoco va acompañado de ninguna explicación acerca de su significado. Podemos suponer, por tanto, que el uso como sustantivo ya se encontraba lo suficientemente extendido como para que alguien pudiera emplearlo sin señalar su novedad o aclarar su sentido. Casi un año después, también en las páginas de *El Correo Militar* y también en un texto remitido desde La Habana (aunque firmado con un seudónimo distinto), el autor se quejaba de la inconstancia de «los intelectuales». Al parecer, habían exigido al ejército una medida concreta contra el bandolerismo; pero, tras su implementación, ahora denunciaban en sus artículos de prensa que no servía para nada.[9]

Además de su interés a la hora de reconstruir el cambio lingüístico, estos artículos dan fe del tempranísimo vínculo entre el nuevo uso de *intelectual* y el discurso antiintelectual. En ambos casos se habla de los intelectuales para señalar su presunta frivolidad y su acción entorpecedora de la labor del ejército y de la Administración. Por otro lado, la procedencia de estos artículos sugiere que quizá el nuevo uso de la palabra se empezara a fraguar en el español de América; aunque también es posible que el autor fuese sencillamente un militar español destacado allí, y que estuviese empleando el léxico que había traído consigo desde España. La influencia de los usos extranjeros también quedó de manifiesto en 1893, cuando varios periódicos españoles transcribieron fragmentos de una conferencia pronunciada por Zola en Londres. En ella, el escritor hacía una defensa del internacionalismo y proclamaba que «si los poderosos, los reyes, los emperadores, los dueños de la tierra no se entienden, quizá los *intelectuales*, los espíritus ingeniosos, los que tienen la misión de juzgar y de hablar se entendiesen».[10]

El nuevo uso de la palabra se generalizó con rapidez. En 1894 aparece en al menos tres libros de autores españoles y en 1896 encontramos una primera referencia a su popularidad. En una carta escrita por Miguel de Unamuno y dirigida al líder del partido conservador, Antonio Cánovas del Castillo, el catedrático abordaba la situación de uno de los detenidos dentro del proceso de Montjuic con las siguientes palabras: «Sacrificar a Corominas [...] por el natural deseo de servir a una opinión pública, que [...] pide caiga algún *intelectual*, llevaría a un acto de escasa justicia».[11] También seguimos encontrando ejemplos al año siguiente (1897), tanto en las cartas del escritor Timoteo Orbe como en un artículo del pensador socialista José Verdes Montenegro. Vemos, por tanto, que el nuevo uso de la palabra ya estaba extendido en España antes de la publicación —a comienzos de 1898— del artículo de Zola «*J'accuse!*», del posterior manifiesto de los *dreyfusards* en apoyo de las tesis de Zola y de la respuesta de Barrès titulada irónicamente «*La protestation des intellectuels!*»; es decir, antes de los acontecimientos que han sido vistos como *acta de nacimiento* de los intelectuales, tanto en Francia como en el resto de Europa occidental.[12]

La rápida generalización de la palabra convivió, sin embargo, con la clara incomodidad que provocaba su uso. El recurso de escribirla en cursiva o entre comillas, por ejemplo, se prolongó mucho más allá de los años en que se trataba de un neologismo. Ortega y Gasset recurrió a ambas opciones en textos publicados veinticinco años después de los citados artículos de *El Correo Militar*.[13] También es común encontrarla acompañada de prefijos o de sintagmas que matizaban su sentido: Maeztu denunció en 1899 que la educación religiosa creaba «medio-intelectuales»; el anarquista catalán Federico Fructidor escribió en 1911 sobre los «intelectuales *a la moderna*»; y el escritor y crítico Eugenio Noel despotricó en 1914 contra los «pseudointelectuales».[14]

El más común de estos recursos, sin embargo, fue el que señalaba que no era el autor quien llamaba a los intelectuales por este nombre, sino que eran otros quienes lo empleaban. Veamos algunos ejemplos:

> 1898: «En rigor, no somos más que los llamados, con más o menos justicia, *intelectuales* [...] los que hablamos ahora a cada paso de la regeneración de España».
> 1905: «Se siente por todas partes esa ansia de desentumecimiento [...] caracterizada por las personas, llámense intelectuales, llámense como quiera».
> 1908: «[...] su fosquedad y huraña frente a los elementos que a sí mismos se llaman intelectuales».
> 1911: «Hace muchos años que viene discutiéndose la labor de los llamados intelectuales y su eficacia o necesidad».
> 1914: «La prensa será [...] una misma cosa con los llamados "intelectuales"».[15]

Aquello resaltaba, por un lado, la percepción de que había algo problemático en aquella palabra. El hecho de que se usara en el habla común justificaba referirse a ella, pero persistía el deseo de distanciarse, o de señalar su ambigüedad. Por otro lado, que autores como Unamuno u Ortega recurrieran a esa muletilla —varios de los ejemplos citados provienen de textos suyos— muestra su reticencia a emplearla para referirse a sí mismos. Este es un fenómeno que ya se manifestó en el caso Dreyfus: ni Zola en el artículo «*J'accuse!*», ni quienes le apoyaron con el manifiesto «*Une protestation*», se referían a sí mismos como intelectuales. Fueron otros quienes proyectaron aquella palabra sobre ellos, tanto para alabarlos (caso de Clemenceau, quien coordinó el manifiesto de apoyo) como para burlarse de ellos (caso de Barrès, quien lideró la campaña *antidreyfusard*).[16]

Años después, esta reticencia estaba lo suficientemente extendida como para que Baroja señalase: «Yo, la verdad, no recuerdo de nadie, en España ni fuera de España, que se haya llamado a sí mismo intelectual —probablemente se pondría en ridículo—».[17] Esto no era cierto del todo pero, desde luego, fueron muchos más los que utilizaron aquella palabra en tercera persona que los que lo hicieron en primera. El mismo Unamuno se quejaba en 1904: «¡Y que me hayan llamado intelectual! ¡A mí! ¡A mí, que aborrezco como el que más al intelectualismo! ¿Intelectual yo?».[18] Reacciones como esta resaltan el carácter discursivo del fenómeno del *intelectual*: como ha señalado Nerea Aresti en otro contexto, los discursos no actúan como relleno simbólico de sujetos pasivos, sino que son asimilados, transformados o rechazados por sus destinatarios, de acuerdo con procesos que escapan a la lógica interna del propio discurso.[19]

Resulta aún más llamativo que la palabra en cuestión brille por su ausencia en los numerosos manifiestos colectivos de estos años. Es decir, los mismos documentos que se suelen señalar como prueba de la acción de los intelectuales. En esos textos casi nunca se utilizó la nueva palabra para describir a los firmantes. Lo habitual era, más bien, señalar su fama entre el gran público, sus aptitudes profesionales o su compromiso con una serie de valores. En el «Manifiesto de los Tres» de Baroja, Azorín y Maeztu los autores solo se refieren a sí mismos como «los que firman», y dicen querer movilizar a «hombres jóvenes, de ideas nuevas». La palabra tampoco aparece en el manifiesto de la «Joven España» de 1910, firmado por autores como Ramón Pérez de Ayala y Augusto Barcia, ni en la conferencia de Ortega «Vieja y nueva política», que opta por fórmulas alternativas como «minorías que viven en ocupaciones intelectuales».[20] Incluso el manifiesto contra la concesión del premio Nobel a Echegaray, firmado por Valle-Inclán, Unamuno, los hermanos Machado, Rubén Darío, Maeztu y Baroja —entre otros—, mostraba bastante cautela a la hora de referirse a los firmantes como intelectuales:

> Parte de la prensa inicia la idea de un homenaje a D. José de Echegaray, y se abroga la representación de toda la intelectualidad española. Nosotros, con derecho a ser incluidos en ella [...] hacemos constar que nuestros ideales artísticos son otros.[21]

Otro caso ilustrativo es la polémica entre Ortega y Azorín que alumbró el concepto de *generación del 98*. En dos artículos publicados en 1913, Ortega propuso esta denominación para quienes —como él mismo— habían sido adolescentes durante el «Desastre». Poco después, Azorín proyectó aquella etiqueta sobre quienes —como él mismo— ya eran jóvenes periodistas y escritores durante la guerra contra Estados Unidos. Ortega reculó y cedió tácitamente el uso de aquel término; su grupo se terminaría identificando con el de «generación del 14». Pero lo que nos interesa de este episodio es que ni Ortega ni Azorín emplearon la palabra *intelectual* ni una sola vez en sus artículos para referirse a los personajes y a los rasgos que estaban tratando de definir. Ortega escribió sencillamente que su generación del 98 estaría compuesta de «hombres competentes y constructores», y Azorín habló igualmente de los «hombres de la generación de 1898». Es decir: tanto Ortega como Azorín pugnaron por atraer hacia los suyos la etiqueta de *generación del 98*, pero no sintieron ningún interés en reivindicar la de *intelectuales*.[22]

Todo esto viene a cuestionar una interpretación bastante extendida. Siguiendo las pautas de la historiografía francesa, varios autores han señalado que lo que define a los intelectuales de finales del siglo XIX y principios del XX, en comparación con figuras y grupos anteriores, es que se identificaban con aquella palabra.[23] Habrían sido los primeros en reconocerse a sí mismos como *intelectuales* y en extraer de esta identificación una serie de directrices acerca de cómo intervenir en la esfera pública. Pero, por lo que se refiere al caso español, las fuentes muestran más bien lo contrario: fueron muy pocos los que aceptaron esta palabra para definirse a sí mismos o a los grupos a los que pertenecían. Ya entonces se produjo una tendencia que tendría un largo recorrido: los intelectuales eran siempre los otros.

2. INTENTOS DE DEFINICIÓN

Una de las razones de la incomodidad que provocaba aquella palabra eran las dudas en cuanto a su significado. Azorín escribió en 1911: «Confieso que no acabo de entender lo que se quiere decir cuando se habla de "intelectuales"». Y Unamuno confesó que, si bien empleaba aquella palabra de manera habitual, tratar de definirla le pondría en «un gran aprieto».[24]

Esto podía deberse al hecho de que muchos de los primeros usos de aquella palabra no la definían explícitamente, sino que más bien animaban a deducir su significado de manera indirecta. Fue el caso de la vinculación de la idea del *intelectual* con los ideales nietzscheanos. Ningún autor lo planteó de manera explícita, pero a la luz de las fuentes queda claro que, en un contexto en el que las ideas del filósofo alemán gozaban de gran popularidad, muchos vieron al intelectual como una suerte de *superhombre* prometeico. Verdes Montenegro señaló en 1897 que «los intelectuales aparecen como *échantillons* anticipados de una humanidad superior, que se erigen para la masa amorfa en núcleos de atracción». Y uno de los nietzscheanos más fervorosos del fin de siglo, Ramiro de Maeztu, escribió en 1898:

> Cuando las masas se fatiguen de arrastrarse ante los sables y ante las sotanas, y vuelvan a impetrar su redención de los intelectuales, la palmeta de dómine que estos empuñan hoy habrase transformado en el látigo de domador que les corresponde.[25]

Para otros, el nietzscheanismo del intelectual era algo negativo: el escritor Felipe Trigo argumentó en 1907 que las ideas de Nietzsche inspiraban la actuación del «intelectual, el grotesco héroe de la despreocupación y del escepticismo».[26]

Una idea muy distinta que apareció en esta época fue la que vinculaba al intelectual con el reformismo socioliberal. Aquella fue la vía ideológica que muchos autores, inspirados por los modelos alemán y británico, propusieron para revitalizar la España de la Restauración. Uno de ellos, el joven Ortega y Gasset, escribió en 1907: «Yo invito a los *intelectuales* para que [...] se conozcan obligados a renovar la emoción liberal y con ella el liberalismo». El verbo *renovar* era importante: los intelectuales debían liderar la aceptación por parte del liberalismo de algunos planteamientos inspirados en la tradición socialista que permitieran responder a los desafíos de la incipiente sociedad de masas. Un año después, el mismo Ortega insistía en que el partido liberal «antes que ningún otro, debía ser el de los llamados intelectuales». También Maeztu, pasada su fase nietzscheana, asoció al intelectual con un reformismo que se sobrepusiera al inmovilismo de las élites a la vez que frenaba las pulsiones revolucionarias del pueblo. Algo parecido argumentaba Luis Araquistáin en 1912, cuando escribió que «la función de los intelectuales es influir en la vida pública de modo que se haga sin revolución lo que habría de hacerse después de ella».[27]

Aquellas ideas del intelectual tenían que ver con el contenido de sus intervenciones políticas o sociales. Sin embargo, otros autores prefirieron definirlo por el tipo de trabajo que desempeñaba. Por esto se decantó Azorín en 1910:

> La condición de inmaterialidad parece inseparable de la noción de intelectual. Así, un pintor, un arquitecto o un escultor no acaban de entrar dentro del estricto concepto de intelectualidad. El intelectual es un escritor, un literato, un crítico, un historiador, un poeta o un filósofo; es decir, gentes todas que producen [...] obras que no son susceptibles de ser pesadas ni medidas.[28]

Vemos aquí una idea cercana al sentido sociológico de la palabra identificado por Collini. Pero otros se decantaban por definiciones más cercanas al sentido subjetivo, y rechazaban explícitamente que el intelectual se definiese solo por la profesión que desempeñaba. Fue el caso del filólogo krausista Fernando Araújo, quien señalaba en 1908:

> El mayor número de los intelectuales son procedentes, en efecto, de las carreras liberales; pero hay en esas carreras

personas que no merecen ese nombre, y en cambio se encuentran comerciantes, industriales, obreros y hasta rentistas que son intelectuales. Los intelectuales no forman una casta, ni siquiera un partido, ni una clase. Tienen una existencia especial que los distingue, y eso basta.[29]

Otro aspecto que enturbiaba el significado de aquella palabra era su proyección hacia el pasado. Si bien la mayoría de los autores de esta época eran conscientes de que el uso de *intelectual* como sustantivo era un neologismo, esto no les impidió emplearla para referirse a figuras pretéritas. De este modo, la idea de que el intelectual había aparecido recientemente en la cultura europea convivió con la idea de que los intelectuales existían desde hacía cientos de años. En el artículo recién citado, el krausista Araújo señalaba que «desde los enciclopedistas del último tercio del siglo XVIII puede decirse que los intelectuales han sido los dueños del mundo». Azorín, por su parte, escribió que «si se quiere un ejemplo típico de un intelectual, lo tendremos en Galileo». Además, la palabra servía para reformular antiguas ideas o actitudes: el obispo de Vic, Josep Torras i Bages, señaló en 1906 que los intelectuales del presente «son como los *académicos* contra los que escribió San Agustín». Y Unamuno explicó que San Pablo había debatido con los epicúreos y los estoicos en «Atenas, la noble ciudad de los intelectuales».[30]

Todo esto ayuda a entender que Ortega se refiriese a aquel vocablo como «la palabra ambigua». Su proyección sobre proyectos tan distintos como el nietzscheanismo prometeico o el reformismo socioliberal, y sobre profesiones centradas en la «inmaterialidad» o «existencias especiales» débilmente definidas, desdibujaba su capacidad denotativa. Además, si la palabra podía aplicarse tanto a un escritor español de principios del siglo XX como a un astrónomo italiano del siglo XVI, a los enciclopedistas franceses y a los epicúreos de la antigua Grecia, ¿qué definición cabía que no estuviera condenada a perderse en las más vagas generalidades? Esto vino a indicar Antonio Machado en 1905, cuando sentenció: «Hoy queremos ser intelectuales, que es algo como no ser nada».[31]

3. SALUD Y GÉNERO DE LOS INTELECTUALES

Aquella ambigüedad, sin embargo, no impidió que se acumulara alrededor de aquella palabra toda una serie de discursos. Incluso si en el fondo no se sabía muy bien quiénes eran los intelectuales, muchas personas desarrollaron una opinión sobre cómo eran, qué hacían, cuál era su efecto sobre la sociedad.

Algunos de estos discursos debían mucho a los enfoques de la época, como la fijación con el vocabulario medicalizante y las ideas de *degeneración*. En 1907, por ejemplo, la revista *La España Moderna* se hacía eco de un estudio realizado en Francia sobre la salud de los intelectuales. El diagnóstico sería «cansancio general, perturbaciones en la digestión, atonía intestinal, insomnio, astenia genital y todo un conjunto de síntomas de orden psíquico», entre los cuales se encontraban «atenuación de la voluntad», «impotencia para el trabajo» y «tristeza, que acaba con la alegría de vivir». El autor apostillaba:

> Nada hay en esto que sorprenda a quien conozca de cerca a los intelectuales, que son casi todos nerviosos y artríticos. Amigos del estudio, poco aficionados al trabajo muscular, viven en sus despachos vida sedentaria [...]. La neurastenia, el agotamiento nervioso que con tanta frecuencia padecen, no es más que la fatiga organizada y sistematizada que toma forma de enfermedad.[32]

Los intelectuales eran, en fin, unos enfermos. Pero este vocabulario remitía a ansiedades culturales más amplias. Hablar de *neurastenia* era un ingrediente habitual en aquellas corrientes de pensamiento de finales del siglo XIX que estaban preocupadas por los efectos del exceso de civilización y sedentarismo del hombre moderno. Es más, aquello engarzaba con el concepto de *degeneración*, que estaba muy en boga en los mismos años en que *intelectual* se consolidó como sustantivo, y que postulaba que las sociedades occidentales estaban decayendo a consecuencia de las grandes transformaciones de la modernidad industrial. Uno de sus teóricos, Max Nordau, había señalado que los degenerados sociales no eran solo los criminales, las prostitutas o los locos: muchas veces también eran escritores o artistas.

Por esto no sorprende que, en España, el publicista del darwinismo social Pompeyo Gener escribiera en 1894 que «los intelectuales puros [son] neurasténicos o degenerados superiores». El intelectual aparecía, así, como un ser patológico, alguien que no se definía solamente por su trabajo o su relación con el resto de la sociedad, sino también por una serie de condiciones físicas y de disposiciones temperamentales. En una novela española de 1894 se explicaba igualmente que «un intelectual es [...] un ser débil. Le teme al bullicio, al estruendo, a las grandes conmociones; y siendo el producto superior de la evolución moderna, es el que menos sirve para la lucha social». Timoteo Orbe también incidía en la falta de actividad física del intelectual: «Ninguno ha tenido que ganarse el pan. Toda holgazanería produce anomalías, desviación de los instintos vitales, un estado general contra natura».[33]

También fueron importantes las ideas de género de la época. Las fuentes muestran algo que ya apuntó Isabel Burdiel: nunca se ha concebido un «intelectual sexualmente neutro».[34] Es más, desde el principio se presentó al intelectual de forma implícita como una figura masculina. Esto era consecuencia lógica de una realidad social misógina, en la que las actividades y los espacios más habitualmente vinculados a la idea del intelectual —la esfera pública, la educación o las profesiones liberales— estaban reservados preferentemente para los hombres. Además, en el clima intelectual predominante a finales del siglo XIX y comienzos del XX, los conceptos de la razón, la ciencia, la participación política, la creación literaria y la indagación filosófica estaban considerados como propios (e incluso *naturales*) de la masculinidad, en contraposición a la esfera privada, los sentimientos y la religión, asociados a la feminidad.[35] El discurso médico de la época que explicaba que los sexos estaban organizados jerárquicamente, de manera que la mujer ocuparía un escalón inferior de desarrollo al del hombre, insistió en que aquella jamás podría alcanzar los resultados en la actividad intelectual de los que era capaz el varón. Así se expresaba en 1908 el médico Nóvoa Santos:

> La mujer, para desempeñar bien su cometido en la vida, requiere quietismo, sobre todo quietismo psíquico [...]; y si la mujer [...] se empeña o es forzada al cultivo de su inteligencia, verá cómo es incapaz de procrear hijos bellos y fuertes, cómo es impotente para sentir una fuerte pasión hacia el hombre, y cómo, a pesar de sus esfuerzos, no pasará de los linderos de las medianías intelectuales del sexo opuesto.[36]

Así pues, se daba a entender que el *intelectual* era naturalmente varón, porque las cualidades que cultivaba eran naturalmente masculinas. Sin embargo, esa masculinidad del intelectual tampoco estaba exenta de problemas. La neurastenia que algunos autores señalaban como congénita a los intelectuales era, al fin y al cabo, entendida como una condición que afectaba a la virilidad; incluso se la relacionaba con la temida *inversión* sexual. En las jerarquías biológicas establecidas por Nóvoa Santos, además, se destacaba que «el salvaje es menos sensible al dolor que el europeo, el adulto menos que el niño, el hombre menos que la mujer y el "intelectual" más que el obrero manual».[37] Es significativo, en fin, que los protagonistas de las novelas de Pío Baroja —uno de los escritores más familiarizados con el discurso medicalizante del cambio de siglo— *Camino de perfección* (1902) y *El árbol de la ciencia* (1914) sean jóvenes varones con inquietudes intelectuales que, al mismo tiempo, tienen dificultades para encajar en los ideales de masculinidad de su época. Incluso exhiben llamativos déficits —sobre todo en el caso de Andrés Hurtado, protagonista de *El árbol de la ciencia*— de impulso erótico heterosexual.

Que el intelectual se concibiera como una figura *naturalmente* masculina no impidió, por otra parte, que la palabra se proyectase también sobre mujeres. Y que lo hiciese de una manera que también revelaba mucho acerca de las ideas sobre la feminidad de la época. En su uso como adjetivo, la palabra está muy presente tanto en los escritos más misóginos de la época como en los feministas. Un ejemplo de estos fue *La mujer intelectual* (1901), de Concepción Gimeno de Flaquer, un ensayo en el que se reivindica de manera constante la *capacidad intelectual* y la *emancipación intelectual* de la mujer. En un pasaje representativo, la autora señala que «la mujer moderna, educada entre el ocaso de un siglo y la aurora de otro, no es una muñeca destinada a exhibir la fortuna del marido, sino un ser intelectual en nada inferior al hombre, ya que piensa y trabaja».[38]

En su uso como sustantivo, sin embargo, la palabra indicó desde el principio una peligrosa o dañina desviación de género. Había *intelectuales* mujeres, pero eran poco mujeres. Esto se aprecia en el sainete *Las intelectuales* (1914), del dramaturgo Luis Buceta Mera. La trama se centra en un hombre que vive rodeado de mujeres entregadas a ocupaciones intelectuales: su esposa es escritora, su cuñada es pintora y su suegra dirige un Círculo de Señoras Independientes donde predica la igualdad de los sexos. Como consecuencia, es el protagonista quien debe cocinar, limpiar y cuidar de los niños. Esto le lleva a confesarse con un amigo:

> JULIO: Estás fuerte en literatura.
> PASCUAL: Se me pega de mi mujer y de mi suegra, que son intelectuales.
> JULIO (*Con sorna*): Y ¿qué es eso?
> PASCUAL: Que no saben limpiar a los chicos ni barrer la casa, pero en cambio te hacen unas quintillas o unos ovillejos... [...] sé lo que es un soneto con pie forzado, pero ignoro lo que son calcetines con los pies zurcidos.[39]

Como se puede ver, la desviación de género de *la intelectual* era doble: por un lado, se aleja del ideal de feminidad burguesa decimonónica, vinculada al cuidado del hogar, a la maternidad y a la esfera privada.[40] Por otro lado, la mujer intelectual supone una amenaza para la masculinidad del varón; el mero hecho de estar casado con una cuestiona su virilidad. Ya Nóvoa Santos había argumentado que «los hombres de consistencia débil son los que se enamoran más frecuentemente de las "intelectuales", mientras que los machos vigorosos sienten más afinidad por las mujeres sencillas».[41] La amenaza, una vez detectada, debía ser corregida: en el sainete de Buceta Mera, el amigo del protagonista le explica que debe dar una paliza a su suegra: «Es preciso que acudas a medios enérgicos si quieres recobrar tu autoridad. [...] ¡A ver si eres hombre o no eres hombre!».

Tras hacer caso al amigo y apalear a la suegra, esta se marcha de la casa. La esposa del protagonista decide, entonces, abandonar su vocación literaria y ceñirse al cuidado del hogar. La antigua *intelectual* dice a su marido: «[Has hecho] lo que debe hacer un hombre. Yo haré lo que debe hacer una mujer».[42]

Aquella palabra también apareció con frecuencia en los debates acerca de las reivindicaciones sufragistas. Estas todavía no se planteaban tanto en España como en otros países cercanos, y muy significativamente en Reino Unido, donde las asociaciones partidarias del voto femenino habían logrado a comienzos del siglo xx una gran visibilidad. Maeztu —a la sazón corresponsal en Londres— escribió en 1907 un artículo sobre aquello:

> La cuestión está planteada entre las mujeres de sociedad, enemigas del sufragio por punto general, y las intelectuales, que son sus partidarias entusiastas. [...] En general, puede afirmarse sin riesgo al error que las intelectuales son sufraguitas y las de sociedad antisufraguitas. Y también puede decirse que las antisufraguitas suelen ser guapas y las sufraguitas, feas.[43]

Maeztu continuaba diciendo que las mujeres atractivas no sentían interés por la participación política, dado que ya tenían suficiente atendiendo a sus maridos y sus admiradores. Pero las demás «tienen que refugiarse en algo. Y las de Inglaterra se refugian en la política y en la vida intelectual». Este discurso estuvo tan extendido que la española María de Echarri aludió a él en una conferencia de 1907:

> Permitidme, señores [...] que haga una ligera defensa de la mujer intelectual, por llamarla así, aunque no sea palabra que me entusiasme, pues si bien en nuestra tierra ya no se

la mira como un bicho raro, quedan bastantes enemigos de ella, asustados porque creen que la mujer que escribe no puede ser buena ama de casa, que la mujer que emplea su tiempo en obras benéfico-sociales desatiende su hogar y sus hijos.[44]

En líneas generales, podemos constatar que *la intelectual* apareció a comienzos del siglo xx como una heredera de la *literata*, la *marisabidilla* o la *politicómana*.[45] Es decir, fue una nueva versión de algunos estereotipos presentes en la cultura española del siglo xix, que habían servido para estigmatizar la intervención de la mujer en el mundo del pensamiento, la creación literaria o la participación política. Como en aquellos casos, *la intelectual* era presentada como una desviación de género que rayaba el hermafroditismo. Gimeno de Flaquer incluso denunció que muchos hombres «consideran ser andrógino a la mujer que pospone la rueca y la calceta a la pluma y el pincel».[46] Como veremos en capítulos posteriores, todas estas dinámicas tendrían un largo recorrido.

4. Variaciones sobre el antiintelectualismo

Otro aspecto notable de esta época es la aparición de un discurso que asignaba connotaciones negativas al sustantivo *intelectual*. De nuevo, no fue necesario que existiera una definición generalmente compartida de aquella palabra para que este discurso arraigase en sectores muy distintos. Lo encontramos en los campos republicano, socialista, anarquista, clerical, militar y tradicionalista. En cada uno de ellos adoptó matices propios, pero también hubo cierta transversalidad en sus argumentos. Esto replicaba a escala nacional lo que Lindenberg ha señalado a nivel transnacional: el antiintelectualismo tiene un haz de recursos comunes, pero también muestra caras distintas dependiendo del país.[47] En el caso español, las líneas maestras del antiintelectualismo tuvieron que ver con cuatro cuestiones: las presuntas cualidades personales de los intelectuales, su legitimidad para intervenir en la esfera pública, su relación con otros grupos —como el proletariado y el clero— y su actitud ante el patriotismo y la historia nacional.

Una acusación recurrente, por lo que a cualidades personales se refería, fue que los intelectuales eran arrogantes y elitistas. Ya en esta época se empleó el concepto de la *torre de marfil* con connotaciones negativas. Así se expresaba el filólogo Araújo:

> Las faltas más graves que han cometido [los intelectuales] son las debidas a su orgullo: pretendiendo imponer a los hombres sus teorías y sus gustos, se han echado fuera de la humanidad como seres privilegiados, si es que no llegaban en su aristocratismo al aislamiento en sus «torres de marfil».[48]

Fue común, además, señalar que esta presunción de superioridad no tenía base. Así se expresaba el protagonista de *Troteras y danzaderas* (1913), novela de Pérez de Ayala sobre el mundillo cultural madrileño:

> Habláis mal de los tertulines de café, de la charlatanería y politiquería españolas. Pues [...] vosotros, los que os las dais de intelectuales, con vuestro énfasis, vuestras conferencias, vuestro redentorismo, no decís ni hacéis cosas más ni menos razonables o profundas que las que se dicen y hacen en los cafés.[49]

La acusación de arrogancia también se podía movilizar contra propuestas concretas. Por ejemplo, contra la idea de que los intelectuales intervinieran de manera privilegiada en la dirección política del país. Después de que Maeztu propusiera esto mismo en una conferencia, Azorín respondía: «¿Por qué este absurdo monopolio que se atribuyen los intelectuales respecto a la felicidad de España? [...] No mejor, sino quizá peor, mucho peor, marcharían los asuntos públicos de un país gobernando los intelectuales».[50]

Otra crítica a los intelectuales fue la de su presunta hipocresía. Se señalaba que había una gran distancia entre los valores que defendían en sus escritos y su comportamiento real. El periódico *El Socialista* denunció en 1905 que, si bien los intelectuales se declaraban «desdeñosos de la política y de sus medros», aquello no era cierto: «No falta entre ellos quien sigue *las inspiraciones* de tal cual hombre público, quien ha sacado jugo a la política, ni quien a la sombra de su protector disfruta su parte en el festín presupuestívoro».[51] Aquello podía derivar en la acusación de *traición*, sobre todo si alguno de los aludidos se estaba acercando a un partido político, o alejando de una postura que hubiera defendido previamente. La fecha del editorial de *El Socialista* hace pensar que señalaba a Azorín, quien por entonces completaba su acercamiento al partido conservador de Maura; y, efectivamente, es posible que el Azorín de 1905-1906 fuese el primer escritor en España sobre el que se proyectó el discurso del «intelectual traidor». Aunque pronto hubo otros: Ortega y Gasset sería acusado de *traición* desde los medios socialistas a raíz de su conferencia «Vieja y nueva política» de 1914.[52] Y un par de años antes el semanario anarquista *Tierra y Libertad* denunciaba a los «intelectuales a sueldo», encarnados en:

los «casos» Azorín, Claudio Frollo, Camba; antaño fieros apologistas del anarquismo; hogaño fervientes servidores del régimen. Estos hombres que no ha muchos años laboraban incansables contra la propiedad, la religión y el Estado, consiguieron, gracias a sus claudicaciones, cierto bienestar social, y entonces, ya asegurada la pitanza, renegaron de sus doctrinas y rindieron vasallaje a las instituciones.[53]

Como se puede ver, este tipo de acusación ya se proyectaba sobre la figura del intelectual muchos años antes de que Julien Benda publicase su ensayo *La Trahison des clercs* (1927; la influencia de este libro se aborda en el siguiente capítulo). Pero el discurso de la *traición* era heterogéneo y versátil. Podía lanzarse contra quienes se alejaban de sus antiguos correligionarios, pero también podía lanzarse con motivo de la concesión de alguna ayuda gubernamental, como las becas de la Junta de Ampliación de Estudios. Para el periodista y militante del PSOE Tomás Álvarez Angulo, el hecho de que los intelectuales del grupo Joven España hubieran obtenido aquellas ayudas (u otras «prebendas y canonjías») mostraba que habían renunciado a sus principios revolucionarios, prefiriendo «el acomodo y el bienestar».[54]

La filiación de Álvarez Angulo nos indica otro aspecto relevante de estos discursos: el papel que desempeñó el socialismo español en su difusión. Es más, algunos de los primeros usos documentados de la palabra como sustantivo son a propósito del «tacto de codos» del PSOE «contra los intelectuales».[55] Aunque el partido de Pablo Iglesias se interesó en distintos momentos por la legitimidad que aquellos podían dar al partido entre las clases burguesas, su propia cultura política contenía una veta fuertemente antiintelectual. Esto quedó expuesto de manera más evidente en el congreso del PSOE de 1912, cuando Largo Caballero se congratuló de la creciente atracción que el partido ejercía entre numerosos intelectuales, y Julián Besteiro respondió con un artículo muy crítico. Para él, suponía nada menos que una amenaza al socialismo:

la acción que, en el seno mismo de sus organizaciones económicas y políticas, puedan ejercer los intelectuales puros llegados al socialismo después de haberse formado en las escuelas sostenidas por el Estado burgués. [...] El alma del socialismo no es el alma de la Universidad, es el alma del taller.[56]

Como vemos, pese a la difusión en el último tercio del xix del sintagma *obrero intelectual*, estaba muy extendida la idea de que los intelectuales no eran obreros de verdad, y por lo tanto nunca podían estar plenamente unidos a los trabajadores. Baroja contó una interesante anécdota al respecto, a propósito de su etapa en el Partido Republicano Radical (alrededor de 1909). El escritor asistió como oyente a un mitin del partido, y en algún momento del acto uno de los ponentes, sin saber que se encontraba entre el público, habló elogiosamente de él. Entonces:

> un obrero me dijo al oído: «Ya me está reventando a mí oír hablar tanto de ese Pío Baroja; ese señor será todo lo intelectual que quieran, pero aquí no ha aparecido más que a la hora de coger un cargo». Y otro obrero agregó: «Dicen que los intelectuales son trabajadores como nosotros; pues si lo son que vayan a romper piedra a la carretera».[57]

No eran solo diferencias de clase y de ocupación: también existía una tradición de sospecha. En 1894, Valentín Hernández explicó que muchos de los obreros estaban «acostumbrados a ver a los obreros intelectuales puestos al servicio del Capitalismo».[58] Esta idea parecía ser percibida también dentro del anarquismo español, como apuntaba de nuevo Baroja en una escena de su novela *Aurora roja* (1904). El protagonista asiste a un mitin anarquista en el que toma la palabra un periodista joven. Su discurso, «enfático, petulante, hueco», recibe una gran ovación de los asistentes. Pero, en cuanto se sienta, toma la palabra «un hombre de blusa, tostado por el sol», que exclama lo siguiente:

—¡Esclavos del capital! ¡Vosotros sois unos idiotas, que os dejáis engañar por cualquiera! Vosotros sois unos estúpidos, que no tenéis noción de vuestro interés. Ahora mismo acabáis de oír y de aplaudir a quien ha dicho que hay obreros intelectuales que son como vosotros... ¡Es mentira! Esos que se llaman obreros intelectuales son los más ardientes defensores de la burguesía; esos periodistas son como los perros que lamen la mano del que les da de comer. [...] ¡Abajo los burgueses! ¡Fuera esos farsantes que se llaman obreros de la inteligencia! ¡Viva la Revolución Social![59]

Por su parte, también en el mundo clerical y tradicionalista se forjó un discurso contrario a los intelectuales. Se les acusó de vanidad —con todas las connotaciones que este concepto tenía en la tradición cristiana— y se les asoció a la tradición herética que habría arrancado con la Ilustración.[60] El obispo de Vic, por ejemplo, denunció en una pastoral de 1906 que «la vanidad de los que a sí mismos se llaman intelectuales resulta insoportable. Ignoran el misterio de la vida, y quieren pasar por maestros de la vida humana; [...] Son enemigos de la fórmula, [...] y nuestra fórmula es la santa fe católica». Como se puede ver, el obispo insistía nada menos que en la naturaleza anticatólica de los intelectuales. Más adelante insistía en esta inconformidad fáustica y herética: «La modestia de nuestra vida cristiana contrasta con la ufana de nuestros intelectuales. Ellos todo lo remueven, el cielo y la tierra; los cristianos nos contentamos, Jesucristo se contenta con la sociedad existente». De esta manera se integraba el nuevo vocablo en la tradición de denuncia de los falsos profetas.

La advertencia a los fieles para que no escucharan su palabra era tajante: «La iglesia de los intelectuales es la Babilonia de la confusión».[61]

También apareció durante estos años la acusación a los intelectuales de ser antipatriotas. Fue, en buena medida, una adaptación de los argumentos que ya se habían empleado contra los krausistas e institucionistas durante el siglo XIX, y más concretamente una adaptación de los desarrollados por Marcelino Menéndez Pelayo en obras como *La ciencia española* (1876) y la *Historia de los heterodoxos españoles* (1880). Podemos tomar el influyente ensayo de Julián Juderías, *La leyenda negra* (1913), como un ejemplo paradigmático de esta adaptación de antiguos argumentos a un nuevo vocabulario. Juderías argumentó que los intelectuales habían participado del antiespañolismo que surgió en el extranjero como reacción a los siglos de hegemonía española. El historiador se centraba principalmente en el siglo XVIII:

> Por aquellos tiempos habían penetrado en [España] las ideas de los filósofos ultrapirenaicos y un elemento importante de la sociedad española, el elemento que pudiéramos llamar intelectual, pues ofrecía los mismos caracteres que el que hoy recibe este nombre, admiraba las obras y seguía las doctrinas de los grandes difamadores de nuestra patria.

Juderías incluso postuló una suerte de oposición implícita entre la condición de intelectual y la de español, como se puede apreciar en el siguiente pasaje:

> Mientras los intelectuales del siglo XVIII se afanan por imitar a los pseudoclásicos franceses, prototipo de la elegancia y de la belleza según ellos, no faltan españoles que trabajan en el silencio de las bibliotecas y de los archivos olvidados.[62]

Curiosamente, esta idea de que los intelectuales eran antipatriotas también formaba parte del discurso antiintelectual
en Francia, si bien allí tenía más que ver con las críticas al
ejército, mientras que en España se centraba en el desape-
go a la historia nacional.[63]

En definitiva, el discurso antiintelectual podía adoptar
muchas formas, pero su efecto era unívoco: para muchos,
la palabra *intelectual* adoptó un significado negativo hasta
convertirse casi en una descalificación. Así se entiende la
advertencia de Ortega a los inscritos en la Liga de Educación Política: había que tener cuidado, porque «el nombre y menester de una gran parte de nuestros agrupados
podía atraernos el apelativo pernicioso de "intelectuales"».[64]

5. GEOGRAFÍA DE LOS INTELECTUALES

Otra idea que se afianzó en esta época fue la que asociaba
al intelectual a países que no eran España. Se trataría de
una especie propia de naciones extranjeras, un ser que se
daba en ellas con mayor pureza y abundancia que en el
suelo patrio. A veces, este discurso se apoyaba en la mayor
representación de nombres extranjeros en la nómina de
ilustres científicos y artistas de los siglos anteriores. Otras
veces lo hacía en el atraso del sistema educativo español
en comparación con los de otros países europeos. Así lo
expresaba el escritor Felipe Trigo en una carta de 1901:

> Suele quitarme el sueño la desventura de nuestro país. Ante
> todo, encuentro como causa suya la falta de intelectualismo,
> de intelectualismo metodizado, de ese que se inicia con el
> hábito de leer, [...] que se ahonda y agranda en otras nacio-
> nes (me parece) por todo un plan tónico de estudios univer-
> sitarios y que concluye formando ciudadanos responsables.[65]

Fuera como fuese, las experiencias en el extranjero solían reforzar este discurso. Maeztu, tras cinco años trabajando como corresponsal en Londres, explicó en una conferencia que:

> en el Extranjero hemos venido a descubrir lo que es la dieta normal de los intelectuales: concentración de la energía vital en el cerebro y renuncia absoluta a todos los placeres que no sean los del trabajo mismo. [...] Yo no tenía ni la idea más vaga de la cantidad de esfuerzo mental de que es capaz un hombre hasta que me puse en íntimo contacto con los intelectuales de otros países.

Maeztu evidenciaba, además, que las comparaciones de España con el resto de Europa —muy habituales en el ambiente cultural de la época— habían incorporado este contraste entre los intelectuales patrios y los extranjeros. En su conferencia llegó a sostener que «la diferencia entre España y Europa solo consiste en el menor o mayor esfuerzo de los intelectuales».[66] Otros autores incluso cuestionaron si en España había llegado a haber *verdaderos* intelectuales. En 1908, Ortega preguntó: «¿Hay, por ventura, entre nosotros gentes que merezcan plenamente el nombre de intelectuales?».[67] Y, años después, Baroja declaraba con rotundidad: «Entre nosotros ni se da ni se ha dado el intelectual puro [...] que ha sido el honor y la gloria de otros países de Europa».[68]

Así, vemos que en España hubo una variación de lo que Collini definió en el contexto británico como la *tesis de la ausencia*. Se refiere a la muy extendida idea de que, a diferencia de lo que habría sido normal en otros países europeos, en Reino Unido nunca hubo verdaderos intelectuales. En el caso español, y pese a declaraciones como las de Baroja y Ortega que acabamos de ver, quizá tiene más sentido hablar de una *tesis de la inferioridad*: se ha insistido menos en la falta de intelectuales en la sociedad española que en su naturaleza menor, epigonal y hasta mediocre en comparación con los de Francia (y, en menor medida, con los de Alemania e Italia).[69]

Los intelectuales franceses aparecieron, efectivamente, como el modelo normativo de una verdadera intelectualidad. Esto se debe, en parte, a que la actuación de Zola durante el caso Dreyfus y la consiguiente polémica entre *dreyfusards* y *antidreyfusards* quedaron identificadas desde el primer momento —y no solo en España— con la figura y el *modus operandi* del intelectual. Es significativo que, ya en 1900, Emilia Pardo Bazán dijera sobre Francia que «les envidio sus intelectuales». Y el ejemplo de Zola perduraría en las décadas siguientes como un modelo contra el que medir toda acción de los intelectuales españoles. Unamuno confesaba en una carta de 1905 que le gustaría que su ensayo «La crisis actual del patriotismo español» se convirtiese en «mi *J'accuse*». Por otro lado, un editorial de *El País* de 1906 auguraba «un despertar de la intelectualidad española, semejante al que causó en Francia el asunto Dreyfus». Y en 1909, tras la Semana Trágica y el fusilamiento de Ferrer, Manuel Ciges Aparicio lamentó que en España «no ha habido un Zola que con gesto airado y mano misericordiosa haya intentado arrancar del enemigo la presa».

Todo esto nos remite nuevamente a Collini, puesto que en España también se produjo el fenómeno que el investigador británico describió como *Dreyfus-envy* (o *envidia de Dreyfus*, siendo intencional el eco de la teoría freudiana). La lógica subyacente sería esta: puesto que el caso Dreyfus es el ejemplo paradigmático de intervención de los intelectuales en política, solo en el país donde se produjo se encontraría esta especie en toda su pureza. Y las intelectualidades de otros países o eran sospechosas de sufrir alguna anomalía («¿por qué no ha habido aquí un caso Dreyfus?») o debían encontrar su propio equivalente nacional. En el caso español, los candidatos más habituales han sido el caso de los presos de Montjuic (1896) o la propia Semana Trágica.[70] Atisbamos aquí una de las incoherencias más evidentes de este discurso: si el modelo contra el que los demás países se definen en cuestión de intelectuales es Francia, entonces Francia no es la regla sino la excepción. La normalidad sería, precisamente, la encarnada por todos aquellos países donde *no* se produjo un caso Dreyfus.

También hay que considerar que, del mismo modo que el antiintelectualismo clerical reciclaba aspectos del discurso antiilustrado, la *tesis de la inferioridad* era una evolución de ideas preexistentes sobre la inferioridad de España en comparación con sus vecinos europeos. Uno de los primeros regeneracionistas, Lucas Mallada, ya se preguntó angustiado en *Los males de la patria* (1890): «¿Será posible que, física e intelectualmente considerados, seamos los españoles de notable inferioridad con relación a los demás europeos?».[71] Y, efectivamente, la comparación entre España y Francia era un lugar común intelectual a comienzos del siglo xx; el joven escritor José María Salaverría confesó que Francia le parecía un país «tan hecho, tan acabado... mientras que España se ofrece como un cerro cualquiera, cosa verde, pétrea, ruda, rudimentaria y amorfa».[72]

Durante estos años se consolidó también la idea de que en Cataluña existía una intelectualidad diferenciada de la del resto de España. Diferente por los individuos que la componían, pero también por su función social y política. Esta idea estuvo presente tanto dentro de la propia Cataluña como en el resto de España, y estaba muy vinculada al auge del catalanismo. Varias voces señalaron que este movimiento debía mucho a la acción de *los intelectuales*:

en 1900, Fernando Soldevilla publicó un libro titulado *La opinión en Cataluña* en el que argumentaba que la deriva nacionalista del regionalismo estaba impulsada por «la gente nueva, *intelectuales*, artistas modernistas».[73] En algunos casos, esto mereció la admiración de autores del resto de España: suponía un modelo a seguir.[74] En otros casos, la crítica al catalanismo se hacía extensible a la intelectualidad catalana. El periódico *El Liberal* lamentó en 1910 que «Cataluña tiene la desgracia de no haber encontrado los directores espirituales que se merece. Estos no han sabido más que injertarle odio».[75]

Esta idea de una intelectualidad catalana diferenciada de la del resto de España, en parte por su vinculación al nacionalismo, tendría una larga vida. No parece que sucediera lo mismo, al menos en esta etapa, con el País Vasco. Quizá porque algunos de los más destacados *intelectuales* nacidos allí —como Unamuno, Baroja o Maeztu— fueron críticos con el nacionalismo.[76] Maeztu señaló incluso que la primera línea de oposición al nacionalismo vasco estaba constituida por «nosotros, los motejados con el adjetivo de "intelectuales"».[77] Porque el intelectual se ofrecía, de nuevo según Maeztu, como el agente social que permitiría sobreponerse a ese tipo de nacionalismos, ofreciendo un «ideal agrupador de regiones antagónicas y de clases en pugna».[78] La pregunta de qué ofrecía el intelectual a la sociedad sería, precisamente, una de las que más se debatirían durante la siguiente etapa: la que se ha venido considerando como la *edad de oro* de los intelectuales en España.

CAPÍTULO 2
LA EDAD DE ORO (1914-1936)

En principio, no hay periodo más pertinente para indagar en la historia del intelectual en España que el que va de 1914 a 1936. Existe una idea en el imaginario colectivo, y generalmente respaldada por la bibliografía, de que este periodo fue una suerte de edad de oro de nuestra intelectualidad. Por un lado, se trató de una época de gran vigor cultural. Los autores que se suelen incluir en las generaciones del 98 y el 14 continuaron publicando e interviniendo en la esfera pública; y a ellos se sumaron los vinculados a la generación del 27, como Francisco Ayala, Rafael Alberti, Federico García Lorca, Luis Buñuel, Pedro Salinas, Dámaso Alonso, Max Aub, León Felipe o Ramón J. Sender, al igual que autoras —a veces asociadas a la etiqueta de *las sinsombrero*— como María Zambrano, María Teresa León, Maruja Mallo o Rosa Chacel.

Por otro lado, este periodo es el de mayor influencia y productividad de quien ha sido considerado como el intelectual español por antonomasia: José Ortega y Gasset. Y el autor que suele disputarle esta consideración, Miguel de Unamuno, destacó igualmente en estos años tanto por sus publicaciones como por su oposición a la dictadura del general Primo de Rivera. Otras figuras que suelen incluirse en el canon de intelectuales españoles, como Manuel Azaña, Ramiro de Maeztu o Gregorio Marañón, también tuvieron influencia, prestigio y/o poder durante estos años. Además, esta etapa es la de mayor proyección de iniciativas como la Junta de Ampliación de Estudios, la Residencia de Estudiantes, *España*, *El Sol*, *Revista de Occidente*, etc.; episodios, todos ellos, que han sido incluidos en el itinerario histórico del intelectual español.

También hay cierto consenso en cuanto a que los intelectuales españoles ejercieron, durante estos años, alguna influencia en la evolución del país. En esto coinciden tanto quienes piensan que esa influencia fue positiva como quienes creen que fue negativa. El caso es que, para bien o para mal, los intelectuales habrían contribuido a la caída de la dictadura de Primo de Rivera y habrían apoyado la sustitución de la monarquía por un régimen republicano, en cuya dirección habrían colaborado de forma privilegiada —al menos durante los primeros años—. Por todo esto, varios autores han sostenido la tesis de los años veinte y treinta como punto álgido de la presencia e influencia de los intelectuales. El hispanista francés y gran experto en este tema Paul Aubert ha considerado incluso que, por lo que se refiere a este periodo, «en ningún país europeo llegaron a tener tanta importancia los "intelectuales"» como en España.[1] Esto no significa que *los intelectuales* fueran durante esta etapa un grupo cohesionado: la historiografía de las últimas décadas ha resaltado, más bien, la diversidad de los intelectuales de la época, destacando sus discrepancias en cuanto al tipo de régimen y de sociedad que deseaban. Para Zamora Bonilla, en los años republicanos «es imposible hablar de los intelectuales como un grupo homogéneo y coherente».[2] A veces se han identificado diferencias entre las presuntas *generaciones*, teniendo mucho recorrido una visión de los autores del 98 como literatos anarquizantes e irresponsables, mientras que los del 14 habrían creado un sólido ecosistema de revistas, periódicos e instituciones.[3] Es una interpretación que, a mi parecer, exagera la cohesión de ambos «grupos» y minusvalora los trasvases e influencias entre sus integrantes (la colaboración de Maeztu y Ortega, por ejemplo, fue importante en las carreras de ambos).[4] En cualquier caso, nada de esto menoscaba la tesis de la edad de oro: si había discrepancias, es porque los intelectuales durante este tiempo eran muchos e influyentes.

Visto todo esto, recordemos que la perspectiva de este libro asume que el intelectual no es tanto un fenómeno sociológico o político como uno discursivo. Esto nos permite sortear la dificilísima tarea de verificar cuánta influencia tienen o dejan de tener *los intelectuales* en un momento concreto. Y, a la vez, nos permite constatar que entre 1914 y 1936 se debatió con especial intensidad acerca de la figura del intelectual. La cantidad de artículos, conferencias, discursos y libros de estos años que incluyen las palabras *intelectual* o *intelectuales* en el título, o que abordan sus presuntas funciones, características, obligaciones y traiciones, es realmente abrumadora. Se trata por tanto de un punto álgido en la discusión pública acerca del intelectual; no el único en los últimos ciento treinta años, pero sí quizá el más intenso. Y esto indicaría una predisposición en la sociedad de la época a considerar que aquel tema era importante y merecía ser debatido.

También se puede observar en este periodo una mayor predisposición por parte de determinados individuos a identificarse con el sustantivo *intelectual*. Las resistencias de la etapa anterior disminuyeron notablemente. Si Ortega y Gasset había sido muy cauto en sus primeros años a la hora de identificarse con aquella palabra, en 1931 ya escribía que «yo soy hasta la médula intelectual».[5] Muchos otros utilizaron la primera persona del plural cuando trataron este tema: los intelectuales *somos, queremos, debemos,* etc.[6] No fue algo unánime: en 1930, el dramaturgo Jacinto

Benavente declaró que «me molesta llamarme intelectual, no por nada, sino para evitar confusiones».[7] Y, sobre todo, esto no supuso la desaparición de los discursos antiintelectuales en la sociedad española. Más bien al contrario: sobre todo en los sectores conservadores, estos discursos tendrían una importante proyección durante la dictadura de Primo de Rivera y la Segunda República. Incluso quienes se identificaban con aquella palabra eran conscientes de su valencia negativa para muchas otras personas: en 1916 Ortega escribió que «en esta fecha en la que escribo, sépanlo los investigadores del año 2000, la palabra más desprestigiada de cuantas suenan en la Península es la palabra "intelectual"».[8] Encontramos apreciaciones parecidas en autores tan diferentes como Francisco Ayala («no hay entre nosotros epíteto más despectivo que el de "intelectual"»),[9] Pedro Sainz Rodríguez («la palabra *intelectual* está algo desacreditada»)[10] y Pío Baroja («a la gente de buen tono le pareció esta palabra de una petulancia terrible y que indicaba una idea de superioridad intolerable»).[11]

En todo esto hubo tres episodios especialmente relevantes. Uno de ellos fue el enfrentamiento entre el dictador Primo de Rivera y aquellos autores a los que él mismo insistió en identificar como *los intelectuales*; otro fue la proclamación de la Segunda República. Pero el primero de todos fue la *guerra de palabras* que se produjo en la opinión pública española a causa de la Primera Guerra Mundial.

1. LA GRAN GUERRA DE LOS INTELECTUALES

La Primera Guerra Mundial dividió a la sociedad española. Pese a la neutralidad del Estado a lo largo de todo el conflicto, los españoles se interesaron enormemente por la pugna entre los Imperios Centrales y la Triple Entente y, en una gran cantidad de casos, tomaron partido por uno de los dos bandos. Los periódicos y la industria editorial se volcaron con la guerra y muchas figuras destacadas escribieron artículos o libros sobre el tema. A esto no fueron ajenos los aparatos de propaganda extranjera de las naciones combatientes, y en especial el alemán, el francés y el británico, que hicieron todo lo posible por que se difundiera entre el público español una visión del conflicto favorable a sus intereses. Si España no entró en la guerra, sí se libró dentro de nuestras fronteras una guerra discursiva (o *guerra civil de palabras*, como la llamó el historiador Gerald Meaker) acerca del significado de aquella contienda.[12]

En el marco de aquel debate se publicaron dos manifiestos muy relevantes para nuestro estudio. El primero apareció en julio de 1915 en la revista *España*, con el título «Manifiesto de adhesión a las naciones Aliadas» y el subtítulo «Palabras de Algunos Españoles».[13] El texto declaraba lo siguiente:

> Nosotros, sin más representación que nuestras vidas calladas, consagradas a las puras actividades del espíritu [...] estamos ciertos de cumplir un deber de españoles y de hombres declarando que participamos, con plenitud de corazón y de juicio, en el conflicto que trastorna al mundo. Nos hacemos solidarios de la causa de los aliados, en cuanto representa los ideales de la justicia, coincidiendo con los más hondos e ineludibles intereses políticos de la nación.

El manifiesto aportaba luego los nombres de los firmantes, que quedaban divididos en cinco categorías según su ocupación: «profesores», «compositores de música», «pintores», «escultores y decoradores» y «escritores». Entre los firmantes destacaban Ortega y Gasset, Unamuno, Maeztu,

Pérez de Ayala, Valle-Inclán, Marañón, Ramón Menéndez
Pidal, Manuel Falla, Santiago Rusiñol, Ignacio Zuloaga,
Manuel Azaña, Azorín, Antonio Machado y Benito Pérez
Galdós.

Cinco meses después se publicó un contramanifiesto
en el diario *La Tribuna*. Bajo el título de «Amistad germa-
no española», este texto declaraba que:

> Los que suscriben, amantes y cultivadores de las ciencias y
> las artes, afirmando la neutralidad del Estado español, se
> complacen en manifestar la más rendida admiración y sim-
> patía por la grandeza del pueblo germánico, cuyos intereses
> son perfectamente armónicos con los de España, así como
> también su profundo reconocimiento a la magnificencia de
> la cultura alemana y su poderosa contribución para el pro-
> greso del mundo.[14]

La lista de firmantes ocupó las páginas de *La Tribuna*
durante varios días, y según el propio periódico incluía
«más de 160 catedráticos, 179 escritores y periodistas, 400
médicos, 700 abogados y notarios, 300 ingenieros, etc.».
La breve declaración iba acompañada además de un texto
escrito por Jacinto Benavente, que concluía así:

> Nuestros aliadófilos viven en la consoladora creencia de que
> toda la intelectualidad se ha refugiado en los escritores, pin-
> tores y decoradores de su conocimiento. Pero ¿no hay mé-
> dicos, militares, ingenieros, industriales, hombres de negocios
> tan intelectuales como ellos?

Como se puede ver, la polémica de aquellos manifiestos
no versaba solamente sobre cómo se debía interpretar la
guerra europea. El reproche de Benavente y el resto de
los firmantes de su manifiesto iba incluso más allá de la

denuncia que había realizado el político maurista Antonio Goicoechea algunos meses antes, por «la colaboración de muchos intelectuales en la no siempre desinteresada campaña de difamación emprendida contra todo lo que a germánico huela».[15] También se estaba planteando una polémica explícita acerca de la naturaleza del intelectual y su participación en los debates públicos.

En primer lugar, los germanófilos sentían que sus contrincantes se estaban apropiando del sustantivo *intelectual*. Lo cual resulta llamativo si tenemos en cuenta que en ningún momento del manifiesto aliadófilo se hacía referencia a los firmantes como *intelectuales*: como hemos visto, estos decían alzar su voz sencillamente «como españoles y como hombres», y se referían a sus ocupaciones de forma muy vaga («nuestras vidas calladas, consagradas a las puras actividades del espíritu»). Sin embargo, las reacciones —tanto favorables como negativas— se centraron desde el comienzo en la palabra *intelectual*. Un grupo de españoles residentes en Latinoamérica envió a España un texto que afirmaba su apoyo al «manifiesto de los intelectuales», mientras que un periódico germanófilo lamentó que «en el manifiesto de nuestros intelectuales apenas se encuentra una idea clara» y José María Salaverría denunció que «sumisamente han remitido a París su manifiesto los intelectuales españoles».[16] Uno de los principales impulsores del manifiesto, el escritor Pérez de Ayala, tuvo que aclarar que «los calificativos de intelectuales y francófilos les han sido aplicados espontáneamente en las redacciones madrileñas o en la oficina de telégrafos»; es decir, que ni él ni el resto de los firmantes habían intentado apropiarse de esta palabra. Pero estaba claro que, por lo que al público tocaba, los firmantes de aquel manifiesto se estaban comportando como intelectuales incluso cuando no se autodefinían como tales.

Luego estaba el debate sobre la autoridad con la que se intervenía en el debate público. Otro periódico germanófilo escribió:

> Los contados nombres que en Francia e Inglaterra se lanzaron con gran ruido como representantes de la inteligencia española [...] aparte de una docena incompleta de prestigios, no alcanzan, ni con mucho, el nivel de centenares y aun millares de hombres de positivo valer que figuran en el manifiesto alemán como modelos de la verdadera inteligencia. Aquello fue un grupo de bullidores, muchos de ellos profesionales del bombo mutuo en Madrid. Estos, callados, silenciosos, pero con méritos reales, son la representación de toda la España que piensa, trabaja y estudia.[17]

Pese al tono firme del editorialista, los conceptos resultaban algo difusos; no quedaba claro si esas personas que conformaban «la verdadera inteligencia» eran *verdaderos intelectuales* y los otros no, o si precisamente eran los *intelectuales* quienes no formaban parte de la *verdadera inteligencia*. La cuestión de fondo, en cualquier caso, era la pugna acerca de quién tiene una verdadera legitimidad para influir en los debates colectivos y qué tienen que ver en ello la fama o el reconocimiento social. No se trataba de preguntas nuevas, ni en España ni en el extranjero, pero sí fue la primera vez que afloraron de una manera tan explícita y en textos de tanta relevancia pública.

También resultan interesantes las decisiones tomadas por ambos grupos a la hora de escoger y agrupar a sus firmantes. Donde los germanófilos buscaron reunir la mayor cantidad posible, el manifiesto aliadófilo señalaba que «el documento está suscrito por un núcleo selecto de profesores, escritores y artistas». Su legitimidad no se derivaría de ser escritores o artistas, sino de ser —presuntamente— los escritores y artistas más *selectos*. El propio Pérez de Ayala insistió en esta distinción en un texto posterior:

> A la vuelta de los años, cuando ya no quede memoria de los actores de esa farsa cerril de la neutralidad, perdurarán, con luz limpia e inmarcesible, la mayor parte de los nombres que firman el manifiesto. Entonces se dirá: «España, en la gran guerra europea de comienzo del siglo xx, se había sumado a la causa de la justicia y la humanidad».

Pérez de Ayala daba a entender así que, aunque también hubiera individuos de profesión intelectual en el bando germanófilo, la superior calidad de los aliadófilos daría a los historiadores del futuro una impresión de unanimidad nacional mayor de la que verdaderamente había existido.[18]

Como se ve, los matices y las decisiones relacionados con los manifiestos iban más allá de la anécdota: buscaban restar legitimidad al otro bando a través de definiciones tácitas de lo que se debía entender por *intelectual*. Recordando las distinciones de Collini, los aliadófilos parecían defender una idea más cercana al sentido cultural (individuos que son reconocidos como poseedores de cierta autoridad cultural a la hora de apelar al gran público). Los germanófilos, sin embargo, habrían estado defendiendo una visión más cercana al sentido sociológico: un intelectual sería alguien que ha obtenido un nivel de formación por encima de lo común, o que tiene una ocupación que implica menos trabajo físico que mental.

En cualquier caso, la polémica no concluyó con ningún consenso o síntesis entre las dos posiciones. Maeztu vino a reconocer esto cuando se refirió al manifiesto aliadófilo como «el manifiesto de *los* intelectuales y artistas españoles, o de *algunos* intelectuales y artistas españoles, como quieran ustedes llamarlo».[19] Y los principales actores de la polémica continuaron defendiendo sus posiciones acerca de la guerra durante los siguientes años; buena parte de la retórica del manifiesto aliadófilo estuvo presente también en el mitin de la Liga antigermanófila en 1918.[20] Lo único que parecía unir a los dos bandos era la convicción de que el apoyo de los intelectuales a ciertas causas era relevante. Algunos años después, una dictadura militar mostró que compartía aquella impresión cuando convirtió a *los intelectuales* en uno de sus principales objetivos.

2. EL DICTADOR ANTIINTELECTUALES

En 1923 el general Miguel Primo de Rivera, a la sazón capitán general de Cataluña, puso fin a casi cinco décadas de régimen parlamentario. Lo hizo a través de un pronunciamiento militar que fue aceptado tanto por el rey Alfonso XIII como por amplios sectores que consideraban que el sistema de la Restauración era ya incapaz de resolver los desafíos del país. Se iniciaba así la primera experiencia dictatorial española del siglo XX, que se prolongaría por espacio de siete años.

Esta etapa es especialmente interesante para nuestros propósitos por la importancia que el primorriverismo dio a la cuestión de los intelectuales. No se trata solamente de que la dictadura desposeyera de sus cátedras a Unamuno y a Jiménez de Asúa y los empujara al exilio —donde pronto se unió a ellos Vicente Blasco Ibáñez—; ni tampoco de que el icónico Ateneo de Madrid fuera cerrado por orden gubernamental entre 1924 y 1930.[21] Lo más singular fue lo mucho que el propio régimen habló sobre *los intelectuales*, diseminando desde su posición de poder la idea de que eran enemigos naturales del orden, de la autoridad, del patriotismo y de la religión. La dictadura retomó para ello buena parte del discurso contrario al krausismo que se había desarrollado en el siglo XIX y que —como vimos en el capítulo anterior— se había adaptado al nuevo vocabulario de principios del XX.

Buena parte de esto se debió a la iniciativa del propio dictador. Primo de Rivera buscó tener una presencia activa en la esfera pública y publicó artículos y notas en prensa con regularidad.[22] Un tema recurrente en estos escritos fue la crítica a *los intelectuales*. Se trata de una fijación curiosa, sobre todo si tenemos en cuenta que la mayoría de los individuos sobre los que se proyectaba aquella palabra aceptaron en un primer momento la dictadura. Si bien hubo quejas a causa de la condena a Unamuno, y personajes como Ortega o Marañón empezaron pronto a marcar distancias con el régimen, la oposición no se empezó a generalizar hasta 1926.[23] Pero, pese a esto, Primo de Rivera presentó desde muy pronto las actividades de ciertos individuos (como Unamuno) o de entidades concretas (como el Ateneo) como una muestra del elitismo, antipatriotismo y efecto corrosivo de *los intelectuales*. Al criticar o negarse a obedecer algunas de las disposiciones del régimen, estarían intentando colocarse en un plano distinto del de los demás españoles; y esto no se debía tolerar.

Así, en 1925 el dictador advirtió que «antes que intelectual hay que ser español»; y un año después insistió en que «la primera obligación de todo español, antes de ser intelectual, es la de cumplir bien sus deberes de ciudadanía».[24] El dictador llegó a presentarse como el garante de que los intelectuales cumplirían esos deberes, que su arrogancia sería metida en cintura.[25] Además, el discurso oficial argumentó que los intelectuales, con sus excesivas quejas y protestas, suponían un estorbo a la hora de defender el orden social: ejercían una «labor perturbadora y malintencionada» que no podía continuar.[26] Según un testimonio de la época, el ministro de Gobernación de la dictadura llegó a exclamar que «yo cortaría varias cabezas de «intelectuales» para que no molesten más».[27] Lejos de suponer una excentricidad o fijación del propio dictador, sin embargo, aquel discurso fue recogido y utilizado por aquellos sectores y medios que simpatizaban con el proyecto militarista, nacionalista y confesional del Directorio. *El Debate*, el periódico católico más importante de la época, se refirió a los intelectuales en 1926 como una «plaga nacional», compuesta de individuos «perturbadores», «anarquizantes» e «hipócritas», para concluir preguntándose «¿vale la pena llamarse intelectual para acabar en esto?».[28]

El discurso antiintelectual primorriverista también tuvo algunos matices interesantes. El dictador distinguió en varias ocasiones entre intelectuales *verdaderos* e intelectuales *falsos*: como era de esperar, los primeros eran los que se habían adherido al régimen y los segundos quienes lo criticaban.[29] También se refirió a sus críticos como *pseudointelectuales* o *autointelectuales*, ironizando así con el hecho de que —siempre según Primo de Rivera— utilizaran aquella palabra para referirse a sí mismos. El objetivo de estos recursos retóricos era restar autoridad a los críticos con la dictadura, pero también podían llevar a cierta confusión. A veces *los intelectuales* eran presentados como un grupo compacto contra el que debían defenderse los buenos ciudadanos; otras veces la insistencia en hablar de *pseudo-* o *auto*-intelectuales, o de intelectuales buenos/verdaderos o malos/falsos, daba a entender que se trataba de un grupo heterogéneo y dividido. Así, a veces el discurso oficial daba a entender que todos los intelectuales eran malos; en otras ocasiones, que solo eran malos algunos intelectuales; en otras ocasiones aún, que solo eran malos aquellos que no eran verdaderamente intelectuales. Lejos de resolverse, estas tensiones arraigaron profundamente en los sectores conservadores y clericales que apoyaron la dictadura; y, como veremos en el próximo capítulo, se manifestaron también en el primer franquismo.

El primorriverismo insistió igualmente sobre un problema antiguo: cuáles eran las fuentes de la autoridad o prestigio del intelectual, por qué sus opiniones merecían más atención que las de cualquier otro ciudadano. Se cuestionó que el haber destacado en un campo autorizase para hablar sobre otros —y, en concreto, sobre política—. Según un artículo publicado en el diario oficial de la dictadura, «es de lamentar que hombres de justificada reputación técnica se salgan del terreno doctrinal para invadir otro, para el que, sin duda, no tienen las mismas aptitudes».[30] Aunque a veces también se ironizaba acerca de lo abstruso que era su conocimiento: ¿alguien debía ser considerado intelectual solo porque hubiera «editado unas informaciones sobre el Estado revolucionario de las Kimbambas»?[31] En contraposición a esto, el régimen reivindicó la legitimidad que emanaba del pragmatismo, la experiencia y la falta de afectación. El propio dictador, al ser investido doctor *honoris causa* por la Universidad de Salamanca en 1926, señaló que:

> yo, perdonadme la inmodestia, soy doctor en la ciencia de la vida, y en ella y de ella recogí las enseñanzas que me prepararon para el ejercicio del Gobierno. Quien lleva cuarenta años interviniendo en la vida pública de su país, no aislado y alejándose de vivir la vida de la calle, sino en contacto con cuanto ella produce de bueno y de malo, de noble y de villano, puede, si su voluntad es firme y el favor de Dios le asiste, aventurarse a la pretensión de gobernar un pueblo.[32]

El discurso del régimen también vinculó a *los intelectuales* a dos ideologías que buscaba combatir: el liberalismo y el comunismo. Que las dos fueran mutuamente excluyentes no supuso un obstáculo para este elemento de la propaganda gubernamental. En primer lugar, el régimen vinculó a *los intelectuales* con el sistema liberal de la Restauración y su presunta incapacidad para resolver los problemas reales de los españoles —lo que venía a justificar la existencia de la dictadura—. Un artículo en *La Nación* denunciaba que el estado de la agricultura y de las exportaciones en España hubiera sido desatendido a causa de los «deplorables entretenimientos [de] los libero-intelectuales».[33] Este antiintelectualismo, en realidad, encajaba bien con el antiliberalismo, ya que ambos impugnaban los métodos deliberativos o la libertad de expresión.

En segundo lugar, el discurso oficial también reforzó y extendió el discurso que vinculaba a los intelectuales con el comunismo y con la recientemente creada Rusia soviética. En un libro de 1921 titulado *El cáncer comunista*, el doctor Ángel Pulido había denunciado «el bolchevismo de estos jóvenes [intelectuales] que se agitan disolventes en los ateneos, academias, colegios profesionales, redacciones de periódicos».[34] El primorriverismo también empleó a menudo el adjetivo «disolvente» para referirse tanto a la labor de *los intelectuales* como a los efectos del bolchevismo. Autores cercanos al régimen incidieron asimismo en aquella identificación: Álvaro Alcalá Galiano señaló que la cercanía de los intelectuales españoles al comunismo recordaba «a la de aquellos intelectuales rusos que sembraron la semilla disolvente de la revolución en el imperio de los zares».[35] Jacinto Benavente fue más sucinto en una conferencia de 1930: «Hoy, para muchos intelectuales, Rusia es el paraíso terrenal».[36] Conviene señalar, sin embargo, que los comunistas españoles de esta etapa tampoco tenían a *los intelectuales* en muy alta consideración, en parte por la ambivalencia que Lenin expresó hacia ellos.[37] Así, el semanario comunista madrileño *Nosotros* denunció en 1930 la presunta insensibilidad al sufrimiento popular de *los intelectuales*, animando a «abatir estas grandezas falsas; hay que buscar hombres que lo sean, antes que pensadores, antes que ideólogos».[38] Meses después, y tras el establecimiento de la República —que los comunistas consideraban un mero régimen burgués, contrario a los intereses del proletariado—, la misma revista exclamaba: «¡Cuán justificado está el desprecio de los comunistas por los intelectuales!».[39]

3. CONTRA LA DICTADURA

El discurso primorriverista afectó a aquellos que se sintieron aludidos por él, aunque probablemente no de la forma que el dictador habría querido. En los últimos años de la dictadura se multiplicaron las críticas y las protestas por parte de autores o grupos considerados *intelectuales*.[40] Pero también se produjo un fenómeno a nivel discursivo. Muchos personajes del mundo de la cultura, el pensamiento o la universidad fueron normalizando el uso del sustantivo para referirse a sí mismos, y adoptaron una idea de los intelectuales como un ente unitario, de opiniones y prioridades compartidas. Se estableció, en suma, una dialéctica entre el Gobierno y sectores de la oposición que ayudó a dar forma al grupo compacto que el propio dictador había criticado y temido. Una carta de protesta del Ateneo de Madrid en 1926 por la detención de Jiménez de Asúa, por ejemplo, aludía a las burlas de Primo de Rivera contra los *autointelectuales*:

> El Ateneo es la casa y la representación más genuina de los intelectuales, a los que el Gobierno alude constantemente

en sus notas. Somos intelectuales y nos lo llamamos a nosotros mismos porque vivimos casi siempre, con esfuerzo superior al de los obreros manuales, con el trabajo de nuestra
inteligencia, y además porque creemos y practicamos que
todos los impulsos del hombre deben subordinarse al pensamiento. Y el pensamiento no puede vivir sin la libertad.[41]

Como podemos ver, los que se sintieron aludidos por las
diatribas de la dictadura intentaron resignificar una palabra que se había usado con sentido denigrante. El jurista
Ángel Ossorio y Gallardo respondió a un editorial de
El Debate argumentando que intelectual era quien ejercía
una función crítica, y que esto era algo necesario para cualquier sociedad.[42] El escritor y periodista César Falcón, por
otro lado, quiso dar la vuelta al discurso que presentaba
a los intelectuales como antipatriotas: «Intelectuales como
Marañón y Asúa son quienes revelan hoy el espíritu de la
nacionalidad, agobiado desde hace cuatro siglos por la monarquía. [...] Cuanto dignifica hoy a España es obra de los
intelectuales».[43] También Unamuno insistió desde el exilio en que los intelectuales, con su crítica a la dictadura,
contribuían a mantener la honra de España en el extranjero.[44] Después de la caída del régimen, Marañón señaló
que tras «seis años de notas llenas de burdas alusiones a
los que cultivan el pensamiento [...] ahora se ha visto que los
desordenados y rebeldes éramos los que creábamos el orden
verdadero».[45]

Esta dialéctica no se produjo solamente entre las figuras más señaladas por la dictadura o más implicadas en
combatirla, sino que también influyó sobre quienes empezaban a despuntar en el ámbito de la cultura y el pensamiento. Buen ejemplo de ello es la carta colectiva que
veinticinco jóvenes escritores enviaron en 1929 a Ortega y
Gasset, y entre cuyos firmantes se encontraban Francisco

Ayala, Corpus Barga, Manuel Chaves Nogales, Federico García Lorca, Benjamín Jarnés, Cipriano Rivas Cherif, Pedro Salinas y Ramón J. Sender. En ella, los autores declaraban su propósito de crear un grupo «de carácter político [...] y de tono y significación distintivamente intelectuales» que respondiera a «la necesidad de que los intelectuales españoles, muy particularmente los intelectuales jóvenes, definan sus diversas actitudes políticas y salgan del apoliticismo».[46] Esta idea de la necesaria implicación de *los intelectuales* en la política —en contra del alejamiento de ella que había exigido la dictadura— se fue generalizando a medida que se acercaba el cambio de régimen. En una entrevista de febrero de 1931, el otrora monárquico y maurista Azorín fue preguntado sobre si los intelectuales debían participar en la política. El escritor respondió: «Desde luego. Son momentos en que, aunque no se quiera, no es posible permanecer indiferentes ante la cosa pública. Me parece que los que tienen más cultivada la inteligencia deben tener mayor responsabilidad».[47]

Sin embargo, también en estos años había tensiones y ambigüedades. Unamuno, por ejemplo, hablaba despectivamente de los *intelectuales* con cierta frecuencia, sobre todo cuando lamentaba que la oposición inicial a la dictadura hubiese sido tan minoritaria. En *Cómo se hace una novela* (1927) tildó a la intelectualidad española de «castrada».[48] También entre el republicanismo clásico corrió una veta antiintelectual por su actitud inicial ante la dictadura. En 1924, el líder republicano Nicolás Salmerón y García se refirió a los intelectuales como «máscara de la reacción, pandilla de necios y petulantes, envenenadores de la conciencia de las multitudes, patulea de pedantes infatuados, taimados y cucos embaucadores de viejas devotas».[49] Estas tensiones, como las del campo primorriverista, también sobrevivieron al final de la dictadura, la

posterior abdicación de Alfonso XIII y la instauración de
la Segunda República.

4. ¿LA REPÚBLICA DE LOS INTELECTUALES?

La proclamación del régimen republicano el 14 de abril
de 1931 no hizo que disminuyera la intensidad con que en
España se venía escribiendo y debatiendo acerca de *los
intelectuales*. Más bien al contrario: el tema fue tratado con
frecuencia a lo largo de toda la experiencia republicana.
Especial interés tuvieron dos cuestiones: qué papel habían
tenido los intelectuales en la llegada de la República y cuál
debía ser su papel en ella. Esto es lo que Azorín opinaba
en junio de 1931 sobre la primera cuestión:

> El cambio de régimen se ha producido por un cambio del
> espíritu público [...]. Esa transmutación, ¿la habéis hecho
> vosotros, los que estáis ahora en el poder? No; el cambio de
> la sensibilidad pública, en los sentimientos de todo un pue-
> blo, lo ha ido lentamente operando una legión de trabajado-
> res intelectuales [...]. La República la han hecho posible los
> intelectuales. Vosotros, los que ocupáis el poder, habéis sido
> los parteros de la República; pero permitidnos que os diga-
> mos que quienes la han engendrado hemos sido nosotros.[50]

No es cuestión aquí de establecer si esta interpretación de
Azorín se ajusta o no a la realidad histórica. Es evidente
que los procesos que condujeron a la caída de la monarquía
y la instauración de la República fueron múltiples y com-
plejos, y que resulta muy difícil determinar cuál fue más
influyente. El discurso de Azorín hallaba, desde luego, un
sólido soporte en el enfrentamiento de la dictadura con
figuras como Unamuno e instituciones como el Ateneo,

en la repercusión que habían tenido el artículo de Ortega «El error Berenguer» y el manifiesto de la Agrupación al Servicio de la República, o en los nombramientos de figuras sobre las que se proyectaba habitualmente el sustantivo *intelectual* —como Manuel Azaña, Fernando de los Ríos o Claudio Sánchez Albornoz— para puestos de responsabilidad política en el régimen republicano.[51] Pero todo esto era solo una parte del proceso. ¿Fue más importante la presión de la Agrupación al Servicio de la República que la de los sindicatos UGT y CNT, con sus centenares de miles de afiliados por todo el territorio nacional? ¿Fue más importante la publicación de «El error Berenguer» que la desafección de ciertos sectores del ejército hacia la monarquía alfonsina? Ni siquiera en el caso de la Segunda República la historia de los intelectuales debería opacar procesos sociales y políticos más amplios.

En cualquier caso, lo que está fuera de toda duda es que Azorín estaba expresando una opinión muy extendida en la época. Un editorial de *El Sol* publicado en agosto de 1931 concluía que:

hemos pasado de un régimen político de favoritismo o de escalafón, en que los mejores cerebros de España huían muchas veces despectivamente de la vida pública, a otro de sistemática exaltación de intelectuales a todas las actividades directivas del Estado.[52]

Y cuando Ortega divulgó su sonada «Rectificación de la República», el diario republicano *Heraldo de Madrid* lo acusó de traicionar el régimen que él mismo habría ayudado a traer.[53] Los sectores críticos con la República, por otra parte, también identificaron sus fallos con los presuntos fallos de los intelectuales. Ramón J. Sender, al apoyar la beligerancia revolucionaria de las organizaciones anarco-sindicalistas contra la República burguesa, lamentó que los intelectuales «quieren urdir elegantes interpretaciones, dando a la República una consagración de frivolidad, una estabilidad en la retórica y la poética [...]. Si se les explica con el punto de vista revolucionario no lo entenderán».[54]

Resultan especialmente relevantes, en este sentido, los discursos acerca del intelectual que desarrolló la derecha antirrepublicana, tanto la monárquica (congregada alrededor de la revista *Acción española*) como la fascista (congregada alrededor de las J.O.N.S. de Ramiro Ledesma Ramos y la Falange Española de José Antonio Primo de Rivera). También en estos sectores se postuló que la República era, en buena medida, obra de los intelectuales. El libro de Álvaro Alcalá Galiano, *La caída de un trono*, serializado en *Acción española* en 1932 y publicado en un volumen al año siguiente, argumentaba:

> Para explicar cómo el espíritu revolucionario se ha ido infiltrando poco a poco en el pueblo español [...] debemos fijarnos en la labor tenaz, constante, llevada a cabo por lo que puede llamarse las *vanguardias de la revolución*. Estas son, primeramente, *la prensa* de izquierda. Después, *la Universidad* [...]. Por último, *los intelectuales*.[55]

Más adelante, Alcalá Galiano señalaba que el republicanismo de los intelectuales se debía exclusivamente a su vanidad y al deseo de protagonismo y reconocimiento, lo que les había llevado a echarse en manos de la revolución social.[56] El autor incluso señalaba a quienes él consideraba los

> intelectuales «enchufistas» del nuevo régimen, a quienes no se escatimaron embajadas, actas y cargos remunerativos, en

recompensa a haber difundido el espíritu revolucionario entre las masas [...] los señores Madariaga, Alomar, Américo Castro, Bello, De los Ríos, Pérez de Ayala, Baeza, Álvarez del Vayo, Araquistáin [...] y no olvidemos a D. José Ortega y Gasset.[57]

Como se puede ver, la asociación República-intelectuales fomentaba un discurso antiintelectual entre quienes veían aquella como un grave peligro. Se adaptaron al nuevo contexto tanto el campo semántico de la *traición de los intelectuales* como la acusación de ser antipatriotas extranjerizantes. En *Acción española*, el sacerdote Emilio Ruiz Muñoz lamentó que los grandes clásicos patrios fueran «desconocidos de nuestros intelectuales (en cuyas obras apenas se verá una cita del clásico español en medio de las catervas de citas de autores extranjeros)».[58] Alcalá Galiano, por su parte, publicó un artículo titulado «Los intelectuales, sobornados», en el que denunciaba lo siguiente:

quienes se figuran estar estructurando la «espléndida España del porvenir» en política, literatura, sociología, etc., son los instrumentos más o menos conscientes de las turbias corrientes internacionales que tienden a aniquilar a nuestra Patria. [...] Fingen estar únicamente al servicio de la República, aunque están *al servicio de la Internacional judaico-masónica*, que [...] se ha propuesto descristianizar y desnacionalizar a nuestra pobre España.[59]

Este discurso también solía contraponer la labor de los intelectuales a la de la Iglesia católica, adaptando esquemas heredados del siglo XVIII a un nuevo vocabulario.[60] Así, Víctor Pradera denunciaba en *Acción española* «la inanidad intelectual de los que a sí mismos se llaman *intelectuales*, en frente y en contra de la Iglesia católica; en frente y en contra de la Tradición».[61] La propia Iglesia participaba de este discurso: su cultura interna había asumido desde hacía varios años que *intelectual* era una palabra asociada fundamentalmente a escritores anticristianos.[62] En *Los «intelectuales» y la Iglesia* (1934), el canónigo Rafael García y García de Castro identificaba a los primeros tanto con la deriva caótica de la República como con el «odio a las doctrinas del catolicismo».[63]

Sin embargo, algunos autores también argumentaron que la asociación intelectuales-República era accidental y reversible. En esta lectura ahondó Maeztu, para quien los intelectuales no eran intrínsecamente republicanos, revolucionarios y anticatólicos; lo que había sucedido era que estos sectores se habían afanado más por producir intelectuales, o por atraerlos. Esto había allanado el camino para el triunfo de las creencias republicanas:

> ¿Qué ceguera pudo hacer pensar a los gobernantes que no importaba la actitud de los intelectuales? ¿No había nadie que se diera cuenta de que los periódicos de mayor influencia se veían conquistados, uno tras otro, por las ideas enemigas? Cada año se perdía alguna posición estratégica: uno, el Ateneo; otro, la Academia de Jurisprudencia; otro, el Colegio de Abogados; otro, una Facultad universitaria; otro, la más numerosa asociación estudiantil; al año siguiente, el personal de un ministerio.[64]

Para Maeztu, una prueba de que este estado de cosas era reversible era que, en otros países, los intelectuales habían participado en los movimientos contrarrevolucionarios. Por desgracia,

> el sistema de ideas que ha inspirado el integralismo en Portugal, el fascismo en Italia, el nacionalismo en Francia, el

nacionalsocialismo en Alemania y la revolución de Uriburu en la Argentina no ha movido en nuestro país a las gentes, ni encontrado apenas intelectuales que lo defendieran.[65]

También Alcalá Galiano escribió en *La caída de un trono* que no era cierto que todos los intelectuales fueran republicanos; las actitudes de Benavente, Ramón y Cajal, Palacio Valdés, Blanca de los Ríos o el propio Maeztu mostraban que esto no había sido así ni siquiera en los últimos compases de la dictadura primorriverista.[66] Otros autores preferían destacar la polivalencia de los intelectuales, el que pudiesen ser actores tanto de la revolución como de la contrarrevolución, a través del vocabulario de los malos, falsos o pseudointelectuales. El escritor Luis Araujo-Costa denunció en *Acción española* a «los seudo sabios, seudo filósofos y seudo intelectuales que, de espaldas al espíritu y a las tradiciones de la madre España, se han impuesto en la enseñanza, en la prensa, en la política y allí donde la bolsa puede salir bien librada».[67] Y Ángel Herrera Oria, más posibilista en lo que se refería a la República de lo que era el grupo de *Acción española*, señaló en su libro *Educación de una nueva España* (1934) que lo que necesitaba el país eran «intelectuales católicos».[68]

Así pues, existía una tensión entre la denuncia de *los intelectuales* y el deseo de que la contrarrevolución contara con los suyos propios. Y, efectivamente, la historiografía de las últimas décadas ha analizado la labor de autores como Maeztu, Sainz Rodríguez, Pemán y el grupo de *Acción española* como la de intelectuales que intentaron dotar durante estos años a los sectores católicos y contrarrevolucionarios de un discurso contrario a los de los republicanos, socialistas y comunistas.[69] Hacia el final del periodo incluso cundió cierto triunfalismo en cuanto a la nueva orientación patriótica, conservadora y católica de la intelectualidad. Un editorial de *ABC* de febrero de 1935 celebraba que «por vez primera desde hace doscientos años la palabra "intelectual" ha dejado de asumir un sentido disolvente para llenarse de plenitud española»; es más, «el gremio intelectual que tanto contribuyó a perder a España se afana ahora por salvarla».[70]

5. FASCISMO E INTELECTUALIDAD

El discurso del incipiente fascismo español también se ocupó de *los intelectuales*.[71] En primer lugar, y siguiendo las pautas tanto de la dictadura primorriverista como del fascismo italiano, se asoció a *los intelectuales* a un liberalismo presuntamente caduco. El fundador de las J.O.N.S., Ledesma Ramos, escribía en 1931:

> el tremendo defecto de que adolece el sistema demoliberal de elección es que el auténtico político, el hombre de acción, queda eliminado de los éxitos. En su lugar, los intelectuales —y de ellos los más ramplones y mediocres, como son los abogados— se encaraman en los puestos directivos.[72]

Esto era negativo, según Ledesma, porque un pueblo solo podía cumplir sus destinos históricos si estaba dirigido por hombres de acción: cuando lo dirigían los intelectuales, el pueblo quedaba a la deriva. Por las mismas fechas, el futuro fundador de Falange, José Antonio Primo de Rivera, lamentaba que el regreso de un sistema liberal-parlamentario tras la dictadura de su padre suponía la vuelta de «los ridículos intelectuales, henchidos de pedantería».[73]

El discurso fascista presentaba al *intelectual* como la antítesis de los valores de juventud, virilidad, acción y violencia que el fascismo reivindicaba. Eugenio Montes, futuro miembro del grupo fundador de Falange, declaraba en 1930 que «una España joven tiene que aplastar, como a sapos, a esos intelectualoides politicantes que desde la derecha y desde la izquierda impiden la circulación del nuevo espíritu».[74] Y Giménez Caballero, primer teórico del fascismo en España, fue tajante en un artículo de 1934:

> En el fascismo se desprecia al *intelectual* como puro intelectual, como hombre de problemas que jamás resuelve, sino envenena. En el fascismo no hay más que *místicos, predicadores, profetas*. Si yo detesto la palabra intelectual es a condición de colocar el intelecto —instrumentalmente— al servicio de lo místico, de la intuición, de la voluntad. ¡Basta ya de gestos falsos en eso de la misión de los intelectuales! Si tienen misión, ¡sean misioneros! Y para su misión se sirvan del intelecto, de los puños, de los dientes y de toda su alma.[75]

El discurso fascista también asociaba a los intelectuales con el antipatriotismo. Ledesma Ramos criticó que los intelectuales españoles no hubieran tratado de teorizar la nación española, prefiriendo entregarse en su lugar a las ideas nacionales extranjeras. La revista editada por Ledesma, *La Conquista del Estado*, publicó una letrilla que sintetizaba estas posturas: «Frente a los liberales / somos actuales. / Frente a los intelectuales / somos imperiales. / ¡¡Arriba los valores hispanos!!».[76]

Sin embargo, también en el fascismo había matices respecto a los intelectuales. Ledesma señaló que «el intelectual constituye un tipo magnífico de hombre» cuando se limitaba a explicar el espíritu nacional y a glosar las decisiones de los hombres de acción.[77] Es decir, el problema de los intelectuales no era tanto su existencia, sino que se hubieran extralimitado en su función social. Por su parte, Primo de Rivera expresó que no estaba ni con los intelectuales ni con los «aristófobos» que los despreciaban; había algo en la superioridad de los primeros que encajaba bien con la exaltación fascista de la jerarquía.[78] También era compleja la actitud hacia Ortega y Gasset: los fascistas lo despreciaban por su identificación con el liberalismo, pero también sentían cierta deuda intelectual con él por haber conceptualizado los problemas históricos de la sociedad española. Primo de Rivera llegó a declarar, a finales de 1935, que el falangismo era la genuina realización del proyecto orteguiano.[79] No olvidemos, tampoco, que algunas voces de la época también motejaban de *intelectuales* a los teóricos del fascismo, como hizo Santiago Montero Díaz al referirse en 1932 a Ledesma y las J.O.N.S. como una mera «peña de intelectuales».[80]

Los acontecimientos, en cualquier caso, no tardarían en precipitarse. La guerra marcaría la vida de muchos de aquellos sobre los que se proyectaba la palabra *intelectual*. También influiría en los discursos sobre aquella figura del resto del siglo xx. Pero, antes de llegar a eso, conviene que demos un paso atrás y tratemos de abarcar otros aspectos generales de este periodo.

6. ENTONCES, ¿QUÉ ES UN INTELECTUAL? COORDENADAS DE UN DEBATE

No faltaron en esta etapa intentos de definir la figura del intelectual. Hemos visto que, en ocasiones, esto respondía a acontecimientos de la política nacional o internacional, como la Gran Guerra o la represión de la dictadura primorriverista. Otras veces fueron conferencias o publicaciones las que suscitaron debates acerca de qué era y qué no era un intelectual, qué debía y qué no debía hacer.

Ejemplos de esto último serían la conferencia de Pedro Sainz Rodríguez «La evolución política española y el deber de los intelectuales» (1924), la publicación del libro de Julien Benda *La trahison des clercs* (1927) o la serie de charlas de José María Pemán de 1932 sobre «La traición de los intelectuales».

Una lectura panorámica muestra, sin embargo, que tampoco se alcanzó en estos años una definición clara y universalmente compartida de lo que denotaba aquella palabra. Y, como en la etapa anterior, no faltó quien señalara esa confusión. El sacerdote Antonio Pildain Zapiain explicaba con sorna en 1916 que aquella palabra era «objeto de trabajosos afanes para quien trate de fijar el modernísimo concepto que el nuevo vocablo entraña».[81] Cuatro años después, el socialista Luis Araquistáin escribía igualmente que «no sabemos a punto fijo cuáles son las fronteras de un intelectual, es decir, quiénes merecen este sonoro título y quiénes son indignos de él».[82] Sin embargo, sí se pueden aislar ciertos conceptos que aparecieron con frecuencia en los intentos de definir al intelectual, ciertas cuestiones que se plantearon como *definitorias* del mismo y, por ello, dieron pie a la mayoría de las divergencias en aquel asunto. Fueron principalmente tres: si la palabra hacía referencia sencillamente a un tipo de trabajo o si incluía valoraciones más cualitativas; cuál era la relación del intelectual con el resto de la sociedad; y cuál era la relación del intelectual con la política.

La primera de estas cuestiones volvía sobre los tres sentidos identificados por Collini, y especialmente sobre el sociológico. En una conferencia de 1924, Pío Baroja argumentó que «un economista, un historiador, un filólogo, un crítico, son intelectuales [...] esta calidad no se la da su clase de inteligencia, sino su clase de trabajo».[83] Luis Araquistáin también consideraba intelectuales a «todos los médicos, abogados, ingenieros, maestros, arquitectos, escritores, artistas, profesores, etc., de España».[84] Y el manifiesto de la Agrupación al Servicio de la República adoptaba una perspectiva similar: apelaba a los «españoles de oficio intelectual», que serían «todo el profesorado y Magisterio, los escritores y artistas, los médicos, los ingenieros, arquitectos y técnicos de toda clase, los abogados, notarios y demás hombres de ley».[85]

Se deslizaba así una idea del intelectual como alguien que desempeñaba un trabajo fundamentalmente distinto del de los campesinos, obreros o empleados medios, lo que cobraba sentido en una realidad social marcada aún por escasas oportunidades educativas y fuerte segmentación socioeconómica. Pero había algunos sectores que complicaban esta idea. Baroja, por ejemplo, consideraba que no se podía incluir en las profesiones intelectuales a las «gentes de negocios», por lo que la diferencia entre intelectuales y no intelectuales ya no tenía que ver únicamente con un mayor o menor esfuerzo físico. Por otro lado, Araquistáin confesaba que el «sentido amplio» que él daba al vocablo no era el más habitual: lo más común en España era proyectarlo solamente sobre los escritores.[86] Luego estaba, además, la cuestión de los curas. En un sentido sociológico, su labor era cercana a la de los *intelectuales*, pero ya hemos visto que estaba muy extendida en la época la idea de que cumplían funciones opuestas. El manifiesto de la Agrupación al Servicio de la República incluía una llamativa apreciación en este sentido: «De corazón ampliaríamos a los sacerdotes y religiosos este llamamiento [...] pero nos cohíbe la presunción de que nuestras personas carecen de influjo suficiente sobre esas respetables clases sociales». Los *agrupados* llamaban así a colaborar en la construcción de la República a todos los españoles de oficio intelectual menos a los curas, no porque su oficio no fuera intelectual también, sino por considerarlos ajenos al ideal republicano. Entonces, ¿se convocaba a todos los intelectuales, o solo a los intelectuales de determinada orientación ideológica?

En realidad, es evidente que para muchos existía un componente cualitativo que también debía tenerse en cuenta a la hora de decidir quién era y quién no era un intelectual. Esto era lo que venía a sugerir el frecuente uso del término *pseudointelectuales*, o la oposición entre intelectuales *verdaderos* y *falsos*; se intentaba establecer distinciones no según el tipo de trabajo que alguien desempeñaba, sino según cómo lo desempeñaba. Ya hemos visto que estos usos fueron muy cultivados por el primorriverismo y los grupos contrarios a la República, pero también estuvieron presentes en otros sectores: el propio Ortega argumentaba en *La rebelión de las masas* (1929) que en aquel momento histórico «se advierte el progresivo triunfo de los seudointelectuales incualificados, incalificables y descalificados por su propia contextura».[87] Benavente, por su parte, señaló en un discurso de 1930 que «al decir intelectuales, descarto a los seudointelectuales, los pretensos inteligentes de grupito, de camarilla, los irreducibles fracasados».[88] Incluso Antonio Machado puso en boca de Juan de Mairena una distinción de este tipo: no eran lo mismo los *intelectuales* que los meros *virtuosos de la inteligencia*.[89] Claro que estas distinciones eran, a menudo, meras expresiones de las preferencias ideológicas, estéticas o incluso temperamentales de quien las estuviera realizando. Lo demostró bien el sacerdote Antonio Pildain Zapiain en un discurso en el Seminario Conciliar de Vitoria, en el que el religioso comenzó preguntando: «¿Los intelectuales del día, los representantes del pensamiento filosófico contemporáneo, tienen derecho a llamarse intelectuales?». Pildain se refería a quienes se habían apartado de la escolástica y habían abrazado el pensamiento de Kant, Fichte, Hegel, Comte, Taine, etc.[90] Y el sacerdote respondía: «¡No, y mil veces no! [...] Escarnio seguirá siendo y sinrazón manifiesta el que enemigos de la inteligencia, como lo son los representantes todos del pensamiento filosófico contemporáneo, se llamen intelectuales».[91] Pildain concluía arengando a los seminaristas para que recuperasen la tradición escolástica y «de una vez y por siempre, quede patente a la faz del mundo quiénes son los intelectuales DE SEUDÓNIMO y quiénes los intelectuales DE VERDAD».[92]

El segundo aspecto que se planteó como definitorio del intelectual fue su relación con el resto de la sociedad. En un tiempo de transformaciones tan aceleradas como conflictivas, hubo una tendencia a definir al intelectual como alguien intrínsecamente ajeno a las masas que irrumpían en la política, pero que también se veía interpelado por el nuevo mundo que estaban creando. Qué relación específica debía establecer el intelectual con la nueva sociedad era algo que ya dependía de la ideología de cada autor. En *La rebelión de las masas*, por ejemplo, Ortega señaló que «el lujo específico del intelectual» era sorprenderse y extrañarse ante la omnipresencia del *hombre-masa* en la vida moderna.[93] Un *hombre-masa* que también se sentía distinto del intelectual y en ocasiones incluso lo despreciaba y agredía. También el tradicionalista Pemán consideraba que la relación con la masa definía al intelectual, pero él pensaba que tenía la obligación de dirigirla firmemente en lugar de adularla con mensajes igualitaristas e ideologías democratizantes.[94] El socialista Luis Araquistáin, por su parte, escribió:

la llamada masa obrera es como un gran gigante a quien le está reservado el dominio del mundo; solo requiere ojos que le iluminen la conciencia y el camino y lenguas que le enseñen a respetar y querer los valores culturales de la historia. Esta es la función de los intelectuales en el socialismo.[95]

Antagonismo, liderazgo o acompañamiento; el denominador común era que buena parte del papel del intelectual quedaba tasado por un binomio en el que entraban él mismo y la moderna *masa*.

La tercera de las relaciones definitorias del intelectual planteadas durante estos años fue, a la vez, la que más tinta hizo correr: nos referimos a la relación entre intelectual y política. Para muchos, y especialmente hacia finales de los años veinte y comienzos de los años treinta, esta relación se presentaba como algo inseparable del propio concepto del intelectual. En su carta a Ortega y Gasset de 1929, varios escritores jóvenes señalaban que «la política no es un ejercicio que se pueda desprender de los demás de la inteligencia, ni una reducida especialidad de profesionales. Es un objeto esencial del pensamiento y una parcela importantísima en el área de cultura».[96] Uno de los firmantes de aquel texto ya había señalado en *La Gaceta Literaria* que «un intelectual no puede eludir un deber de atención hacia la política [...]. De otro modo no será un intelectual, sino un *señorito profesional*».[97] No se trataba solamente de una opinión extendida entre aquellos jóvenes cuya socialización política se produjo durante —y contra— la dictadura primorriverista: el conservador Pedro Sainz Rodríguez lamentó en 1924 que tan pocos intelectuales hubieran intervenido hasta entonces en política. Si bien él no consideraba que dicha intervención fuera lo que definía al intelectual, sí le parecía deseable e incluso imperativo que lo hiciera en coyunturas especialmente serias.[98] Este discurso de la responsabilidad del intelectual en momentos de crisis se podía adaptar a contextos muy diversos: Gregorio Marañón, por ejemplo, lo invocó en 1933 al comentar el ascenso de los totalitarismos: «¿Qué hacer entonces en estas horas llenas de dificultad? [...] Ante todo, el intelectual debe adoptar una actitud exenta de vanidad, pero imbuida de la conciencia de su responsabilidad. No huir ante el peligro ni ante los sacrificios».[99]

Sin embargo, también existió durante toda esta época un discurso que señalaba la participación política como incompatible con el intelectual. Y no fue solo algo diseminado de forma interesada por la dictadura primorriverista o por los sectores clericales. Antonio Machado escribió, cuando ya estaba bien avanzada la experiencia republicana, que «habría que aconsejar a los artistas y a los intelectuales que se ocupasen menos de la política y más de su arte o de las disciplinas que cultiven».[100] Manuel Azaña aportó una versión más matizada de este discurso, señalando que acercarse a la política no deshacía al intelectual, pero sí hacía que el público tuviera con él una relación distinta.[101] Jacinto Benavente fue más tajante: «Los intelectuales, si son verdaderos intelectuales, han de estar siempre en un plano más elevado que los políticos».[102] El jurista Salvador Minguijón también argumentó que los intelectuales debían rehuir la tentación de actuar en el mundo y elevarse más bien «como un imperio levantado en las cimas para irradiar desde allí una luz pura, independiente de las pasiones».[103] Pero quizá quien más desarrolló esta idea de incompatibilidad fue, nuevamente, Ortega y Gasset. Ya en 1921 el filósofo lamentó que en España

hubieran deformado muchos intelectuales su intelectualidad poniendo esta al servicio de propósitos políticos. [...] El intelectual solo puede ser útil como intelectual, esto es, buscando sin premeditación la verdad. [...] El intelectual no puede ser en ninguna acepción hombre de partido.[104]

Y en su ensayo «Mirabeau o el político», Ortega identificaba al intelectual con el pensamiento y al político con la acción, lo que los volvía necesariamente distintos e incluso enfrentados: «Hay dos clases de hombres: los ocupados y los preocupados; políticos e intelectuales».[105] Y si todo esto era cierto en el plano individual, aún lo era más en el colectivo: muchas voces insistieron durante estos años en que *los intelectuales* eran incompatibles con la acción política porque eran incapaces de ponerse de acuerdo entre ellos en un rumbo y una estrategia concretos.[106]

Por supuesto, parte de la complejidad de aquel asunto se debía a que *política* también era una palabra de múltiples y muy distintos significados. No era lo mismo *política* en el sentido de integrarse en uno de los partidos turnantes, obtener un escaño o incluso participar en las responsabilidades de gobierno, que *política* en el sentido de influir en la opinión pública, o en el de participar en movimientos revolucionarios. Dependiendo de qué se entendiera por *política*, la participación del intelectual en ella podía ser algo negativo o algo positivo. Para un crítico de las miserias de la Restauración como el escritor Wenceslao Fernández Flórez, no querer participar en aquella política era lo más natural del mundo: «¿Vocación política es votar en rebaño, acoplarse en el escalafón, transigir con todo, en espera de la prebenda? Entonces, naturalmente, muy pocos intelectuales tenían vocación política».[107] Otra cosa era intervenir en el tipo de política que proponían las alternativas al liberalismo decimonónico que iban consolidándose. Por ejemplo, la orientación de la opinión pública en una democracia de masas —como reivindicaron varios autores entre finales de los años veinte y principios de los treinta—;[108] o la implementación de una suerte de autoritarismo desarrollista, una «larga dictadura de la Inteligencia» como la que proponía Francisco Ayala en 1921.[109]

También, y como planteaba Ledesma Ramos, podía tratarse de una labor de apoyo discursivo a los líderes carismáticos del fascismo. O podía ser la participación directa en movimientos revolucionarios, como reclamaba Ramón J. Sender tras un viaje a la Unión Soviética: «No hay razón para que un intelectual esté indeciso. En la trinchera hay un uniforme y un fusil más».[110]

En esta época también apareció un punto de referencia importante para la relación entre intelectuales y política: el ensayo del profesor francés Julien Benda *La trahison des clercs* (1927). En él, Benda argumentaba que las personas que se dedicaban preferentemente al saber (la «clerecía» del título, aunque desde el comienzo la palabra fue leída como sinónimo de *intelectuales*) habían abandonado su cometido a partir de la Primera Guerra Mundial al implicarse en la movilización nacionalista y partidista de sus respectivos países. Benda era tajante: esto suponía una traición que debía ser censurada y corregida. Los *clercs* debían mantenerse siempre en el plano de la especulación abstracta y desinteresada, y no poner en riesgo ese ámbito del conocimiento mezclándose en cuestiones de polémica política. El libro tuvo gran repercusión en Francia y, pronto, también en España: sus ideas fueron comentadas en periódicos y revistas culturales, y en junio de 1928 Benda dio una charla en la Residencia de Estudiantes de Madrid.[111] En los años siguientes podemos encontrar referencias a sus tesis en textos publicados en España que, además, las aplicaban al caso español. Un artículo del escritor Juan Chabás en *El Sol*, por ejemplo, lamentaba que, a causa de la guerra europea y la revolución comunista, «el intelectual español abandonó en parte su trabajo para entregarse de lleno a las luchas políticas. Esto es lo que llama Benda la traición de los "clérigos", de los intelectuales».[112]

Conviene recordar, sin embargo, que la acusación a los intelectuales de haber *traicionado* su presunto cometido no era nueva. Como vimos en el capítulo anterior, ya se había proyectado sobre Azorín, Ortega y muchos otros. *La trahison des clercs* supuso, por tanto, una formulación muy influyente de un discurso que circulaba desde hacía tiempo. El sintagma acuñado por Benda incluso fue utilizado para denunciar *traiciones* muy distintas de las que el profesor francés había descrito. José María Salaverría la utilizó para denunciar la connivencia de los intelectuales con el nacionalismo catalán.[113] A diferencia de lo que había dicho el profesor francés, Salaverría no estaba reprochando a los intelectuales que se implicasen en luchas políticas en general, sino que se implicasen en una —la de los nacionalismos subestatales— en lugar de otra —el proyecto de unificar culturalmente el país—. Estas dinámicas no fueron exclusivas de España: Collini ha señalado que también en la cultura británica se ha utilizado *La trahison des clercs* para denunciar presuntas *traiciones* de los intelectuales que en nada se parecen a la que denunció el propio Benda.[114] Lo interesante, una vez más, es lo que esto indica sobre la polisemia de la palabra: si las traiciones del intelectual podían ser tan variadas era porque seguían coexistiendo ideas distintas sobre cómo entender su figura.

7. OTRAS CONTINUIDADES: VARONES, INFERIORES Y ENTRECOMILLADOS

Además de consolidar la ambigüedad y la polisemia del sustantivo *intelectual*, la edad de oro consolidó varias de las tendencias más llamativas de las décadas anteriores. La primera de ellas es la aparente incomodidad que provocaba el uso de la palabra, pese a que ya estuviera plenamente integrada en el idioma y se utilizara frecuentemente en el debate público. Así, siguió siendo habitual que la palabra se escribiera entre comillas o en cursiva, o acompañada de prefijos o sintagmas como «los llamados» o «los presuntos».[115] Fue común también que muchos autores prefiriesen utilizar sintagmas alternativos como «la inteligencia» o «las minorías selectas».[116]

Continuó igualmente la tendencia a describir las cualidades personales del intelectual. Es decir, a los intelectuales no se les atribuía solamente una serie de funciones, o no se les identificaba solo con una serie de nombres propios, sino que también se les atribuían rasgos de personalidad compartidos. Esto fue especialmente notable en el discurso antiintelectual de los sectores conservadores, clericales y (con el tiempo) también falangistas, que insistieron en el rencor, la vanidad y la cobardía que según ellos definirían a *los intelectuales* y explicarían su comportamiento.[117] Este tipo de descripciones incluso se adentraban en el terreno de los rasgos físicos: un artículo en *La Nación* presentaba al típico intelectual como un «hombre alto, joven, delgaducho, con gafas de concha» y «media melena», en cuyo rostro «la envidia [ha] dejado una huella amarilla».[118] Un personaje femenino de la obra de teatro *Pepa Doncel* (1928), de Jacinto Benavente, exclamaba igualmente que los intelectuales «son feísimos y de una pedantería insoportable».[119] José Antonio Primo de Rivera, por su parte, explicaba que los intelectuales «hablan acerca de cualquier tema con la voz engolada, las cejas fruncidas y una irresistible inclinación a encorsetar todas las conversaciones entre difíciles términos técnicos [...]. Son extrafinos: tan finos, tan finos que no pueden salir a la calle por temor de que los mate un soplo».[120]

El comentario del joven líder falangista nos remite a otro elemento de continuidad con el periodo anterior: la relación entre las ideas sobre el *intelectual* y los ideales de masculinidad y feminidad. Por un lado, la mayoría de los textos de la época siguió dando a entender que el intelectual era varón. Sirva como ejemplo este pasaje del ensayo de Ortega y Gasset «Mirabeau o el político» (1927):

> El intelectual de pura cepa no necesita de nada ni de nadie, porque es un microcosmos. La mujer, que es tan perspicaz en materia de secretos vitales, entreví esta fiesta maravillosa que es el alma de un puro intelectual [...] y por eso quiere asomarse más, abrir la cabeza del intelectual como se abre una bombonera, y asistir al espectáculo secreto de las ideas danzarinas.[121]

Sin embargo, Ortega también repetía la idea de una masculinidad medicalizada al apuntar que el intelectual es «casi siempre un poco enfermo».[122] Álvaro de Albornoz, por su parte, escribió en un ensayo de 1927 que el mundo de los intelectuales se regía por «femeninos resabios de frivolidad».[123] Pío Baroja incluso apuntó que, para el burgués medio, *intelectual* era sinónimo de «invertido».[124]

Más problemática aún resultaba la relación de la palabra *intelectual* con los ideales de feminidad de la época. Esto resulta especialmente llamativo dado que, en este periodo, el papel social de la mujer —incluida su capacidad para ejercer la actividad política, para participar de la creación artística o para recibir instrucción universitaria— fue ampliamente debatido y varias mujeres accedieron a puestos de relevancia. La historiografía incluso se ha referido a muchas mujeres notables de estos años como *intelectuales*.[125] Sin embargo, las cosas no estaban tan claras en la propia época. Podemos tomar como ejemplo *La mujer moderna y sus derechos*, de Carmen de Burgos (1927) y *Las escritoras españolas* de Margarita Nelken (1930): ninguno

de estos libros utiliza el sustantivo *intelectual* para referirse a mujeres que realizasen actividades culturales, políticas
o educativas, lo que resulta especialmente llamativo si tenemos en cuenta que ambos reivindicaban la igualdad de
derechos y obligaciones con el hombre y el papel de las
mujeres en la cultura española.[126] Aunque quizá lo más
ilustrativo, en este aspecto, sea repasar los artículos publicados a propósito de la muerte de Emilia Pardo Bazán
en 1921. De los trece que he consultado, aparecidos en
periódicos de muy diversa orientación política y escritos
tanto por hombres como por mujeres (uno de ellos es de
la propia Carmen de Burgos), ninguno se refiere a Pardo
Bazán como *intelectual*.[127] Esto es llamativo, entre otras
razones, porque todas las notas necrológicas fueron muy
elogiosas y destacaron el perfil polifacético de la autora
fallecida: una incluso señaló que «no existió ramo de la
inteligencia en el que doña Emilia no dejase huella profunda». Pero la palabra que siempre se utilizó en estos
textos para referirse a la fallecida es «escritora», apareciendo en contadas ocasiones también la de «polígrafa».

Seguimos apreciando, por tanto, que existía una suerte
de tensión entre el concepto de *lo femenino* y el de *intelectual*. Podríamos decir que esto se debía sencillamente a la
situación de la mujer en España: pese a los avances de figuras como Pardo Bazán y tantas otras, la mayoría de las
mujeres no tenía ni el acceso a la educación ni el perfil
público que parecían imbricados en la idea del intelectual
(al menos en los sentidos *sociológico* y *cultural* identificados
por Collini). Pero las fuentes muestran que esto era solo
una parte de la historia. Porque la palabra sí se proyectaba
a veces sobre figuras femeninas, solo que solía hacerlo para
denotar una presunta falta de feminidad. Cansinos Assens,
por ejemplo, describía burlonamente en los años veinte a
la escritora Isabel Oyarzábal como «una mujer seria, sin

coquetería, una intelectual».[128] Y en una pieza de teatro publicada en 1920, una chica peligrosamente aficionada a libros de contenido *inmoral* recibía el siguiente comentario: «Está visto, eres una intelectual».[129] Era un discurso que incluso permeó en muchas mujeres notables, y que explica cierta actitud defensiva por su parte. En una entrevista sobre las actividades de la Residencia de Señoritas, su directora, María de Maeztu, destacaba que «en el ambiente de la Residencia no prospera el virus de lo artificioso y afectado, del que adolece tanto intelectualismo femenino. Ni casino de intelectuales, ni plantel de sufragistas. Sencillamente, una casa de muchachas aplicadas al estudio».[130]

También fue relevante en este contexto el cambio en las ideas de género de la época y el paso de una concepción jerárquica de los sexos (en la que el masculino estaría en un rango superior al femenino) a otra que insistía en su radical diferenciación y complementariedad. Como mostró uno de los principales exponentes en España de la nueva perspectiva, el doctor y ensayista Gregorio Marañón, esto no cambiaba la idea de que *lo femenino* y *lo intelectual* eran ajenos, pero sí influía en las razones que se aducían para ello. En su conferencia de 1920 «Biología y feminismo», Marañón argumentaba que «las actividades que exigen un esfuerzo intelectual original son extrañas a la psicología normal del sexo femenino», lo que vendría a explicar «el escaso número de mujeres que han sobresalido en el mundo intelectual».[131] Y aquellas que sí lo habían conseguido, según Marañón, «han sido poco mujeres, han tenido en sus rasgos físicos, en su sensibilidad, en su mentalidad tonos marcadamente masculinos». El doctor insistía por tanto en el «carácter sexualmente anormal» de las mujeres intelectuales, lo que también vendría a explicar que los hombres no se sintieran atraídos por ellas: «No puede compararse la atracción que ejerce sobre el hombre la gloria de una novelista o de una pintora —no digamos de una diputada o una ministra— con la del simple taconeo de una modistilla garbosa».[132]

Otro discurso que se consolidó durante estos años fue el de la inferioridad del intelectual español en comparación con sus homólogos extranjeros (especialmente los franceses). Y uno de los que más difundieron este discurso fue el propio Ortega y Gasset. Sus escritos postularon una doble excepcionalidad española. Por un lado, la precariedad económica de los intelectuales españoles los llevaba a participar en el periodismo político, lo que según Ortega afectaba negativamente a la calidad de su trabajo. Así, como consecuencia de que «España es el único país europeo donde los intelectuales se ocupan de política inmediata», el intelectual español «no pone cuidado, ni mesura, ni elevación, ni rigor en su trabajo».[133] Por otro lado, la sociedad española era excepcional por el escaso respeto e interés que sentía por sus intelectuales. Si, según Ortega, fuera de España era frecuente que un libro influyera directamente en la vida de los ciudadanos de un país, «no creo que exista entre las civilizadas nación alguna menos dócil al influjo intelectual que la nuestra». El filósofo incluso consideraba que esto era una de las grandes claves de la historia española.[134]

Otros autores, tanto mayores que Ortega como más jóvenes que él, expusieron versiones de este mismo discurso. Hasta el joven líder fascista Ledesma Ramos lamentó que «el intelectual no ha contribuido positivamente, como en otros pueblos, a la edificación de la problemática política de España».[135] El punto de comparación siguió siendo generalmente Francia, o al menos la percepción que se tenía de lo que era común en aquel país. En 1933 el escritor conservador Manuel Bueno reaccionó al encarcelamiento de varias figuras contrarias al régimen republicano denunciando que, en caso de haber ocurrido aquello en Francia, habría suscitado manifiestos de intelectuales parecidos a los del caso Dreyfus.[136]

Por último, también persistió en esta época un discurso que diferenciaba entre los intelectuales catalanes y los del resto de España. Esta diferenciación se basaba, además, en dos metonimias: la que tomaba a los intelectuales catalanistas como únicos representantes de la intelectualidad catalana, y la que designaba a los del resto de España como intelectuales «castellanos» o «madrileños», independientemente de si habían nacido fuera de Castilla o vivían fuera de Madrid. Buen ejemplo de todo esto son los textos publicados a raíz de la elección de Barcelona como ciudad invitada en la Feria del Libro de Madrid de 1928, o del viaje de «intelectuales castellanos» a Cataluña en 1930.[137] Para algunos autores, además, la diferencia entre la intelectualidad «catalana» y la «madrileña» ayudaba a explicar las diferencias entre aquella región y el resto de España, ya fueran estas positivas o negativas. Maeztu escribió que Cataluña era el único lugar del país en el que intelectuales, políticos y hombres de negocios cooperaban en proyectos colectivos.[138] Y el tradicionalista Víctor Pradera llegó a señalar en 1932 que el auge del separatismo catalán era un «botón de muestra de la abominable colusión de políticos e intelectuales».[139]

Un último aspecto relevante de esta época fue el inicio de una suerte de historia de los intelectuales. Porque los debates sobre esta figura no se apoyaron únicamente en definiciones abstractas sobre lo que *era* o *debía ser* el intelectual; también se articularon alrededor de relatos sobre *quiénes* habían sido los intelectuales, qué papel habían desempeñado tanto en la historia europea como en la española. Esto venía facilitado por la proyección del sustantivo *intelectual* hacia pasados lejanos, y anteriores a su consolidación en el habla cotidiana. Así, en *El tema de nuestro tiempo* (1923), Ortega y Gasset recurría al ejemplo de la Atenas clásica y de la Francia revolucionaria para argumentar que «el intelectual anda siempre entre los bastidores revolucionarios».[140] Aquella era una lectura compartida por el sacerdote Pildain, quien señalaba que la palabra en cuestión

> ejerce la misma influencia, idéntica seducción a la que alcanzara la palabra *librepensador* en el siglo pasado, la de *filósofo* entre los enciclopedistas, la de *humanista* durante el Renacimiento, la de *teólogo* en la escolástica, la de *gnóstico* en la primera época cristiana y la de *sofista* en la Grecia presocrática.[141]

Otro sacerdote, el tradicionalista Ruiz Muñoz, hizo una comparación más explícita: «La primera República francesa tuvo "filósofos"; la segunda República española tiene "intelectuales"».[142] La diferencia era, por supuesto, que donde Ortega entendía esta función histórica como algo positivo, Pildain y Ruiz Muñoz veían algo claramente negativo. Otros autores se ciñeron menos a una función política que a funciones culturales; Álvaro de Albornoz esbozó una suerte de historia cultural de Europa en la que «después del hombre de letras esclavo o mendigo, criado del príncipe o postulante en las grandes casas de la Corte, aparece en las sociedades modernas, con la vida de salón, el "intelectual"».[143]

La historización del intelectual también buscaba explicar la historia reciente de España. En su conocido discurso «Tres generaciones del Ateneo», Manuel Azaña argumentó que la Revolución Gloriosa y la Primera República habían sido obra de «los artistas e intelectuales burgueses llegados a la vida pública después de fracasar en toda Europa la revolución de 1848».[144] Y, sobre todo, se consolidó la proyección de aquella palabra sobre el krausismo español y la Institución Libre de Enseñanza. Esto fue especialmente destacable en la derecha antirrepublicana, que, al describir la acción perniciosa de los intelectuales en España, tendía a retrotraerse a la acción de Sanz del Río, Giner de los Ríos y sus colaboradores. El discurso antiinstitucionista de las décadas centrales del siglo xix se adaptó al nuevo discurso antiintelectual, estableciendo un continuo que iría desde Sanz del Río hasta Ortega y Gasset, pasando por los escritores y políticos republicanos de la segunda mitad del xix (Castelar, Valera, Galdós, Núñez de Arce, Azcárate, etc.) y por los autores del 98, especialmente Unamuno.[145] Esto no conllevó, por otra parte, modificaciones sustanciales en cómo se presentaba la labor de la ILE: las acusaciones de ser anticatólicos, frívolos y extranjerizantes, con el peligro añadido de que difundían estas ideas desde instituciones educativas, sobrevivieron casi sin modificaciones.[146] Asimismo, implicó una reivindicación constante de las ideas de Menéndez Pelayo sobre (o contra) el institucionismo, que ahora se convertían en ideas sobre o contra los intelectuales.[147] Otros autores también se centraron en añadir episodios y *causas célebres* a aquella historia: a la creación de la Primera República o la fundación de la ILE se unieron la conferencia de Ortega «Vieja y nueva política» o la campaña a favor del pedagogo Ferrer tras la Semana Trágica.[148] Así se iba creando una suerte de historia del intelectual contemporáneo en España, un itinerario de acontecimientos icónicos que —siempre según la perspectiva ideológica de quien escribía— decían algo acerca de la figura del intelectual. El más importante de estos acontecimientos, sin embargo, estaba a punto de desencadenarse.

CAPÍTULO 3

GUERRA, DICTADURA, EXILIO... DIÁLOGO
Y OPOSICIÓN (1936-1975)

La guerra civil de 1936-1939 marcó, de la forma más trágica posible, todas las áreas de la vida y la cultura españolas.
Entre ellas, naturalmente, todo lo que tenía que ver con *los
intelectuales*. Muchas de las personas sobre las que se proyectaba este sustantivo fueron asesinadas; otras muchas se mo-
vilizaron a favor de uno de los bandos en liza. Muchas también
se exiliaron durante la guerra, para volver a España una vez
hubo concluido; otras aún tuvieron que pasar varias décadas
en el exilio. Las características del régimen dictatorial que
emergió de la guerra y, en concreto, sus severas restricciones
a la libertad de expresión también condicionaron la manera
en que estas figuras podían dirigirse a la opinión pública.[1]

La guerra y la dictadura tuvieron igualmente un profundo impacto en los discursos acerca de la figura del intelectual. Por un lado, el bando *nacional* y el posterior régimen
franquista desarrollaron un discurso muy crítico con *los
intelectuales*, según el cual estos serían parcialmente culpables
de los acontecimientos que habían conducido a la guerra.
Por otro lado, el bando republicano y el posterior exilio
antifranquista recurrieron a *los intelectuales* como herramienta de legitimación. Si el franquismo estigmatizó la palabra
intelectual, el bando republicano se identificó con ella hasta el punto de monopolizarla. La cultura republicana en la
guerra y el exilio, por ejemplo, abunda en plataformas que

utilizaban el vocablo en su mismo nombre: la Alianza de Intelectuales Antifascistas para la Defensa de la Cultura, la Unión de Intelectuales Libres, la Unión de Intelectuales Españoles en Francia, la Unión de Intelectuales Españoles en México...[2]

Es cierto que también aquí conviene tener presente la diferencia entre discurso y realidad apreciable. Ambos bandos contaron con el apoyo —explícito o implícito, activo o tácito, inicial o paulatino— de un elevado número de catedráticos, escritores, periodistas, artistas, etc. De lo que hablamos aquí es de una marcada diferencia en cuanto a las actitudes y los discursos vinculados al sustantivo *intelectual*, una escisión en este aspecto también de la cultura y la sociedad españolas. Es cierto que las dos posturas contenían matices y tensiones: sectores del nuevo régimen intentaron reivindicar la figura del *intelectual católico*, mientras que algunas figuras del exilio republicano culparon a *los intelectuales* de haber traicionado a la República. A partir de los años cincuenta, por otra parte, tomó fuerza la idea de que el diálogo entre intelectuales era un primer paso para la reconciliación nacional; y también se fue identificando la figura del *intelectual* con las iniciativas que presionaban al régimen en busca de una mayor apertura, como los sucesos universitarios de 1956, o los manifiestos y escritos de petición que proliferaron en los años sesenta y setenta.

Tracemos este recorrido en mayor detalle, comenzando con el discurso que desarrolló el bando franquista.

1. INTELECTUALES DE LA ANTI-ESPAÑA

En abril de 1938, el general Franco justificó el levantamiento que había desencadenado la Guerra Civil de la siguiente forma:

¿Es que un siglo de derrotas y de decadencias no exige, no impone, una revolución? Ciertamente que sí. Una revolución de sentido español que destruya un siglo [...] en el que mientras nuestros intelectuales especulaban en los salones con su pseudosabiduría enciclopedista, nuestro prestigio en el mundo sufría el más grande eclipse [...]. Una revolución antiespañola y extranjerizada nos destruyó todo aquello. Otra revolución española genuina recoge de nuestras gloriosas tradiciones cuanto tiene de aplicación en el progreso de los tiempos, salvando los principios, las doctrinas de nuestros pensadores del tradicionalismo y de nuestras cabezas jóvenes de hoy.[3]

Esta cita recoge las líneas maestras del discurso del régimen franquista acerca de *los intelectuales*. Estos habrían sido agentes de la decadencia nacional, por su ineficacia política, su querencia extranjerizante y su afinidad por el tipo equivocado de revolución. El *alzamiento* también se había hecho contra ellos. Fue un discurso que recicló desde el principio muchos elementos del discurso primorriverista y antirrepublicano, como podían ser la acusación a los intelectuales de vanidad o de ejercer una función *disolvente* o *disgregadora*. Un artículo publicado en el *ABC* de Sevilla el 13 de octubre de 1936, por ejemplo, tildaba a los firmantes de un manifiesto prorrepublicano de «intelectuales desmandados», y advertía que «son los de siempre. Son el cortejo de los autoempingorotados supergenios; solecillos por refracción, en su mayoría; sabios de *fichero*, casi todos y en su totalidad, caballeros arriscados de la egolatría y de la vanidad andantes».[4] Otro artículo publicado en el *Arriba España* de Pamplona en diciembre de 1936 argumentaba que «el intelectual ha contribuido como pocos a las más disgregadoras doctrinas».[5] Y en aquel mismo año, la Dirección de Prensa (a cargo del general Millán Astray) publicó una nota en la que se exponía lo siguiente:

Equivocada filosofía, equivocada corriente la de estos hombres a los que una exacta denominación llamó (durante estos últimos tiempos) «intelectuales» […] cuya especie o casta era muy antigua. [...] ¡HETERODOXOS, SOFISTAS, HEREJES, BACHILLERES, PEDANTES, INTELECTUALES! [...] Místicos ansía España que, frente a los «intelectuales» rebeldes, insumisos y todo por una absurda libertad, muestren a los demás españoles que no hay LIBERTAD VERDADERA, como dijo un místico contemporáneo nuestro, MÁS QUE EN LA SUMISIÓN.[6]

A las viejas acusaciones se añadían, sin embargo, dos más graves: haber provocado la guerra y haber tomado partido por el bando equivocado. A ello aludía la pastoral de mayo de 1938 del obispo Enrique Pla y Deniel, identificado desde el principio con la causa de los sublevados. El obispo argumentó:

Ante la apocalíptica hecatombe de la España roja es hora ciertamente de reconocer […] que la labor del intelectual, del profesor y del periodista, que siempre debiera ser labor de cultura y de moralización, es en algunos casos labor verdaderamente criminal, subversiva del Estado, corruptora de la juventud y envenenadora del pueblo.[7]

Esto no era, según el obispo, un problema nuevo, sino que formaba parte de un antiguo movimiento revolucionario y antirreligioso: con su fetichización de la libertad de pensamiento, los intelectuales habían alimentado primero el liberalismo y luego el comunismo.[8] La idea de que los intelectuales podían desoír las advertencias de la Iglesia habría sido un «error funestísimo [...] que estamos pagando con torrentes de sangre».[9] De ahí que, según el obispo, la España que surgiera de la guerra debía corregir esta influencia nociva, prohibiendo los libros que difundiesen ideas peligrosas.[10] Más agresivo se mostraba el marqués de Quintanar en el *ABC* de Sevilla: «Aquí no hay dos bandos que puedan parlamentar: de un lado está el ejército y el pueblo español, del otro una colección de intelectuales traidores y de asesinos profesionales. Hay que exterminarlos sin piedad».[11]

Tres libros ayudaron especialmente a condensar el discurso franquista acerca de los intelectuales: *Los causantes de la tragedia hispana. Un gran crimen de los intelectuales españoles* de Constancio Eguía Ruiz (1938); *Los intelectuales y la tragedia española* de Enrique Suñer (1938); y el libro colectivo *Una poderosa fuerza secreta: la Institución Libre de Enseñanza* (1940). En los tres encontramos, por un lado, la habitual imputación a *los intelectuales* de rasgos de personalidad indeseables: arrogancia, irresponsabilidad, ambición, etc. Pero sobre todo se insiste en el argumento de que las acciones de los intelectuales habían conducido directamente a la Guerra Civil. Suñer fue explícito al respecto:

> España sufre la más horrenda de las catástrofes de su Historia. Ríos de sangre corren por todos los ámbitos de la Península. [...] ¿Quiénes son los máximos responsables de tantos dolores y de tantas desdichas? Para nosotros no cabe la duda: los principales responsables de esta inacabada serie de espeluznantes dramas son los que, desde hace años, se llaman a sí mismos, pedantescamente, «intelectuales».[12]

Según este discurso los intelectuales no habrían causado la guerra de repente, o solamente con su acción durante los años republicanos. El conflicto era más bien la culminación de una labor destructiva, antirreligiosa y antipatriótica que se remontaba hasta la Ilustración. Como en la pastoral de Pla y Deniel, se establecía una continuidad entre el enciclopedismo, el racionalismo, el liberalismo y el socialismo que desembocaba en el comunismo soviético; y los intelectuales serían los impulsores de todo aquello. Los españoles, además, habrían cometido pecados propios al renunciar a las sanas tradiciones nacionales; para Eguía Ruiz, los intelectuales patrios eran «legítimos descendientes de aquellos políticos y publicistas carolinos del siglo XVIII [que] muchas veces habían renegado ya de las glorias tradicionales de su patria».[13] Era la misma perspectiva de Julián Juderías sobre los intelectuales y la *leyenda negra*, a la que se añadía ahora la acusación de haber intentado *rusificar* España, de actuar al dictado de la *internacional judeo-masónica* y de difamar en el extranjero al bando *nacional*.[14]

A la hora de señalar a grupos específicos, estos tres libros destacaban sobre todo el papel de «los intelectuales de la famosa Institución Libre de Enseñanza».[15] Según se explicaba al comienzo de *Una poderosa fuerza secreta*, «por sus ideas, su obra incubada de tiempos viejos, la unánime actitud de sus jefes y la de casi todos sus afiliados y afines, ella es la gran responsable de la revolución sin Dios y antiespañola que nos ha devastado».[16] Eguía Ruiz coincidía con aquel diagnóstico:

> Tal vez no ha existido en España un artefacto tan diabólicamente dispuesto para dar al traste con el sentido cristiano y español de nuestro pueblo, como esta colección de doctores *sui generis*, inficionados todos ellos de raíz en libros y en ambientes extraños y más o menos corrompidos.[17]

El crimen de la ILE no habría sido solamente el adoptar ideas extranjeras y antirreligiosas, sino también haber cooptado el sistema educativo español para difundirlas. Esto se debería tanto a su propia acción educativa —incluida la realizada por la Residencia de Estudiantes y la Junta de

Ampliación de Estudios— como a su influencia en las oposiciones a cátedras universitarias y en los nombramientos gubernamentales relacionados con el ámbito educativo. En concreto, se acusaba a *los intelectuales* de la ILE de basar su influencia no en méritos reales, sino en su habilidad para conspirar contra quienes tenían más talento que ellos.[18]

Aunque la Institución aparecía en este discurso como la gran fábrica de intelectuales *disolventes*, también se denunciaba la labor de otros grupos. Según Eguía Ruiz, «los primeros declaradamente divorciados de su pueblo, de su patria y de la cultura hispánica fueron precisamente los pertenecientes a la llamada generación del 98»; una generación en la que este autor incluía a Unamuno, Costa, Ganivet y Ortega.[19] También se cargaban las tintas contra el Ateneo de Madrid, al que se presentaba como una institución corrompida, infiltrada por la masonería y vinculada a la agitación antimonárquica primero y al gobierno de la República después.[20] Los tres libros coincidían igualmente en que Primo de Rivera había sido excesivamente blando con *los intelectuales*, y que de esta forma se había dejado pasar una gran oportunidad para frenar su labor destructiva. Suñer llegaba a señalar que:

> con unas cuantas docenas de penas capitales impuestas a los de arriba, y las necesarias deportaciones y expulsiones del territorio nacional, muchos de los energúmenos, agitadores y cobardes revolucionarios causantes de nuestras presentes desdichas hubiesen callado con silencio absoluto.[21]

Esto ilustra otro aspecto del discurso franquista: su fe en la enorme capacidad de influencia de los intelectuales. Si se dedicaba tanto tiempo y espacio a denigrar su labor era precisamente porque se consideraba que sus acciones tenían un gran impacto social. El prólogo de *Una poderosa fuerza secreta* insistía en ello al abordar la presunta influencia de la ILE:

> Su propósito fue conquistar [...] la mentalidad de España, arrancarle el auténtico «pensamiento español» mediante el dominio de sus intelectuales. No hace falta catequizar al pueblo; basta convencer a sus directores. Logrado esto, la corrupción de la masa es solo cuestión de tiempo.[22]

Otro de los capítulos de este libro argumentaba que «sin la fría corrupción reposada de los intelectuales, un gran pueblo no desbarra».[23]

Esta fe en la importancia de los intelectuales contrasta con el escaso esfuerzo que dedicaron los autores franquistas a tratar de definir qué era, exactamente, un *intelectual.* Quizá el caso más llamativo es el de Suñer: el autor de *Los intelectuales y la tragedia española* no explica en ningún punto de su libro qué entiende él por esa palabra. En un pasaje aclara que los institucionistas serían «los intelectuales por antonomasia», pero no explica por qué. Eguía Ruiz, por su parte, espera hasta el capítulo VII de su libro (cuyo subtítulo, recordemos, es *Un gran crimen de los intelectuales españoles*) para aclarar al lector a quién se está refiriendo con esta palabra:

> Con el nombre típico de «intelectuales» por ellos mismos usurpado, queremos denominar aquí principalmente a los que se arrogan, nada modestamente por cierto, la aristocracia de la inteligencia [...]. Intelectuales, pues, para nosotros serán ante todo «los presumidos de selectos en la pura intelectualidad o cultura mental» [...]. Pertenecen desde luego a este intelectualismo de nuevo cuño todos cuantos consciente o inconscientemente los ayudan en alguna manera, o se comportan ellos mismos como tales «intelectuales».[24]

Este intento de definición contenía numerosas contradicciones y absurdos. Eguía Ruiz señala que *los intelectuales*
serían quienes se llaman a sí mismos intelectuales; pero
también da a entender que este nombre ha sido *usurpado*
a otros. Pero, entonces, ¿este grupo (el de los *usurpados*)
sería el de los intelectuales? ¿No acaba de establecer el
autor que el criterio para decidir si alguien es o no es un
intelectual es si utiliza esta palabra para referirse a sí mismo?
Y ¿cómo distinguir a un *intelectual* de alguien que «los ayuda en alguna manera» o «se comporta» como ellos?

Los textos en cuestión no ofrecen respuestas a estas
preguntas. Más bien revelan que no había en el discurso
del primer franquismo una definición mínimamente ope-
rativa de lo que era un *intelectual*. Sencillamente hubo un
esfuerzo para connotar negativamente aquella palabra,
asociándola a una serie de rasgos de personalidad, de acontecimientos y de grupos indeseables. El objetivo quedaba
bien explicado en uno de los capítulos de *Una poderosa
fuerza secreta*: «Que los lectores apliquen a esta palabra
el significado menos agradable de los que ha llegado a
adquirir».[25]

Esto no implica, sin embargo, que el discurso franquista estuviera dispuesto a renunciar por completo a aquella
palabra. El mismo Franco se refirió durante la guerra al
asesinado Víctor Pradera como «uno de nuestros intelectuales y pensadores más ilustres»; y en el discurso citado al
comienzo de esta sección el Generalísimo se refirió positivamente a «los intelectuales con alma y pensamientos españoles, sin los cuales el Movimiento carecería de rumbos
doctrinales».[26] Los nombres de Balmes y de Menéndez
Pelayo, así como los de sus principales discípulos, solían aparecer citados en estos contextos.[27] Pero también había un
futuro para el intelectual español en el nuevo régimen. El
manifiesto de *Escorial*, revista fundada en 1940 y dirigida

por los jóvenes falangistas Dionisio Ridruejo y Pedro Laín Entralgo, mostraba un camino para rehabilitar aquella palabra: «Llamamos a todos los intelectuales y escritores en función de tales y para que ejerzan lo mejor que puedan su oficio, no para que tomen el mando del país ni tracen su camino en el orden de los sucesos diarios y de las empresas concretas».[28] Es decir: podía haber *intelectuales* en el nuevo Estado franquista, pero no podían tener ni el tipo ni el nivel de influencia de las décadas anteriores.

Desde la perspectiva de muchos de los jóvenes cercanos al régimen, la Guerra Civil incluso podía ser vista como el nacimiento de un nuevo intelectual, curado de los errores de sus predecesores históricos. Jaume Vicens Vives escribió a finales de los años cuarenta que los colaboradores de *Arbor* (revista vinculada al CSIC) eran «los nombres más sobresalientes de las recientes promociones de la intelectualidad española»; unas promociones que, en opinión de Vicens, habían superado los planteamientos de las generaciones anteriores de intelectuales.[29] Más explícito todavía fue Jesús Arellano, catedrático de filosofía de la Universidad de Sevilla y colaborador también de *Arbor*. Para él, el 18 de julio no había permitido solamente la eliminación de una generación de intelectuales equivocados, sino que también «hace posible y brinda la coyuntura a una generación de intelectuales que, haciendo del catolicismo y de la ortodoxia su sistema de ideas y de vida, rehaga el auténtico ser histórico de la sociedad española».[30]

Nada de esto impidió que, sobre todo en la posguerra inmediata, se postularan conclusiones verdaderamente radicales acerca de lo que se debía hacer con *los intelectuales*. Según Suñer, era necesario «practicar una extirpación a fondo» ya que «estas gentes son incompatibles con nosotros. Están entregadas a los peores enemigos de España por motivos inconfesables».[31] En 1942, la revista del SEU de Barcelona aún clamaba contra los «seudointelectuales rojos y demás ralea merecedora solo de la picota y la horca».[32] Es cierto que aquella ferocidad discursiva era propia tanto del contexto bélico como del proyecto de reconstruir el Estado en dirección autoritaria, confesional y/o fascistizada. Existe un claro vínculo, por ejemplo, entre el discurso que acabamos de repasar y el intento de rehacer la universidad para alinearla con el nuevo régimen (lo que incluía las purgas de los cuerpos universitarios que se produjeron en la posguerra).[33] Pero el antiintelectualismo del régimen no desapareció cuando aquella reconstrucción pareció finalizada. Fue, por ejemplo, una de las cuestiones de fondo en la polémica entre «comprensivos» y «excluyentes» que se desarrolló entre mediados de los años cuarenta y principios de los cincuenta, y que determinaría algunas de las quiebras fundamentales del franquismo cultural. Las ideas y las figuras que los «comprensivos» (encabezados por Joaquín Ruiz-Giménez y Dionisio Ridruejo) proponían rehabilitar eran, precisamente, las de los *intelectuales* por antonomasia de las generaciones anteriores: Unamuno, Ortega, etc.[34]

En realidad, durante las décadas siguientes, cualquier simpatizante del régimen que quisiera reafirmar los fundamentos del mismo frente a posibles desviaciones podía recurrir al discurso antiintelectual. En 1953, el religioso Antonio Pildain Zapiain (cuyas primeras diatribas abordamos en el capítulo 2, y que con el paso de los años había alcanzado el cargo de obispo de Canarias) se refirió a la pastoral de 1938 de Pla y Deniel, considerándola «magistral y contundente» y «que readquiere en nuestros días tanta actualidad».[35] Y en 1955, el religioso Antonio Pacios publicó un ensayo titulado *Cristo y los intelectuales* en el que consideraba hecho probado que los intelectuales habían sido responsables del estallido de la Guerra Civil:

> Todos sabemos los frutos que han producido estos sembradores de la descristianización y del ateísmo en España. Todos sabemos cómo trataron a los que no pensaban como ellos los eternos predicadores de la tolerancia, quienes con su sectarismo a sangre y fuego, que no se detenía ante ningún crimen, nos obligaron a lanzarnos a la hecatombe de la guerra interior.[36]

Aunque quizá el mejor testimonio de la pervivencia del discurso que venimos repasando sea *La guerra española y el trust de cerebros* (1961), un extenso libro del escritor y pensador tradicionalista Vicente Marrero. Más de dos décadas después del final de la Guerra Civil, esta obra empleaba tanto las acusaciones clásicas a los intelectuales de hipocresía, arrogancia y frivolidad, como el relato acerca de la labor destructora y antiespañola del Ateneo, la Institución Libre de Enseñanza, la generación del 98 y la Agrupación al Servicio de la República; todo lo cual habría desembocado en el desastre republicano y la consiguiente Guerra Civil. Según Marrero, «es un hecho comprobado que la destrucción de la Monarquía no fue una labor que correspondió exclusivamente a los políticos. [...] El papel más destacado les tocó a los intelectuales».[37]

2. INTELECTUALES DEL PUEBLO Y DE LA ESPAÑA PEREGRINA

Habiendo visto el discurso acerca de los intelectuales que predominó en el bando *nacional* y el régimen franquista, examinemos ahora qué sucedió en el otro bando que libró la guerra. Para ello, vale la pena retroceder hasta el 31 de julio de 1936. Ese día, el diario republicano *Ahora* publicaba un texto titulado «Los intelectuales españoles expresan su adhesión al Gobierno».[38] El manifiesto al que hacía referencia era muy escueto («Los firmantes declaramos que, ante la contienda que se está ventilando en España, estamos al lado del Gobierno de la República y del pueblo que con heroísmo ejemplar lucha por sus libertades») y solo iba acompañado de diez firmas (entre ellas, las de Menéndez Pidal, Marañón, Pérez de Ayala y Ortega y Gasset). Pero aquel titular anunciaba una parte importante del discurso republicano sobre los *intelectuales*: la idea de que estos estaban unánimemente de su lado, en comunión con el pueblo español y en defensa de la cultura. Esto condujo a una patrimonialización del sustantivo *intelectual* de parte del bando republicano, que encontraba apoyo incluso en el discurso franquista. El joven dirigente comunista Fernando Claudín llegaría a señalar en 1937 que «es el propio enemigo quien reconoce [...] que la intelectualidad española [es] de izquierdas, que la intelectualidad española no [está] con el movimiento "nacionalista"».[39]

El discurso republicano incluía un fuerte componente normativo: los *intelectuales* no estaban del lado de la República de manera accidental, sino como resultado directo de su condición de intelectuales. Como señaló durante la guerra otro dirigente comunista, «un intelectual, para poder ser considerado legítimamente como tal, ha de ser un hombre de ideas progresivas», lo que significaba «situarse abierta y francamente al lado de las fuerzas del pueblo».[40] Algunos, como Benjamín Jarnés, argumentaban que había que alinearse con ese «pueblo» por un criterio de justicia social.[41] Otros consideraban que el «pueblo» era el verdadero legatario de aquello que más podía importar al intelectual: la cultura. Así lo expresaba Antonio Machado en una charla de finales de 1936: «Ante esta contienda, el intelectual no puede inhibirse. Su mundo está en peligro. [...] Junto al pueblo ha de estar el intelectual. Y en contra de los enemigos del pueblo, que es el más interesado defensor de la Cultura».[42] La misma idea vertebraba el manifiesto de la Alianza de Intelectuales Antifascistas para la Defensa de la Cultura, en el que se declaraba:

> Nosotros, escritores, artistas, investigadores científicos, hombres de actividad intelectual, en suma, agrupados para defender la cultura en todos sus valores nacionales y universales de tradición y creación constante, declaramos nuestra identificación plena y activa con el pueblo, que ahora lucha gloriosamente al lado del Gobierno del Frente Popular, defendiendo los verdaderos valores de la inteligencia.[43]

En cualquier caso, fue habitual en el campo republicano utilizar el sustantivo *intelectual* para nombrar asociaciones creadas para apoyar la causa. A la Alianza de Intelectuales Antifascistas y sus capítulos regionales (como la Aliança d'Intel·lectuals per a la Defensa de la Cultura de València y la Aliança d'Intel·lectuals per a la Defensa de la Cultura de Catalunya) se unieron tras la guerra organizaciones creadas en el exilio o en la oposición interior al franquismo.[44] En 1944 se fundaron tanto una Unión de Intelectuales Libres (UIL), clandestina y con capítulos en distintas ciudades españolas, como una Unión de Intelectuales Españoles (UIE) con sede en París; en 1947 le tocó el turno a la Unión de Intelectuales Españoles en México (UIE-M).[45] En los años cincuenta y sesenta, el PSUC también contó en su organigrama interno con un Comité de Intelectuales.[46] El sustantivo en cuestión se usaba profusamente, además, en las comunicaciones y publicaciones vinculadas a estos grupos. La extensa nómina de revistas editadas por organizaciones del exilio o de la oposición clandestina (como el *Boletín de la Unión de Intelectuales Españoles*, *Independencia*, *Demócrito*, *Cuadernos de Estudio*, *Nuestro Tiempo*, el

*Boletín de la Unión de Intelectuales Españoles en México,
UltraMar, España Popular...*) daban continuidad al discurso desarrollado durante la guerra que identificaba a *los intelectuales* con la causa republicana. El índice del *Boletín de la UIE-M*, por ejemplo, abunda en títulos como «Carta de intelectuales mexicanos», «Protesta de los intelectuales europeos» o «Declaraciones de destacados intelectuales españoles», siempre en una línea crítica con el régimen franquista. Por su parte, el primer editorial del *Boletín de la Unión de Intelectuales Españoles* señalaba que, dentro del objetivo común de derrocar el régimen franquista:

> la U.I.E. tiene un cometido específico: agrupar, como su mismo título indica, eficazmente a todos los compañeros, compatriotas nuestros, que en el destierro o en España tengan conciencia de los deberes a que les obliga doblemente para con la patria esclavizada su condición de españoles libres y de intelectuales.[47]

Al otro lado del Atlántico, la revista *UltraMar* trazaba igualmente en 1946 la continuidad entre la condición de intelectual y la causa republicana/antifranquista, al declarar su intención de reunir a «todos aquellos hombres de nuestro país que han seguido su vocación intelectual en el destierro y, con esa vocación, su amor por la libertad y la República».[48] Ese mismo año, en París, un texto impulsado por figuras adscritas o cercanas al PCE denunciaba que «los más grandes valores intelectuales de nuestra patria están en el destierro o al silencio condenados».[49] También los grupos clandestinos participaban de aquel discurso: uno de ellos publicó un «Llamamiento de los intelectuales» que iba dirigido «muy especialmente [...] a los intelectuales españoles en la emigración, a quienes sabemos identificados con nuestra lucha diaria».[50]

También se insistió en la idea de que los exiliados eran los verdaderos legatarios de la cultura española. En 1939 se fundó la Junta de Cultura Española en París con el objetivo de prestar apoyo a los intelectuales del exilio y así «salvar la propia fisonomía espiritual de nuestra cultura, en su continuidad histórica, que esos intelectuales representan».[51] Una proclama parecida, pero referida exclusivamente a la cultura catalana, aparecía en el primer número de la *Revista de Cataluña*, publicado en diciembre de 1939.[52] Y otro manifiesto redactado en 1946 por figuras del exilio parisino reafirmaba que los intelectuales debían «reanudar la tradición de la cultura española, brutalmente interrumpida por el movimiento faccioso».[53]

Así, mientras que el discurso franquista asociaba a *los intelectuales* con la anti-España, el discurso del exilio los asociaba con una España auténtica que habría sido corrompida o bloqueada por el franquismo.[54] Esto no impedía repetir la idea de que España —a diferencia de Francia— no había sido tradicionalmente país para intelectuales: María Zambrano señalaba en 1937 que «existe en nuestro modo de ser una indocilidad profunda ante lo que dice la inteligencia [...] no hemos sido jamás un pueblo intelectual».[55] Pero aquello no anulaba la *españolidad* de los pocos y hostigados intelectuales que sí habrían existido: figuras como Larra u Ortega mostraban, según Zambrano, que «los intelectuales pertenecían a la España viva, al margen, cuando no en franca rebeldía, respecto de la España oficial y somnolienta».[56] También Claudín repasó la genealogía de los intelectuales españoles, valorando positivamente todas aquellas figuras y grupos (incluida la ILE) que los sublevados rechazaban.[57]

El juego de espejos entre los dos bandos no terminaba ahí. Si el discurso franquista debió lidiar con el problema de si había intelectuales *buenos*, el discurso republicano debía enfrentarse a la cuestión de si existen intelectuales *malos*. El problema en ambos casos se activaba ante el mismo grupo: las figuras que apoyaron a los sublevados y luego se convirtieron en la élite cultural del nuevo régimen. El libro de Zambrano *Los intelectuales en el drama de España* ilustra bien los conflictos e incluso las aporías a los que podía conducir esta cuestión. Por un lado, insistía en la patrimonialización republicana de la intelectualidad: «todo intelectual que aún lo sea» debía identificarse con el proyecto de la revista *El Mono Azul*, puesto que este encarnaba la esencia misma de la intelectualidad. Sin embargo, Zambrano también abordaba la cuestión de «la inteligencia fascista» y se refería a Giménez Caballero, Eugenio Montes y Sánchez Mazas como intelectuales.[58] ¿Cómo podía ser, entonces, que los intelectuales fuesen intrínsecamente republicanos y que al mismo tiempo hubiese intelectuales entre los dirigentes fascistas? Zambrano aventuraba una respuesta: la pose intelectual de aquellas figuras era «una máscara», un recurso habitual del fascismo para enturbiar la realidad.[59] Reaparecía así la tradicional distinción entre intelectuales *verdaderos* e intelectuales *falsos*: según Zambrano, «el intelectual que recorre el camino de la vocación [...] no resulta jamás fascista».[60]

Este no era el único punto conflictivo del discurso republicano. La patrimonialización de *los intelectuales* tuvo que convivir con las fuertes vetas antiintelectuales que —como vimos en el capítulo 1— ya existían en el socialismo y el anarquismo españoles. Aquello se entremezcló con las recriminaciones propias de la guerra y el exilio.[61] Ya en octubre de 1936, el diario socialista *Claridad* criticó a quienes se habían apuntado a la Alianza de Intelectuales Antifascistas, pero luego se habían marchado a Francia en cuanto los combates se acercaron a la capital.[62] Se repetía la asociación del intelectual con el cinismo, la cobardía y una

masculinidad defectuosa («son el trasunto de las plañide-
ras»). Pero, sobre todo, se insistía en la idea de que *los intelectuales* tendían a colocarse al lado de las élites, algo que
ya no se iba a tolerar: «El PUEBLO sabe muy bien quiénes
son los buenos y los malos y los peores». Unos meses después, Claudín reconocía que en el comunismo español
estaba muy extendida la creencia de que los intelectuales
eran meros «emboscados».[63] El discurso antiintelectual de
izquierdas incluso podía utilizarse para justificar las más
turbias maniobras, como se vio tras la sangrienta represión
del POUM por parte del PCE. En un panfleto que buscaba contrarrestar las denuncias por aquel episodio, José
Bergamín argumentó que «esta leyenda negra que quiso
forjarse falsamente [...] ha podido prender tan solo en algunas zonas pequeñas de sedicentes revolucionarios, e intelectuales sobre todo».[64]

El antiintelectualismo también estaba presente entre
los anarquistas, como muestra el ensayo del dirigente de
la CNT José Peirats *Los intelectuales en la revolución* (1938).
Según el autor, los intelectuales tenían mucho por lo
que responder: habían sido los responsables de aquellos
avances técnicos que habían permitido los horrores de
la industrialización y de la guerra moderna; habían sido,
también, los «apagafuegos en todas las hogueras revolucionarias»; y, con Marx y Engels a la cabeza, habían
estropeado el socialismo, al hacerlo tan complicado y teórico que ya no resultaba comprensible para los obreros.[65]
Además, seguía Peirats, en España los «intelectualoides»
habían impulsado tanto la detestada República burguesa
como el igualmente detestado PCE.[66] Por si fuera poco,
una vez estallada la guerra, y mientras las milicias anarquistas recurrían al «único procedimiento adecuado: la
violencia de las armas», los intelectuales habían entor-
pecido su labor con plañideros artículos y discursos.[67] La

conclusión era clara: «La revolución ha sido malograda por las gansadas de los intelectuales. Ellos han sido, desde los primeros momentos, enemigos declarados del pueblo revolucionario».[68]

El discurso antiintelectual también tuvo presencia en el exilio. En 1940, Bergamín publicó en México una amarga diatriba contra «los llamados *intelectuales*», a quienes consideraba corresponsables de la derrota en la Guerra Civil. Porque, si bien algunos se mantuvieron firmes en su apoyo a la República, «los otros, los ciegos y sordos voluntarios, los encastillados en sus vacuas egolatrías más ebúrneas, se afirmaron en su suicida afán de salvarse, como fuera, incluso declarándose engañados, equivocados y hasta arrepentidos». Bergamín estaba apuntando claramente a Marañón, Ortega y Pérez de Ayala, quienes habían hecho declaraciones críticas con la deriva de la República durante la guerra. Pero, en el contexto de la dictadura y el exilio, la crítica podía extenderse a cualquiera que hubiese aceptado el nuevo régimen, o que hubiese renunciado a la oposición explícita, a cambio de quedarse en España. En 1947, la revista *UltraMar* denunciaba a aquellos «intelectuales de nuestra misma nacionalidad» que sabían «nadar y guardar la ropa», y que «teniendo en sus manos las más nobles armas, las han puesto, abierta o encubiertamente, a los pies del dictador».[69]

El último vector importante de los discursos sobre el intelectual durante la posguerra fue la relación con el Partido Comunista. A él estaban vinculadas, en realidad, casi todas las uniones de intelectuales (tanto en el exilio como en la clandestinidad). La tutela que el partido ejercía sobre los manifiestos o las publicaciones de aquellas plataformas era tan importante que, para Santos Juliá, «no son tanto manifiestos de intelectuales como manifiestos firmados por intelectuales».[70] En cualquier caso, esta conexión con el PCE también explica que algunas de las polémicas internas del comunismo español durante los años cuarenta, cincuenta y sesenta tuvieran que ver con la naturaleza y función del *intelectual*. El caso más conocido es el de la expulsión del partido de Claudín y Jorge Semprún en 1964, tras un agrio debate en el que Dolores Ibárruri se refirió a ellos como «intelectuales con cabeza de chorlito».[71] Pero el lugar que *los intelectuales* podían o debían tener en la construcción del «socialismo real» había sido un tema recurrente durante mucho tiempo, sobre todo en lo que se refería a la tensión entre la libertad de pensamiento y la obediencia a las directrices del partido. En 1947, por ejemplo, el profesor exiliado Félix Montiel dio un discurso ante el pleno del PCE sobre este punto:

> Nuestro partido no le pide a ningún intelectual que deje de serlo. Al contrario, les pide a todos que sean mejores intelectuales, que sean los mejores en su especialidad, que estudien más, que trabajen y se perfeccionen en su menester. [...] El Partido les da a los intelectuales la mejor ayuda que pueda darles, que es su propia concepción de la vida y también del arte. El Partido les da una ciencia, un método que no falla.[72]

Así pues, la valía de un intelectual —según este discurso— aumentaba cuanto más adoptaba los principios generales del marxismo-leninismo y su aplicación a la investigación científica o a la creación artística. La idea fue repetida en 1954, cuando el V Congreso del PCE, celebrado en Praga, divulgó un «Mensaje a los intelectuales patriotas».[73] En este documento se argumentaba que «el Partido Comunista de España, destacamento organizado y consciente del proletariado [...] es también el partido político en el cual los intelectuales españoles han encontrado y encontrarán mayor comprensión de su misión social». Una misión, sin embargo, que seguía pasando por practicar el «realismo socialista», por la supeditación a la línea del partido y a la tarea de difundir su ideario. El documento reproducía, así, la sentencia de Dolores Ibárruri: «Nuestros intelectuales no pueden conformarse con ser escritores, historiadores, poetas, músicos, pintores, sino que deben ser, además, propagandistas del marxismo».

3. EL LARGO CAMINO: CATOLICISMO Y DIÁLOGO

Las dinámicas que venimos repasando en este capítulo no se mantuvieron incólumes hasta 1975. A medida que pasaban los años y evolucionaba la situación política, social y cultural, los discursos sobre *los intelectuales* fueron desarrollando nuevas vertientes. El mensaje del PCE de 1954 que acabamos de ver, por ejemplo, fue uno de los últimos que sostenía las posturas clásicas del partido tanto sobre la situación española como sobre la función de los intelectuales.[74] Aquello cambiaría a partir de 1956, con el giro hacia la política de la «reconciliación nacional» y con las tesis de Santiago Carrillo sobre la necesaria «alianza de las fuerzas del trabajo y de la cultura»; unas tesis dirigidas al mundo cultural alumbrado por los movimientos estudiantiles de los sesenta. Porque, como señaló Jorge Semprún en 1966, a lo largo de la década anterior se había producido en España el surgimiento de una nueva «intelectualidad marxista» alejada de la ortodoxia soviética y los partidos que la encarnaban.[75] Así pues, el discurso comunista sobre la naturaleza y función de los intelectuales fue evolucionando al paso de los importantes cambios que se produjeron dentro del propio marxismo.

Otra evolución significativa durante los años de dictadura tuvo que ver con el sintagma *intelectual católico*. Este ya se había empleado en los años treinta en los sectores cercanos a la Unión Católica de Estudios Internacionales.[76] Y reapareció con cierta fuerza en los años cuarenta: la circular del obispo de Vitoria que sancionó en 1947 la creación de las Conversaciones Católicas Internacionales de San Sebastián declaraba que era momento de establecer «nuevos contactos entre los intelectuales católicos españoles y extranjeros».[77] Varios documentos de los organizadores de aquellos eventos —que abogaban por la exploración filosófica y el diálogo entre distintas tradiciones, y que contaba con el respaldo de la Asociación Católica Nacional de Propagandistas— muestran que no tenían problema en referirse a sí mismos como *intelectuales católicos*, quizá animados por su interlocución con el Centre Catholique des Intellectuels Français.[78] Parece como si, en el contexto de un régimen confesional como el franquista, el adjetivo «católico» ofreciera una vía de rehabilitación para el estigmatizado sustantivo.

Sin embargo, esta vía de rehabilitación también tenía sus problemas. Un documento gubernamental señaló que las Conversaciones de San Sebastián eran meros «congresos de los intelectuales católicos de izquierda», y resumía así el sentir generalizado en la Iglesia española: «Con este grupo de intelectuales católicos, mal llamados progresistas, no vale la pena tener ningún tipo de relaciones».[79] *Intelectuales*, *de izquierdas* y *progresistas*: ni siquiera el adjetivo *católico* podría redimir aquello. También una carta oficial de la Nunciatura de 1955 señalaba su preocupación por la presencia en las Conversaciones «de intelectuales, eclesiásticos o seglares, bien distinguidos por sus ideas, quizá erróneas o al menos demasiado audaces y peligrosas».[80] Claro que aquellas prevenciones también valían para señalar qué tipo de intelectuales católicos sí serían aceptables: los «intelectuales católicos antiliberales» que, según otro

informe del Gobierno, se veían excluidos de las Conversaciones.[81] El obispo de San Sebastián incluso indicó al
ministro Artajo que la solución a todo aquello pasaba por
asegurar que las ponencias de los encuentros eran dadas
por «intelectuales de garantía»; acompañados, eso sí, de un
grupo de teólogos «que velen por la más pura ortodoxia».[82]
Comprobamos, en fin, que incluso en un contexto triunfal
del catolicismo el *intelectual católico* podía provocar recelo.

En realidad, la polémica por las Conversaciones —que
acabaron siendo discontinuadas en 1959— formaba parte
de los debates que se libraban en el catolicismo mundial
entre partidarios y detractores del *aggiornamento*; debates
que culminarían en el Concilio Vaticano II. En España,
aquellos debates también influían en las actitudes hacia
el nacionalcatolicismo franquista, e incluso iban fraguan-
do líneas de disidencia política.[83] De las organizaciones
católicas juveniles y de apostolado seglar (como Congre-
gaciones Marianas, Pax Romana, Pax Christi o Acción
Católica) salieron numerosos opositores al régimen, incluidos muchos sobre los que se proyectaría en los años
sesenta y setenta el sustantivo *intelectual*.[84] Pero las reivindicaciones del *intelectual católico*, y las consiguientes
polémicas, también podían venir del flanco de Falange.
En 1953, Dionisio Ridruejo, José Luis López Aranguren,
Pedro Laín Entralgo y otras figuras provenientes de aquella *familia del régimen* firmaron un manifiesto en el que
defendían la obra de Ortega y Gasset de la acusación de
ser descristianizadora; lo firmaban «como católicos, como
intelectuales españoles y como discípulos de Ortega».[85]
Laín y Aranguren también dieron sendas conferencias
en 1957 en las que definían su idea de lo que era un *intelectual católico*, y en las que mezclaban las críticas a la situación española con algunas reflexiones sobre la relación
entre Iglesia y pensamiento. Laín explicaba que había dos

tipos de intelectual católico, el *confinado* y el *arrojado*; ambos eran necesarios para la Iglesia, pero en la España franquista los del primer tipo censuraban y oprimían a los del segundo.[86] Aranguren, por su parte, denunciaba que «los intelectuales católicos españoles se ven hoy —y se verán cada vez más— oprimidos entre dos extremos»: el extremo del escepticismo positivista y el extremo del dogmatismo reaccionario.[87] Ante esta perspectiva, Aranguren avisaba de que el intelectual católico podría terminar por desaparecer.

Las respuestas desde la ortodoxia daban la vuelta a estos argumentos. En un artículo de 1956, el teólogo Pacios denunciaba el menosprecio de Aranguren por «los intelectuales netamente católicos».[88] También le recordaba que una de las misiones del régimen surgido de la Guerra Civil era impedir que los intelectuales sembrasen ideas anticatólicas en España. Pacios recuperaba, además, el discurso de denuncia de los falsos profetas aplicado a los intelectuales que había propagado Torras i Bages a comienzos de siglo: «Muchos escépticos corrompidos y corruptores salen cada año de nuestras universidades. Intelectuales amargados y fracasados, porque habiendo hecho profesión de darse a la verdad, jamás la encuentran, y palpan solo tinieblas».

Sin embargo, este tipo de denuncias abocaba a una pregunta incómoda: ¿por qué había que repetir todo aquello quince años después del establecimiento de un régimen que iba a erradicar la funesta acción de *los intelectuales*? Los arzobispos españoles aportaron la respuesta en una declaración conjunta de 1956: se había bajado la guardia.[89] Los distintos órdenes de la Iglesia habían olvidado su obligación de preocuparse por lo que ocurría en el mundo intelectual, y en él habían aparecido nuevamente peligrosas desviaciones de la ortodoxia. Por esto, según los prelados, era imprescindible recordar que «no estorba en lo más mínimo la fe a un intelectual ni a un investigador científico, pero todo intelectual católico debe reconocer el magisterio de la Iglesia». El proyecto ya no estribaba, por tanto, en denunciar a *los intelectuales*, sino más bien en insistir sobre su necesaria subordinación a la doctrina emanada de la jerarquía católica.

Otro aspecto relevante en estos debates fue el papel que *los intelectuales* podían o debían desempeñar en un diálogo entre las dos Españas que se habían enfrentado en la Guerra Civil. Un diálogo que permitiera ir avanzando hacia algún tipo de reconciliación. Las líneas maestras de aquel proyecto quedaron planteadas, al menos por el lado de los perdedores de la guerra, en un artículo de 1949 del exiliado Francisco Ayala.[90] Este no ocultaba su desprecio por la vida cultural de la España franquista y argumentaba que el intelectual era ontológicamente incompatible con un régimen de censura y represión. En este sentido, la situación de los intelectuales exiliados le parecía un «feliz infortunio». Pero Ayala también reconocía que algunos intelectuales de valor permanecían en España y que los exiliados debían entablar un diálogo con ellos. Aquello no era un nuevo saludo entre organizaciones del exilio y de la clandestinidad: Ayala se refería explícitamente a figuras que habían estado en el bando sublevado durante la guerra y con las que el diálogo sería, por tanto, difícil. Pero por esto mismo era algo necesario: las «tensiones crearían el ámbito de resonancias para una comunidad espiritual restablecida en la manera única que comunidades tales pueden darse hoy: como inteligencia fundamental de los mejores». Este entendimiento entre *los mejores* ayudaría, por tanto, al restablecimiento de la comunidad española; pero además, según Ayala, permitiría a los exiliados contactar de nuevo con «esa comunidad activa, hosca y amarga, sí, pero sensible, que era la nación española».

Desde la Península, Aranguren respondía unos años después con un texto titulado «La evolución de los intelectuales españoles en la emigración» (1953).[91] En él, Aranguren argumentaba que se debía cambiar la actitud hacia quienes habían defendido la causa republicana durante la guerra, puesto que ellos mismos habían cambiado. En concreto, se había producido un «tránsito desde su posición anterior, más bien europeizante, a la apasionada nostalgia de la patria».[92] Aranguren diferenciaba entre *los intelectuales* y *los políticos* emigrados: según él, el cambio de actitud frente a las posiciones defendidas en 1939 solo era detectable en los primeros. Hechas estas salvedades, el autor proclamaba:

> nuestra misión de intelectuales, y en cuanto tales, es volver una y otra vez, regresar siempre, de la guerra al diálogo. Ciertamente hay problemas irresolubles […] pero nuestro deber de intelectuales consiste, mientras no podamos resolverlos, en conllevarlos […] tenemos, pues, que contar con los emigrados españoles.[93]

Así, según Aranguren, *los intelectuales* no serían agentes accidentales del diálogo que debía superar la Guerra Civil, sino que en su misma esencia estaba el sentirse impelidos a ese diálogo.

Aquellas propuestas fueron muy criticadas desde la ortodoxia del régimen que podían encarnar Pacios o, con el paso del tiempo, Vicente Marrero.[94] Pero, pese a ello, el discurso sobre el necesario diálogo entre *intelectuales* se sustanció durante los años cincuenta y sesenta en correspondencias individuales, en encuentros y jornadas, y en la política de revistas como *Papeles de Son Armadans*, cuyo director, el escritor Camilo José Cela, abrió sus páginas a autores tanto del *interior* como del exilio: Dámaso Alonso y Gregorio Marañón publicaban al lado de Rafael Alberti o Max Aub. Como ha señalado Muñoz Soro, la palabra *diálogo* se acabó convirtiendo en una verdadera «palabra-clave», con fuertes connotaciones políticas y también identificada con la labor de (y convergencia entre) muchas personas que podían ser tildadas de *intelectuales*. Incluso se incorporó al nombre de algunas publicaciones, como la revista *Diálogo de las Españas* (editada en México entre 1957 y 1963), la catalanista y democristiana *Diàleg* (de 1962), o la emblemática e influyente *Cuadernos para el Diálogo* (fundada en 1963).[95] Fue precisamente en las páginas de esta última donde el investigador Elías Díaz dio fe de que «los intelectuales que, procedentes del lado vencedor, adoptan después una línea de apertura y diálogo no constituyen, en modo alguno, una excepción: acabarán siendo incluso mayoría».[96] El filósofo Julián Marías fue más contundente en una conferencia de 1960: «Entre los intelectuales, la Guerra Civil ha sido superada».[97]

4. INTELECTUALES ANTIFRANQUISTAS

A mediados de los años cincuenta surgió otro discurso que sería importante tanto en el tardofranquismo como en la Transición: el que vinculaba a *los intelectuales* con movimientos e iniciativas de oposición al régimen. Como había ocurrido con todo lo referente al *diálogo*, aquello no se trataba de una mera continuación de los discursos de 1936; más bien aludía a las nuevas realidades de la España franquista.

Los incidentes estudiantiles de 1956 en Madrid fueron, en este sentido, muy significativos. La oposición a ciertos aspectos de la dictadura que se manifestó inicialmente en unas elecciones del sindicato de estudiantes, y que terminó en enfrentamientos y represión policial, implicó a varios notables y facciones del régimen y colocó a la universidad como nuevo epicentro de la oposición al franquismo. El perfil de los líderes o rostros más visibles de la protesta (entre los que se encontraban Miguel Sánchez Mazas, Dionisio Ridruejo, Ramón Tamames, Enrique Múgica, Javier Pradera, José María Ruiz Gallardón y Gabriel Elorriaga; como consecuencia de aquel episodio también serían cesados de sus cargos Pedro Laín Entralgo y Joaquín Ruíz-Giménez) ha conducido a valoraciones como la de Picó y Pecourt, para quienes este fue el «momento histórico en el que apareció una nueva generación de intelectuales con personalidad propia y objetivos políticos diferenciados».[98] Muñoz Soro hace una lectura similar en cuanto a la importancia del episodio, que considera el comienzo del distanciamiento del régimen (con distintas velocidades, pero irreversible) de «los más importantes intelectuales falangistas y católicos», y la palanca necesaria para acontecimientos posteriores como la creación del Movimiento de Reforma Universitaria o la polémica de 1962 sobre las huelgas de mineros.[99] Juliá, por su parte, ha considerado que el manifiesto que desencadenó aquello fue el de consecuencias más inmediatas y palpables de todos los difundidos por *intelectuales* en la España franquista.[100]

Es cierto que, repitiendo una dinámica que ya nos es familiar, dicho manifiesto habla siempre de los firmantes como «estudiantes» y «universitarios», nunca como «intelectuales».[101] Tampoco aparece el sustantivo en cuestión en el informe que Laín Entralgo remitió con el título de *Sobre la situación espiritual de la juventud española*, y que contribuyó a alimentar aquella controversia. Todo lo cual no impidió que tanto en los manifiestos de apoyo como en las diligencias policiales se hiciera referencia a los detenidos como *intelectuales*.[102]

El informe que Dionisio Ridruejo remitió al comité de Falange sobre aquellos acontecimientos resulta muy significativo. El poeta y antiguo dirigente falangista señalaba que parte del problema se derivaba de «la crispación antiintelectual del Régimen», que resumía así:

> Hay —desde 1951— un diluvio de denuncias públicas y privadas sobre el peligro que la influencia de ciertos intelectuales, algunos de ellos, para más señas, incorporados a las tareas de gobierno en la política cultural del Estado, podían representar para la *espiritualidad* universitaria. [...] Los culpables de cualquier futura rebelión [...] serían esos intelectuales *tolerados* y, en general, todos los intelectuales —salvo unos poquitos bien escogidos— del presente y del pasado. [...] Esto es lo que necesitan para justificarse una sociedad injusta y culpable, un sistema político corto de recursos y toda la casta de los mediocres intelectuales.[103]

Como se puede ver, Ridruejo no se limitaba a combatir el discurso antiintelectual que había formado parte de la legitimación del franquismo. También daba a entender que *los intelectuales*, lejos de haber desaparecido de la sociedad española o de haber sido disciplinados por el régimen, seguían existiendo en terreno patrio y suponían un elemento de fricción para la dictadura. Es más, desde el propio régimen se estaría usando a *los intelectuales* como chivo expiatorio de sus miserias y de las grietas que iban apareciendo en su apoyo social. La cuestión de los intelectuales no se había zanjado, por tanto, en 1939, sino que seguía siendo relevante en la España de mediados de los cincuenta. La misma idea apareció un año después en otro texto que tuvo cierta repercusión: el «Manifiesto de las generaciones ajenas a la guerra civil». El documento denunciaba que, en la España de aquel momento, el intelectual tiene que optar por una claudicación ante los mitos a los que ha de rendir homenaje, o por el perpetuo exilio interior. Si obedece la norma de decir la verdad, sus obras habrán de aparecer en imprentas extranjeras e introducirse en la patria como mercancía de contrabando. Solo le es permitida la evasión de tratar asuntos intranscendentes o de sumergirse en labores de rata de biblioteca.[104]

Estos textos desempeñaron un papel importante tanto en la articulación de las críticas al régimen como en la vinculación de la figura del *intelectual* con ellas. Crucialmente, también ayudaron a cimentar su principal vehículo de expresión. Como ha explicado Juliá, desde mediados de los años cincuenta se popularizó un tipo de manifiesto de suscripción heterogénea y masiva, sin importar la edad, biografía política, ideología o incluso ocupación de los firmantes, dirigido a una autoridad concreta.[105] Fueron un vehículo privilegiado para la expresión de todo tipo de desavenencias con las acciones del régimen, aunque las más frecuentes solían tener que ver con episodios represivos de la disidencia estudiantil o sindical. Lo más relevante para nuestros propósitos, sin embargo, es que muchos de aquellos manifiestos se refirieron explícitamente a quienes los suscribían como *intelectuales*.

Uno de los motivos de esto puede haber sido puramente operativo. El número de firmas de aquellos manifiestos solía pasar de cien (y en algunos casos lo sobrepasaba ampliamente; uno de 1965 reunió a 1.161 *abajofirmantes*), y la palabra en cuestión se había consolidado ya como hiperónimo de aquellas profesiones que implicaran formación académica, abstracción teórica o creatividad artística. Sin embargo, algunos manifiestos también articularon la idea de que el intelectual, por determinadas características inherentes a su condición, debía chocar con un régimen como el franquista. Un manifiesto de 1963 dirigido al ministro Manuel Fraga denunciaba la opacidad informativa con que se había tratado la represión de una huelga en Asturias, para luego señalar:

> Cuanto antecede justifica nuestra actitud como intelectuales y como ciudadanos en este caso [...]. Entendemos que la misión del intelectual en toda sociedad libre, máxime si dice inspirarse en los principios cristianos, es promover el esclarecimiento de la verdad y contribuir a la formación de una conciencia pública. En consecuencia, nuestra actuación se ha guiado y se guía por un estricto concepto de la responsabilidad; y de acuerdo con este juzgamos que ninguna autoridad gubernativa en un Estado libre y de derecho se halla titulada para fijar las normas que han de regir los deberes del intelectual con respecto a la conciencia pública.[106]

Este fue un argumento recurrente: el intelectual estaría obligado a oponerse a los mecanismos censores del Estado franquista. Estos afectaban a su propia labor profesional (sobre todo en el caso de escritores o profesores) y también incidían negativamente sobre ámbitos de la vida colectiva que al intelectual le correspondía proteger. Otra carta abierta dirigida a Fraga, y firmada por varios catedráticos de universidades españolas, argumentaba que «al no existir los cauces constitucionales [...] por los cuales pueda discurrir el diálogo político y exponerse a la discrepancia, el intelectual, e incluso el sacerdote, se ven obligados a suplir esa laguna y asumir la penosa tarea de "hablar", de "denunciar", de "clamar"».[107]

Aquello no era ajeno a las nuevas corrientes literarias y filosóficas, y en concreto las ideas acerca de la *literatura comprometida* que circulaban por Europa en los cincuenta y sesenta. Uno de sus principales divulgadores en España, el editor y crítico J. M. Castellet, argumentó en su influyente ensayo *La hora del lector* (1957) que el escritor prototípico de la nueva literatura se había *intelectualizado* (al abrazar ciertas innovaciones formales como parte de su crítica a la burguesía y el capitalismo) y obligaba al lector, por tanto, a *intelectualizarse* él también.[108] Aquellas ideas se extendieron con rapidez: si en 1955 el propio Castellet lamentaba «el conformismo que priva entre los jóvenes intelectuales de hoy»,[109] a la altura de 1960 el escritor Joan Fuster daba por descontado que «el intelectual debe [...] entregarse a las luchas sociales de su tiempo [...], nadie, o casi nadie, se atreve hoy a alegar un derecho cualquiera a encerrarse en la torre de marfil del arte por el arte». Fuster también daba por hecho que esta toma de partido se había producido, casi universalmente, «del lado de las esperanzas reivindicacionistas [*sic*]».[110]

Para los sectores más cercanos al régimen, todo esto era fuente de preocupación e incluso frustración. Un documento de 1957 de un grupo heredero del monarquismo nacionalcatólico denunciaba que al Movimiento Nacional «se le han ido definitivamente los intelectuales». Otro documento de 1961 lamentaba que «el propio Franco reconoce la hostilidad de la Universidad y de los intelectuales al Régimen, pero no hace nada por atraerlos, porque ni sabe, ni quiere, ni está dispuesto a molestarse por algo que a él le parece nebuloso».[111] Como había advertido Ridruejo, aquello acentuó el discurso antiintelectual del franquismo, de manera que pronto circularon varios libelos (como *Los nuevos liberales*, un panfleto al parecer «inspirado» desde el Ministerio de Información y Turismo) contra quienes recaían en las viejas faltas de su pasado republicano o traicionaban la lealtad debida al régimen.[112] Una de las reacciones al manifiesto de 1963 incluso retomó las acusaciones de

Primo de Rivera contra sus críticos al acusar a aquel «grupito de intelectuales» de estar reivindicando para sí un «estatuto privilegiado», unas libertades de las que no disponían los demás españoles.[113] Marrero, por su parte, añadía las actitudes de Ridruejo, Laín, Tovar, Aranguren o Marías a la larga y negra historia de los *intelectuales* españoles:

> El mal está en que nuestras minorías continúen siendo desarraigadas, como en los siglos XVIII y XIX [...] desarraigo de un terreno fértil, regado con la sangre de tanto mártir y héroe, que clama al cielo contra el tributo tan pobre que le han rendido nuestros intelectuales.[114]

5. UNA HISTORIA REANUDADA... ¿Y TERMINADA?

Las maneras de pensar la historia de los intelectuales tampoco quedaron cerradas en 1939. Es cierto que durante los años siguientes se insistió sobre lecturas conocidas: se recalcó, por ejemplo, el estatus de Unamuno y Ortega como los dos intelectuales españoles por antonomasia.[115] Y los sectores más próximos al régimen también insistieron en la reivindicación de Menéndez Pelayo como contrapunto de intelectual *correcto* y ortodoxo.[116] Sin embargo, obras como la muy influyente *La generación del 98* de Laín Entralgo (1948) y polémicas como la de comienzos de los cincuenta acerca de la valoración de Ortega y Unamuno mostraron que la historia de los intelectuales seguía siendo un campo de debate, y uno en el que se podían desarrollar líneas de disidencia e interpretaciones contrarias al discurso del régimen. En una conferencia de 1963, por ejemplo, el escritor Emiliano Aguado reivindicó el papel del Ateneo en los años veinte y treinta como espacio de discusión civilizada y no, como había insistido la propaganda del régimen, como un espacio de agitación revolucionaria. [117] El investigador Guillermo Díaz-Plaja, por otra parte, planteó una historia de *los intelectuales* patrios que tenía en cuenta tanto su aportación al liberalismo y el republicanismo españoles (las líneas de análisis clásicas, por así decir) como su aportación al conservadurismo y tradicionalismo.[118] Unos años después, el escritor Juan Goytisolo revisó críticamente la labor de Giner, Ortega, la ILE y la *Revista de Occidente* desde una postura contraria al régimen (y, en general, a la modernidad liberal-capitalista): en su opinión, el *institucionismo* era responsable de que durante décadas los intelectuales españoles se hubieran desentendido de los problemas estructurales de la sociedad española.[119]

Lo más relevante, sin embargo, es que esta también fue la época en que se empezó a poner fin a la historia de los intelectuales. O, por ser más precisos, fue el momento en que se puso en marcha el discurso sobre la *pérdida de relevancia*, *crisis* y/o *muerte del intelectual*. El argumento básico era que una serie de cambios estructurales habían producido una clara pérdida de influencia por parte de *los intelectuales*. Luego había una enorme variación en cuanto a cuáles serían esos cambios, pero lo que no variaba era el diagnóstico de que los intelectuales ya no eran lo que una vez habían sido. Que este discurso tenía una vida independiente de la realidad objetivable queda demostrado por su trayectoria posterior: a la luz de las fuentes, parece que el intelectual lleva setenta años *muriéndose*. Además, es llamativo que este discurso naciese en una época que se ha considerado luego como una segunda edad de oro de la intelectualidad, ya fuera por la influencia y proyección de Sartre y su círculo en Francia, o por las de Ferlosio, Marías, Aranguren, Laín Entralgo etc., en España.

Quizá el primer ejemplo de este discurso se encuentre en un artículo de Ortega, publicado en 1940 y titulado «El intelectual y el otro».[120] En él, el filósofo señalaba que:

> Pocos años después de comenzar mi labor literaria —hace, pues, largo tiempo— tuve un buen día la intuición de que el Intelectual, que había sido durante dos siglos la figura predominante en las sociedades de Occidente, iba muy pronto a ser centrifugado de la consideración pública y con el extremismo dialéctico, que es el andar de la historia, de ser todo iba a pasar, sin intermisión, a ser nada.

Aquella intuición estaba ligada a uno de los temas recurrentes de Ortega: la aparición de la sociedad de masas. En sus propias palabras: «Lo que me hizo prever el destronamiento del Intelectual fue advertir que iban a apoderarse de los mandos históricos las muchedumbres». Unas muchedumbres ajenas a la cultura de los intelectuales y que, por ello mismo, no reconocían su autoridad. Y así, el intelectual había perdido rápidamente su preminencia social: ya no era más que «un hombre cualquiera entre los cualesquiera hombres».

Es evidente que aquel artículo debía mucho al contexto en el que fue escrito: en 1940 no solo se estaba consolidando el discurso antiintelectual del nuevo régimen franquista, sino que parecía cercano el triunfo de la igualmente antiintelectual Alemania nazi en la guerra europea. Algunos años después, sin embargo, aquella idea de la desaparición del intelectual hacía acto de presencia en un contexto bastante distinto, en los escritos de autores más jóvenes que Ortega, y con matices nuevos. Para empezar, ya no era una suerte de epifanía personal, sino una tesis ampliamente extendida. El teólogo Antonio Pacios señaló en 1955 que «es hoy común hablar de la crisis de la intelectualidad»,[121] algo que confirmó unos años después el presbítero Álvarez Turienzo: «Es corriente diagnosticar en nuestra hora el desprestigio de los intelectuales».[122] También el psiquiatra López Ibor consideró en 1960 que el intelectual estaba «en crisis», mientras que ese mismo año el escritor Joan Fuster tituló un artículo con una fórmula que tendría éxito: «La muerte del intelectual».[123]

En todos estos casos se señalaba que la crisis del intelectual no era un fenómeno limitado a España, sino que se estaría produciendo en todos los países occidentales; y no afectaba solo a algunos individuos en concreto, sino que se trataba de una crisis de la propia figura. En cuanto a las explicaciones de todo aquello, si bien muchas de las que se aportaban eran estructurales (los profundos cambios en las sociedades modernas, por ejemplo) también se incidía en que los propios intelectuales tenían una parte de culpa en su pérdida de influencia. No deberían haberse alejado de la teología ortodoxa, no deberían haberse acercado al comunismo, no deberían cultivar solo las Humanidades en un mundo cada vez más dominado por la técnica... así, y en otra operación que tendría una larga vida, el análisis de la presunta crisis, decadencia o muerte de los intelectuales se utilizaba para reforzar el proyecto ideológico de quien estuviera explicando aquello. Como también resultaría muy duradera la costumbre de no aportar prueba alguna que pudiera justificar aquel análisis. En ningún momento se indicó qué hechos o procesos demostraban que los intelectuales, efectivamente, ya no tenían la importancia de antes. Sencillamente se constataba que aquella opinión estaba muy extendida y, por eso mismo, debía de ser verdadera. El caso es que esta endeblez argumental no pareció importar a nadie: la *crisis* y/o *muerte del intelectual* se convirtió en un lugar común que marcaría los discursos de las décadas siguientes sobre esta figura.

6. CONTINUIDADES, PESE A TODO

Pese a las novedades que hemos venido viendo, durante el franquismo se mantuvieron también muchas de las particularidades que analizamos en capítulos anteriores. Siguió siendo habitual, por ejemplo, el uso de prefijos o sufijos que acompañaran a la palabra y le dieran una connotación peyorativa: también en estos años se habló de *semiintelectuales*, *pseudointelectuales* o *intelectualoides*.[124] E incluso sin ningún complemento la palabra acarreaba, en ciertos contextos, una connotación negativa: en la película *Calle Mayor* (1956) un grupo de hombres se burla de un joven escritor llamándole sencillamente «intelectual».[125]

También fueron frecuentes las referencias a los intelectuales franceses (y en especial a la figura de Sartre) como paradigma normativo de la intelectualidad; y fueron igualmente habituales las disquisiciones sobre el papel que aquella habría desempeñado en épocas remotas como la Atenas clásica, la Baja Edad Media o el Siglo de Oro.[126] Como siguió siendo común el subdividir a la intelectualidad española según su lengua o lugar de residencia; y, especialmente, postular la existencia de una intelectualidad de Barcelona/Cataluña y otra de Madrid/resto de España. Cabe señalar que esta separación conceptual no implicaba enfrentamiento: más bien existía cierta idea de solidaridad entre los distintos grupos de intelectuales que se expresaba en manifiestos de adhesión a una causa concreta. En 1962, por ejemplo, una petición de apertura informativa cuyo primer firmante había sido Menéndez Pidal recibió el apoyo de otro texto que proclamaba: «Nosotros, intelectuales catalanes —o de lengua castellana residentes en Cataluña— vivamente preocupados por todo lo que afecta a la vida de nuestro pueblo, hemos leído con interés la carta [...] que usted y otros intelectuales han dirigido a los intelectuales españoles».[127]

Las referencias a *los intelectuales* seguían teniendo, también, una relación interesante con las ideas sobre la masculinidad o la feminidad. En 1937, María Zambrano había escrito que el decadentismo finisecular había causado un déficit de «madura hombría» entre la clase intelectual; con el estallido de la Guerra Civil, sin embargo, «los intelectuales [...] dejaron de serlo para ser hombres».[128] A lo largo de su ensayo, además, Zambrano se refería a aquellos intelectuales que no estaban comprometidos con la defensa de la República con connotaciones de infantilismo, enfermedad e incluso impotencia. También perduraron ecos de los estereotipos negativos sobre *la intelectual*; en la obra de teatro *La soltera rebelde* (1952), un personaje femenino proclama: «A mí, los hombres me tienen sin cuidado. ¿Comprendes? Yo soy una intelectual».[129] Por otra parte, muchos de los manifiestos masivos de los años sesenta y setenta se refirieron a sus firmantes como «hombres de vocación intelectual», incluso cuando también estaban firmados por mujeres como las escritoras Carmen Martín-Gaite y Ana María Matute.[130]

Por encima de todo, sin embargo, lo que seguimos encontrando en esta larga etapa es una pluralidad de ideas sobre lo que era un intelectual. El sentido sociológico asoma en un curioso *Índice de intelectuales españoles en EE. UU., 1946-1952*, elaborado en 1953 por un diplomático de la embajada española en Washington D. C., y que da fe de las actuaciones de «353 intelectuales españoles, dando este nombre a todos aquellos que se han dedicado primariamente a la función intelectual de aprender o enseñar». Se trataba, fundamentalmente, de estudiantes becados por la Dirección General de Relaciones Culturales del CSIC para realizar estudios de medicina o de ciencias puras en universidades norteamericanas.[131] Otras definiciones se acercaban más al sentido cultural: para el escritor Emiliano

Aguado, el intelectual era algo más que un mero profesor, o filósofo, o aficionado a leer libros; también era alguien que interpelaba constantemente a un público.[132] Y aún otras definiciones apuntaban a modelos proféticos o incluso prometeicos: el intelectual era el encargado de dar voz a quienes no la tenían o no lograban expresar adecuadamente su papel en los conflictos sociales.[133]

Como en otras épocas, estas definiciones podían ser mutuamente excluyentes. Si para López Ibor «el intelectual es, por esencia, un rebelde», para Vicente Marrero «el intelectual no puede ser por esencia un rebelde».[134] Y las contradicciones podían incluso aflorar en la obra de un mismo autor, sobre todo cuando las definiciones normativas se cruzaban con las preferencias ideológicas. Aranguren señaló tajantemente en 1967 que «ningún intelectual puede declararse neutral frente a la política o *no-político*»; y en 1969 aseveró con idéntica convicción que «el intelectual es incómodo, es un aguafiestas, con su manía de estar siempre diciendo *no* a la injusticia».[135] Pero un año más tarde, en referencia a la polémica del caso Padilla y a las críticas que el régimen castrista había recibido a causa de aquello, el mismo Aranguren escribió que «Fidel Castro tendría razón o no la tendría, pero en cualquier caso sería más conveniente que los intelectuales fueran un poco más modestos y no pensasen que ellos tienen que decidir si un régimen que está en marcha tiene razón o no».[136]

CAPÍTULO 4
DÓNDE ESTÁN LOS INTELECTUALES
(DEMOCRÁTICOS) (1975-1982)

A finales de 1976, un texto publicado en el diario *ABC* declaraba que «de un momento a otro, saltará sobre la ardiente arena de los torneos dialécticos españoles el tema de los intelectuales».[1] En realidad, el articulista llegaba tarde: las declaraciones y los debates acerca de la figura del intelectual ya estaban muy extendidos antes del fallecimiento de Franco. En mayo de 1975, un artículo publicado en *La Vanguardia* señalaba que, en su reciente visita a Barcelona, Aranguren había recibido innumerables preguntas de los periodistas «sobre un tema de candente actualidad, como es la actitud del intelectual en la sociedad».[2] Cuatro años más tarde, el escritor y político Domingo García-Sabell aún constataba que «desde hace algún tiempo y por el hecho mismo de su innegable auge, a los intelectuales se les solicita para todo».[3] La historiografía ha refrendado, por lo general, esas impresiones, y ha recalcado la relevancia que tuvieron *los intelectuales* en la Transición.[4] Todo esto justifica dedicar un capítulo a los discursos sobre *los intelectuales* en un periodo tan breve —al menos en comparación con los que han vertebrado otros capítulos de este libro— como los siete años que transcurren entre el fallecimiento de Francisco Franco y la primera victoria electoral de Felipe González y el PSOE.

Durante esta etapa se pueden identificar cuatro grandes focos del discurso acerca de *los intelectuales*. En primer lugar, su relación con el cambio político que se estaba produciendo en España, y más en concreto el papel que debían desempeñar en la nueva democracia. En segundo lugar, su relación con el que se había consolidado como medio de comunicación por excelencia: la televisión. En tercer lugar, el tema de la violencia terrorista, especialmente la perpetrada por ETA. Y, en cuarto lugar, qué papel habían desempeñado los intelectuales en la España contemporánea y cómo encajaba esa historia en la legitimidad simbólica del nuevo régimen. Vayamos ahora al primero de estos temas.

1. INTELECTUALES DE LA DEMOCRACIA

En el primer número de *Cuadernos para el Diálogo* publicado tras la muerte de Franco, el ensayista y militante antifranquista Alfonso Comín aseguró que el pueblo español estaba preparado para la democracia. Pero eso, añadió, «no es obra de un día, sino el resultado de una larga marcha por el calendario, las fábricas, el parlamento de papel, las aulas y los pasillos de las universidades, las oficinas [y] el cerebro atormentado a veces por la lucidez, a veces por la oscuridad, de los intelectuales».[5]

Comín planteaba, así, un discurso que tuvo cierto éxito en aquellos años: *los intelectuales* habían sido importantes a la hora de preparar el tránsito de la dictadura a la democracia. Las razones de ello tendrían que ver con algunas de las cuestiones que abordamos en el capítulo 3: desde su participación en un diálogo entre vencedores y vencidos de la Guerra Civil hasta su liderazgo en las reivindicaciones de mayor libertad durante el tardofranquismo. Estas habrían supuesto una suerte de gimnasia fortalecedora para la ciudadanía de cara al ejercicio de los derechos democráticos. Los sociólogos Benjamín Oltra y Amando de Miguel reforzaron aquella tesis en sendos libros (de 1978 y 1980, respectivamente): si en España había una sociedad lista para la democracia, era en parte gracias a la labor de pedagogía y de representación crítica de *los intelectuales*.

Sin embargo, ese vínculo con el cambio político también generaba preocupación. ¿Cuál sería el papel de *los intelectuales* en esa nueva España que habían contribuido a forjar? La pregunta era ineludible en el caso de los exiliados republicanos que empezaban a volver a España. Si bien existía un amplio consenso en cuanto a la necesidad de ese regreso, aquello también ocasionaba cierto recelo: quizá la asimilación triunfal de la intelectualidad republicana fuese la coartada para el cierre en falso del proceso democratizador.[6] Al hilo de los recibimientos a Salvador de Madariaga y Claudio Sánchez-Albornoz, por ejemplo, la escritora y filóloga Aurora de Albornoz escribía en 1976 que «medallas o recibimientos apoteósicos a todos esos intelectuales vienen, en la hora actual, a enturbiar aún más nuestro panorama político cultural. Porque, ¿cómo compaginar todos estos homenajes con las censuras, prohibiciones, amenazas, ataques a librerías?».[7] Otros autores también advirtieron de que la asimilación podía desvirtuar algunos aspectos de la tradición que encarnaban aquellos exiliados. El ensayista y periodista Federico Jiménez Losantos denunció en 1979 que, si bien la intelectualidad republicana estaba siendo celebrada por las nuevas autoridades de la España democrática (e incipientemente autonómica), se estaba orillando un elemento central de su obra, que era la perspectiva nacional española:

La intelectualidad exiliada se llevó la tradición española liberal, ilustrada, el patriotismo diverso pero indiscutible, la conciencia cultural propia y el ánimo permeable universal. No es demasiado exagerar si decimos que ni ha vuelto ni se intenta reanudar la tradición, tan loada indiscriminadamente todos estos años, de esa cultura española de alcances europeos que pareció florecer antes de la guerra.[8]

Sin embargo, la mayor fuente de preocupación —por lo que se refería a los intelectuales— no era tanto qué ocurriría con los del exilio sino qué pasaría con los del *insilio*. Es decir, con los que habían alcanzado notoriedad en la España franquista y, sobre todo, en los distintos ámbitos del antifranquismo. El escritor Manuel Vázquez Montalbán lo expuso en un artículo de 1976: durante la dictadura, el intelectual español había tenido su lugar como altavoz crítico de determinadas reivindicaciones, pero ahora estaba siendo sustituido por los políticos de la democracia y por los gestores de la nueva cultura posfranquista. Así, según Vázquez Montalbán, el papel de los intelectuales se había desdibujado; habían quedado «en el aire».[9] Comín expresó algo parecido:

> Durante cuatro décadas, un amplio sector de intelectuales de las diversas nacionalidades y regiones de España hemos dedicado lo mejor de nuestras energías a la absurda tarea de luchar contra la censura [...]. Ahora pasamos ya las «páginas heroicas» para iniciar una nueva etapa. Empezamos a actuar en el contexto de las libertades democráticas. [...] ¿Cómo se va a organizar la cultura en la nueva etapa? [...] Estamos preocupados por esta cuestión.[10]

Uno de los problemas que se advertían era que los intelectuales debían enfrentarse ahora a un escrutinio más riguroso del que habían vivido durante la dictadura. Una sociedad menos deferente hacia cualquier forma de autoridad también sería más crítica con la autoridad del intelectual. García-Sabell lo explicaba en 1979: «Asoma en el horizonte un comienzo de revisión crítica de las funciones del intelectual. Por un lado, ya no habrá para él desdenes, ni ignorancias. Mas tampoco preeminencias gratuitas, actividades pseudoproféticas o ademanes hipócritamente admonitorios».[11] Los *popes* del antifranquismo podían, por tanto, caer con el propio franquismo. Para Amando de Miguel, aquello era natural y hasta positivo:

> Durante los años del franquismo [...] había que contener la tentación de criticar a los que tanto arriesgaban por defender esa migaja de libertad. Bastante hacían. Todo eso ha cambiado. La normalización democrática quiere decir también que los críticos pueden y deben ser criticados. [...] Los que fuimos críticos del franquismo vamos a ser sometidos a juicio, al juicio de la opinión pública.[12]

Y, efectivamente, aquel juicio empezaba a incluir críticas. El ya citado ensayo de Jiménez Losantos *Lo que queda de España* (1979), por ejemplo, denunció la complacencia de los intelectuales con los proyectos de los nacionalismos subestatales en la nueva España autonómica. Lo que era más: los intelectuales españoles, tras su etapa de compromiso antifranquista, habrían abdicado de su función crítica ante los fenómenos novedosos y preocupantes que se estaban desarrollando en la Transición.[13] Otros autores prefirieron denunciar la especialización académica de los intelectuales, que les estaría alejando de la intervención efectiva en cuestiones sociales. El periodista Emilio Romero se preguntó en un artículo: «¿Qué hacen los intelectuales en sus cátedras? [...] Ya no tenemos otra cosa que *economistas, ecologistas y sociólogos*».[14] Miguel Masriera compartía aquella opinión: «Las llamadas ciencias políticas, económicas y sociales [...] más tienden a formar especialistas que intelectuales».[15]

Otro asunto que se debatió durante estos años fue la relación del intelectual con los nuevos partidos políticos. Aquello tenía un anclaje real: muchos individuos sobre los que se había proyectado la palabra *intelectual* en los años anteriores (por ejemplo, muchos firmantes de los manifiestos de los años sesenta y setenta) formaron parte de las candidaturas de diversos partidos en las primeras elecciones de la nueva democracia, y en algunos casos hasta obtuvieron escaño en las cámaras nacionales o autonómicas y desempeñaron puestos de responsabilidad política. Aquello dio pie a preguntas sobre si las exigencias de la militancia no serían demasiado constrictivas para el ejercicio de un pensamiento independiente. El sociólogo Ignacio Sotelo destacó en 1978 que, efectivamente, las estructuras de los partidos dificultaban el desempeño de una función crítica.[16] Unos años después, el investigador Daniel Lacalle opinaba que la cuestión era si el intelectual participaba en los partidos «como burócrata o como tribuno del pueblo».[17]

Otros le daban la vuelta a esta cuestión. El problema no era el efecto que podían tener los partidos sobre los intelectuales, sino el de los intelectuales sobre los partidos. Esta consternación parece haberse sentido especialmente en la izquierda: quizá las idiosincrasias de los intelectuales supondrían un obstáculo a la hora de armar partidos lo suficientemente compactos y disciplinados. Según avisaba el editor y poeta Carlos Barral, «la izquierda está hecha de dos cosas: la violencia reivindicativa de las clases obreras [...] y la cháchara de los intelectuales. Y la cháchara es natural discordia».[18] El historiador Javier Tusell era más sucinto: la izquierda, por desgracia, «tiene en sus filas demasiados intelectuales».[19]

2. EN LA TELEVISIÓN, CONTRA LA TELEVISIÓN

Otra fuente de ansiedad en esta época tenía que ver con la televisión, el nuevo medio que se había consolidado definitivamente durante el tardofranquismo.[20] ¿Eran compatibles los intelectuales —asociados habitualmente a la palabra escrita o hablada— con los nuevos formatos audiovisuales? Y ¿qué relación podían tener con el tipo de cultura que se estaba fomentando desde la *tele*? Ya en 1958, el columnista César González Ruano había escrito:

> Me temo que en el mundo intelectual español no le estemos concediendo a la televisión la importancia, no ya que evidentemente tiene, sino que evidentemente merece [...]. Hay una dimensión de tan descomunal importancia en la televisión, que no nos puede permitir a nadie permanecer siquiera indiferentes a ella: la dimensión popular, la eficacia que en lo popular puede tener y, sobre todo, los beneficios evidentes que de la televisión pueden esperarse. Precisamente, el intelectual es quien menos puede rechazar, en puridad de lógica, el instinto grandioso de la caridad.[21]

Ruano avanzaba así un discurso que tendría mucho futuro: por culpa de un insano elitismo cultural, o sencillamente de una ceguera ante los movimientos profundos de la sociedad contemporánea, *los intelectuales* estaban enfrentados a la televisión.

En la Transición, sin embargo, se produjeron un par de cambios importantes. En primer lugar, *la tele* se reveló como una herramienta fundamental para influir en la opinión pública de la nueva democracia. La reflexión sobre aquel medio, y sobre la posibilidad de participar en él si se quería ejercer algún tipo de influencia, se volvió cada vez más ineludible. Y, en segundo lugar, durante este periodo se pusieron en marcha una serie de programas televisivos —*A fondo*, *Entrevista con las letras*, *Trazos*, *Imágenes*, *Alcores*, *De cerca*, *La clave*— que se entendía que estaban protagonizados por intelectuales.[22]

Aquellos programas configuraron determinadas ideas acerca del intelectual como contenido televisivo, como figurante en el nuevo panorama audiovisual. Los formatos preferidos fueron la mesa redonda o las entrevistas convencionales; unas entrevistas en las que, además de tratar la biografía y las obras del autor, se le preguntaba por su posicionamiento en diversas cuestiones de actualidad. Incluso fue habitual que se preguntara al entrevistado acerca de la función del intelectual. En las entrevistas realizadas en *A fondo* con Guillermo Cabrera Infante, Octavio Paz, Gabriel Celaya o Antonio Buero Vallejo, por ejemplo, los autores se extienden explícitamente sobre la relación del intelectual con los regímenes políticos, con los partidos, con la sociedad, etc.[23] Aquel tipo de entrevista podía, además, rebasar el marco de los programas especializados. La polémica que se desató en 1976 a propósito de la visita de Aleksandr Solzhenitsyn a España estuvo ocasionada, precisamente, por una entrevista en el programa *Directísimo* de TVE: fue ahí donde el conocido escritor y disidente ruso argumentó que la España incipientemente posfranquista era muy preferible a la Rusia soviética.[24] Y uno de los aspectos más criticados por aquellos sectores de la izquierda que se revolvieron contra Solzhenitsyn fue que, al entrevistar al disidente ruso en un programa y horario de máxima audiencia, la televisión pública hubiera dado tanta difusión a su mensaje.

Los debates acerca de la relación *intelectuales*-televisión también participaban de —y eran influidos por— los que se producían en otros países. Y, una vez más, las influencias más fuertes provinieron de Francia. El icónico programa televisivo de la Antenne 2 francesa *Apostrophes*, foco de buena parte de estos debates, arrancó en 1975; y fue reivindicado tanto como el apogeo de la intervención popular de los intelectuales como la evidencia de su declive.[25] Por su parte, *La clave* (cuya primera emisión se produjo en 1976 y que aún es descrito en la página de Radiotelevisión Española como «el programa más intelectual de TVE») adoptaba el formato de otro programa francés de gran influencia, *Les dossiers de l'écran*, iniciado este en 1967.[26]

Lo más interesante, en cualquier caso, es que pronto el discurso antiintelectual también se proyectó sobre aquel tipo de productos televisivos. En 1980, el escritor y crítico Juan Manuel Pendás Benito criticó de esta manera el programa *Encuentros con las letras*:

> La gente no intelectual, el hombre corriente, exclama: «Excelentes profesionales», «gran programa», «tíos la mar de inteligentes», «qué cultura, qué sapiencia, qué todo», y otras flores. También les dan coba, por supuesto, la casi totalidad de los intelectuales y escritores españoles: les conviene tener acceso a tan cacareante programa. [...] En realidad, dicho en cuatro palabras, el elenco de la emisión está compuesto por casi una docena de habituales, aficionados a la literatura, diletantes, muy discutibles revelaciones y escritores, en el terreno de la literatura española, de segundo o tercer orden. [...] Por realizar una tarea que les gusta, por ganar prestigio y popularidad, por prurito narcisista, por añadidura son altamente remunerados.[27]

Como vemos, pese a tratarse de un medio relativamente nuevo y unos programas de corta andadura, reaparecían algunas de las acusaciones clásicas a los intelectuales: tenían rasgos de personalidad indeseables (narcisismo, oportunismo, hipocresía), su prestigio no dependía del verdadero talento sino de conexiones personales, y encima se estaban haciendo de oro sin merecerlo. Si juntamos esto con las acusaciones de elitismo cultural a aquellos *intelectuales* que criticaban la televisión, comprobamos que la irrupción de este nuevo medio también dio pie a una reactualización del discurso antiintelectual.

3. COMPROMISO Y TERRORISMO

Otro foco de debate en esta época fue la relación de los intelectuales con la violencia terrorista. Entre los años sesenta y mediados de los ochenta, varios países de Europa occidental —sobre todo España, Italia y la República Federal de Alemania— vieron un aumento de la actividad de este tipo de grupos armados. La relación del nuevo fenómeno terrorista con los discursos sobre el intelectual fue intensa y variada. En ocasiones, *los intelectuales* fueron presentados como adversarios —e incluso objetivos— de aquel tipo de violencia; en otras ocasiones fueron presentados como instigadores o cómplices de la misma. Un ejemplo del primer discurso se produjo a raíz de la matanza de Atocha, el asesinato en 1977 de cinco abogados vinculados al PCE —otros cuatro resultaron heridos— a manos de pistoleros de ultraderecha. Algunas de las informaciones periodísticas sobre aquel atentado se refirieron a las víctimas como *intelectuales*, resaltando de aquella forma la barbarie de aquel crimen.[28]

Sin embargo, el contexto en el que se empleó aquella palabra de manera más intensa y llamativa fue el relativo a la organización terrorista ETA. La realidad del país, desde luego, daba pie a ello. La Transición se solapó con los años de mayor violencia etarra: 348 asesinatos entre el fallecimiento de Franco y las elecciones generales de 1982, con cotas de 65 asesinatos en 1978, 86 en 1979 y 93 en 1980. Pero la relación de ETA con el concepto de *los intelectuales* venía de antiguo: ya en los años cincuenta y sesenta los miembros de las juventudes del PNV se referían despectivamente al grupo que formó la primera ETA como *intelectuales*, dada su obsesión por el estudio y las discusiones en semiclandestinidad.[29] Además, la primera elaboración sistemática del ideario etarra fue un documento difundido en 1964 y titulado «Carta abierta de ETA a los intelectuales vascos».[30] La carta supuso un intento de refutar las críticas que ya por entonces se estaban realizando a su apuesta por la violencia. Los etarras decían no estar sorprendidos por la postura de quienes militaban en el PNV o de quienes escribían para medios españoles o franceses, pero sí les decepcionaba «la posición de otros vascos que, por su mayor dedicación —dedicación exclusiva en muchos casos— a las cosas del espíritu y del arte, se diría deben estar más presentes que nadie en los problemas de su pueblo». *Los intelectuales* no se habían molestado en comprender las motivaciones y los razonamientos reales de los etarras, de ahí sus críticas. ETA quería abrir con ellos, por tanto, un «sincero diálogo», aunque también deseaba darles «un toque de atención [...]. No podéis, no tenéis derecho a permanecer ciegos y sordos, neutros, ante las convulsiones que agitan a un pueblo [...] en su lucha por su total liberación». Lo que realmente se reclamaba, por tanto, era adhesión y colaboración: para ETA, los intelectuales vascos tenían un papel muy importante que desempeñar en la doble lucha (nacionalista y marxista) que sus pistoleros estaban planteando.

Ya en la Transición, algunos elementos de este discurso reaparecieron en los textos del dramaturgo y militante *abertzale* Alfonso Sastre. En un largo artículo publicado en 1980 en *El País*,[31] Sastre señalaba que los intelectuales debían entender el terrorismo como una manifestación de la violencia revolucionaria contra la injusticia. Los atentados etarras eran la respuesta a otro tipo de violencias y opresiones. Esto era, según Sastre, una verdad incuestionable, «científica», al menos si uno examinaba con rigor y buena fe las dinámicas de la sociedad española. El dramaturgo consideraba que la paz solo era una máscara de la opresión, y «a este desvelamiento —o a esta revelación, si se quiere decir así— hemos de proceder, creo yo, los de oficio intelectual; y si no lo hacemos, maldita sea mil veces nuestra existencia». Cualquier condena del terrorismo etarra era, por tanto, una nueva *traición de los intelectuales* a sus presuntas obligaciones. Y esa traición llevaba tiempo consumándose:

> Es muy curioso advertir que [...] con relación a algunos temas, la diferencia sea mínima entre el pensamiento de Piñar o Fraga Iribarne y el de tantos intelectuales de la izquierda. Así es, sin duda, en cuanto al problema vasco se refiere. ¡Por favor, hagan ustedes un esfuerzo! ¡Pensar, sobre la base de los datos que la realidad nos presenta, desnudados de la ideología que siempre los encubre, es una tarea bella!

Por supuesto, la belleza a la que apelaba Sastre no era sino la justificación del asesinato, la tortura o la extorsión en el nombre de una fantasía etnolingüística y/o anticapitalista. Lo relevante para nuestro estudio, en cualquier caso, es recalcar hasta qué punto el debate sobre el terrorismo también apelaba a las ideas acerca de lo que *era* o *debía ser* el intelectual. Y esto no se circunscribía a los sectores más cercanos a la banda. En 1976, Aranguren escribió que si bien «los métodos terroristas son condenables [...] como intelectual, pienso que me incumbe, más bien, entender qué es lo que ha pasado con esos jóvenes».[32] Esta idea de que los intelectuales debían abstraerse de consideraciones morales y limitarse a detectar dinámicas de causa-efecto era muy propia del clima intelectual de aquellos años, e impregnó muchas de las primeras consideraciones acerca del terrorismo etarra.[33] También era relevante el contexto internacional: la detención del profesor y filósofo Toni Negri en 1979, en el contexto de las investigaciones por el asesinato de Aldo Moro a manos de las Brigadas Rojas, fue muy debatida en la prensa española; y la corriente de simpatía que se manifestó hacia él en algunos sectores de la izquierda parece haberse justificado precisamente por considerarlo un *intelectual*.[34]

En la España de la Transición también se debatió si *los intelectuales* se estaban oponiendo con suficiente firmeza al terrorismo. Unas jornadas sobre «Terrorismo y sociedad» celebradas en mayo de 1980 y cuyos ponentes se mostraron muy críticos con ETA abordaron, precisamente, la presunta inhibición de *los intelectuales* ante la violencia terrorista.[35] No era tanto que los intelectuales se estuvieran equivocando en sus opiniones acerca de aquel fenómeno, sino que directamente no estaban opinando sobre él. Unos meses más tarde, *El País* justificó la publicación de los artículos de Sastre con un argumento parecido:

> los intelectuales españoles, con las excepciones de rigor que confirman este aserto, vienen dimitiendo desde los últimos cinco años (desde cuando podían hacerlo con libertad) del magisterio de costumbres que se supone es una principal responsabilidad suya con la sociedad en que habitan. Y así las reflexiones sobre la violencia y el terrorismo parecen estar reservadas al oportunismo de los publicistas políticos o al inevitable efectismo de la oratoria parlamentaria. [...] El desafío que [Sastre] lanza a los intelectuales para que opinen debe ser recogido.[36]

Lo cierto, sin embargo, es que aquello estaba cambiando. Porque en los años de la Transición también se gestó un discurso condenatorio de la violencia terrorista que recurría, entre muchos otros argumentos, a la autoridad moral de *los intelectuales*. A comienzos de 1979 se publicó en *Diario Vasco* un texto que comenzaba así: «Los intelectuales reunidos en virtud de la convocatoria del Consejo General del País Vasco [...] nos sentimos obligados a pronunciar ya ahora unas palabras públicas» sobre el terrorismo. El texto daba carta de naturalidad a algunas de las tesis historicistas acerca de las razones de la violencia en el País Vasco: aquello había comenzado como consecuencia de la Guerra Civil y la falta de libertades de la dictadura. Pero después añadía:

> la comprensión de las raíces históricas del problema no puede implicar justificación alguna de la persistencia del uso de la violencia como estrategia política. Desde el momento de la Transición resulta de todo punto inaceptable la pretensión de un grupo armado de sustituir con la violencia la acción política del pueblo.

Los firmantes rechazaban la violencia tanto en el plano práctico —ya que, según ellos, podía provocar una involución democrática— como en el moral: «Envilece a las personas y produce una profunda degradación de la moral social y de la sensibilidad humana».[37]

Más explícito aún fue un texto publicado un año después. Con el título «Aún estamos a tiempo. Manifiesto de 33 intelectuales vascos sobre la violencia» y firmado por personajes como el escultor Eduardo Chillida, el antropólogo Julio Caro Baroja, el poeta Gabriel Celaya o el lingüista Koldo Michelena («prácticamente el Estado Mayor de la cultura vasca del final del franquismo y comienzo de la Transición», en opinión de Martínez Gorriarán),[38] el texto condenaba explícitamente tanto la violencia de ETA como cualquier justificación de la misma. Esto provocó una respuesta airada de Sastre, quien llamó a los firmantes «intelectuales cortesanos» y afirmó que «el honor de la *intelligentsia* de Euskal Herria está en otra parte y en otros hombres».[39]

Lo que iba quedando claro, en cualquier caso, era que en algunos sectores arraigaba la idea de que *los intelectuales* podían y debían posicionarse contra la violencia terrorista. A los manifiestos de 1979 y 1980 se unió otro en 1981 impulsado por la Asociación Pro Derechos Humanos de España, cuya condena de la violencia etarra venía firmada por —según el propio texto— cuarenta intelectuales.[40] Tampoco era solo un fenómeno apreciable en manifiestos colectivos: Francisco Ayala publicó en 1980 un artículo en el que refutaba «como intelectual» las tesis de Sastre; y un joven Fernando Savater también escribió a comienzos de los ochenta que la denuncia de la violencia por parte de los intelectuales era útil y necesaria.[41] Estos caminos continuarían en los años ochenta, noventa y dos mil, que dieron muchos manifiestos relacionados con las actividades de ETA y la lucha contra las mismas, y también obras que abordaban la relación de *los intelectuales* con aquella organización y su entramado de apoyo.[42] Sastre, por su parte, continuó expresando su decepción con los intelectuales españoles por no compartir sus tesis sobre la violencia etarra. En 2004 incluso lamentó:

cómo y con qué constancia y virulencia la mayor parte de los intelectuales y de los artistas españoles condenan «la violencia terrorista» de ETA. [...] Y, lo que es peor, algunos de ellos se han manifestado en Euskadi [...] en un acto de baja política ultra al servicio de la extrema derecha española que es donde se halla situada la organización Basta Ya. ¡Qué pena, qué pena![43]

4. NUEVA HISTORIA DE LOS INTELECTUALES

Los años de la Transición también vieron un importante esfuerzo por historizar esta figura. La investigación universitaria (que a menudo derivaba en publicaciones en prensa, entrevistas, coloquios, reediciones…) fue cimentando una serie de tesis y relatos históricos acerca de la figura del intelectual en España. Tesis y relatos que buscaban vincular la cultura de la nueva democracia con los intelectuales del pasado, y que consecuentemente dieron prioridad a la intelectualidad liberal y/o republicana del siglo XIX y primeras décadas del XX.

La producción sobre el tema, proveniente de los campos de la filología, la historia, la filosofía y la sociología, fue muy amplia.[44] En 1975, el hispanista E. Inman Fox publicó su trabajo «El año 1898 y el origen de los "intelectuales"», que durante muchos años sería el principal estudio acerca de la aparición del sustantivo *intelectual* en la cultura española. En 1979, además, una versión de este trabajo se incluyó en el sexto volumen de la muy utilizada *Historia y crítica de la literatura española*, coordinada por Francisco Rico. En 1975 también se publicaron tanto el influyente estudio de José-Carlos Mainer sobre la cultura española en el primer tercio del siglo XX (la que él mismo denominó, en fórmula que hizo fortuna, «Edad de Plata») como el libro *La industria cultural en España* de José Luis Abellán. Otras obras influyentes fueron la segunda edición de las *Notas para la historia del pensamiento español actual (1939-1975)* de Elías Díaz (1978), *El socialismo español y los intelectuales* de María Dolores Gómez Molleda (1980) y *Burguesía y cultura: los intelectuales españoles en la sociedad liberal* de Francisco Villacorta Baños (también de 1980). Se publicaron igualmente trabajos centrados en la relación de los intelectuales con la República y la Guerra Civil, como *Los intelectuales españoles y el 18 de julio* de V. Manuel Rubio Cabeza (1975), *Los intelectuales españoles durante la II República* de Jean Bécarud y Evelyne López Campillo (1978), «*Si mi pluma valiera tu pistola». Los escritores españoles en la guerra civil* de Fernando Díaz-Plaja (1979) y *Los intelectuales y la Guerra de España* de Aldo Garosci (1981).

También son de esta época cinco notables aportaciones que, pese a provenir del campo de la sociología, incorporaban consideraciones de carácter histórico sobre la evolución de los intelectuales: *La sombra del poder: intelectuales y política en España, Argentina y México* (1975) y *Pensar bajo el franquismo* (1979), ambos de Juan Marsal; *Pensar en Madrid. Análisis sociológico de los intelectuales políticos en la España franquista* (1976) y *Una sociología de los intelectuales* (1978), ambos de Benjamín Oltra; y *Los intelectuales bonitos* de Amando de Miguel (1980). Finalmente hay que destacar que estos son los años en que se pusieron en marcha instituciones como la Fundación Ortega y Gasset (fundada en 1978) o la recuperada Fundación Giner de los Ríos, vinculada a la ILE; instituciones que se imbricarían en las dinámicas del incipiente «Estado cultural» y que contribuirían a difundir las investigaciones acerca de la vida intelectual española de los dos últimos siglos.

En cuanto al contenido de aquellas obras, por lo general se consolidó el uso de la generación (y en concreto de las generaciones del 98, el 14 y el 27) como categoría analítica en el estudio de *los intelectuales* españoles. Aubert ha señalado que se llegó al punto de que parecía que «la historia de los intelectuales tenía que ser generacional».[45] Además, se insistió en la importancia histórica de grupos e instituciones como la ILE, la Residencia de Estudiantes, la Junta de Ampliación de Estudios o el Institut d'Estudis Catalans; de publicaciones como la *Revista de Occidente* y *El Sol*; y de las figuras paradigmáticas de Unamuno, Azaña y Ortega.[46] En esta labor de historización persistió la idea del intelectual como una figura masculina: Marsal incluso argumentó que, por lo que se refería a la España del franquismo, las intelectuales habían sido tan pocas que incluirlas en los estudios supondría «sobrerrepresentarlas».[47]

También se hicieron esfuerzos por integrar la historia de los intelectuales en la de las grandes corrientes literarias y filosóficas o las grandes transformaciones socioeconómicas de los últimos siglos. Y, de forma más específica, se incorporó la historia de los intelectuales españoles a la historia del primer tercio del siglo xx. Fue en estos años cuando se consolidó la idea de que la edad de oro de la intelectualidad habría coincidido con el final de la Restauración, la dictadura de Primo de Rivera y la Segunda República.[48] Más polémica resultaba la cuestión de qué había ocurrido después, como quedó demostrado en 1976 en un cruce de artículos entre Luis Marañón y Julián Marías. El primero describió la España del franquismo como un «páramo cultural» caracterizado por la ausencia o el bajo perfil de los intelectuales.[49] Marías dio la vuelta a la metáfora recordando a su interlocutor «la vegetación del páramo», es decir, la amplia nómina de intelectuales que habían trabajado y publicado durante las décadas de dictadura. Pero Marías no discrepaba, desde luego, del relato más amplio, aquel que señalaba los años veinte y treinta como una edad dorada de la intelectualidad española que fue trágicamente finiquitada en el 36: «Aquel espléndido brote de vida intelectual fue la primera víctima de la Guerra Civil».[50] La nueva historia de *los intelectuales* se integraba, así, en las fuentes de legitimidad de un sistema que se presentaba como una superación del legado de la guerra y la dictadura.

Por último, fue en estos años cuando se acuñó la definición del diario *El País* como el «intelectual colectivo» de la joven democracia española. El primero en hacerlo fue Aranguren, en un artículo publicado en aquel periódico en 1981. El filósofo aludió a la tesis desarrollada algunos años antes por Amando de Miguel, según la cual Ortega y Gasset habría sido influyente como *intelectual individual* pero también como creador de un entramado periodístico y cultural que actuó como *intelectual colectivo*. Según Aranguren, a lo largo de sus cinco años de existencia *El País* «ha llegado a ser el *intelectual colectivo-empresarial* de la España posfranquista [...] nada más y nada menos que nuestro gramsciano-neocapitalista intelectual colectivo».[51] Más allá de lo que aquello podía suponer de exageración interesada, el término sería empleado con frecuencia para aludir al papel que aquel periódico desempeñaba en la democracia española; sobre todo, como veremos en el capítulo 6, cuando dicho papel fue revisado críticamente desde la izquierda.

5. NUEVA PLURALIDAD, VIEJA AMBIGÜEDAD

Los cambios de la Transición no impidieron que en esta época persistieran muchos rasgos clásicos de los discursos sobre el intelectual. La palabra seguía proyectándose hacia pasados lejanos y hacia figuras como Locke, Montesquieu, Rousseau o Marx.[52] También se siguieron haciendo comparaciones entre los intelectuales españoles y sus colegas franceses o británicos, y entre los intelectuales de distintas regiones de España: Marsal y de Miguel destacaron las diferencias históricas que habría habido entre la intelectualidad radicada en Madrid y la radicada en Barcelona.[53]

Por otra parte, durante la Transición se ahondó en la tendencia —apreciable ya en los años sesenta— a normalizar el uso de *intelectual* para referirse a uno mismo. Los autores que hemos venido citando en este capítulo utilizaron habitualmente la primera persona cuando escribían o respondían a preguntas acerca de la función y el deber de los intelectuales. Esto no eliminaba la sensación de que identificarse con aquella palabra podía connotar cierta inmodestia: Masriera confesaba que cuando alguien le llamaba intelectual le ponía en una situación incómoda.[54]

Quizá por esto la normalización es especialmente detectable en los manifiestos colectivos que se siguieron publicando durante estos años. Algunos incluían el sustantivo en el título («Carta de intelectuales españoles», «Salutación de intelectuales y artistas al XXVII Congreso del PSOE»; «Escrito de 664 intelectuales y artistas al Presidente del Gobierno»; «Manifiesto de intelectuales valencianos entregado al Presidente del Gobierno») y otros lo utilizaban en el propio texto al referirse a los firmantes. Aunque se solía combinar con otros: «Los abajo firmantes, intelectuales y profesionales del arte, la cultura y la información»; «los firmantes, intelectuales y artistas de diversas profesiones e ideologías», etc.[55] Algo parecido sucedió con la proliferación de jornadas, simposios y reuniones de estos años que incluían la palabra en su título (como la «I Reunión de Intelectuales, Profesionales y Artistas de las diversas naciones y regiones del Estado», celebrada en Barcelona en 1977; o la «I Asamblea de Intelectuales, Profesionales y Artistas», coordinada por el PCE y celebrada en Madrid en 1981).[56]

Nada de esto eliminó la polisemia que hemos venido viendo a lo largo del libro. Para Masriera, «la categoría del intelectual es vaga, desorientadora y, a veces, arbitrariamente otorgada»,[57] mientras que Marsal consideraba que «los intelectuales son uno de los estratos más discutidos, a la vez evidentes y difusos, de cualquier sociedad».[58] Esto parecía especialmente cierto en el sentido sociológico del término, dado el acceso masivo de la juventud española a la universidad a partir de los años sesenta. Quizá fue eso lo que llevó a Fuster a escribir que «hoy día, somos tantos los intelectuales, y de tan variado pelaje, que meternos a todos en el mismo saco sería una bobada».[59] Esto daba pie a definiciones más restrictivas de la palabra, que giraran alrededor de una determinada manera de intervenir en la sociedad. El inagotable Aranguren escribió en 1979 que era necesario distinguir entre «intelectuales en sentido sociológico e intelectuales en sentido moral». Estos últimos serían los verdaderos intelectuales, y seguían el modelo de los moralistas clásicos: «El moralista clásico criticaba la hipocresía, la avaricia, la lujuria. El actual, la corrupción pública y la abulia colectiva, la indiferencia política y la desmoralización general».[60]

Otros autores preferían alejarse de lo abstracto y hacer tipologías más ceñidas a los nombres y grupos concretos de la España de la Transición. Fue la opción del escritor y columnista Francisco Umbral en un artículo de 1980:

Tenemos intelectuales de tres especies, razas o familias: los sartrianos, los parnasianos y los que están en lista de espera. [...]. Los sartrianos de derechas, de izquierdas, de entretiempo o de piqué, desde ese Pablo Serrano parlante que es la cabeza de Aranguren hasta la infancia recuperada, barbuda y *revolté* de Fernando Savater, son los que ponen pensamiento y futuro en el futuro pensamiento español y antiucedé. [...] Los parnasianos huidos de la historia y de sus novias, solo vinculados al siglo por algún sobre remoto con el sueldo de Televisión Española, están poniendo folklore, papeles pintados y una variedad de titanlux a nuestra permanente transición política.[61]

Como vemos, aquella palabra se había adaptado sin problema al nuevo escenario político y cultural de la España democrática. Un último ejemplo de ello apareció en una información periodística de 1977 a propósito de la elección de Julián Marías, Martín de Riquer y Camilo José Cela como senadores por designación real en las Cortes. El redactor preguntó a Cela si le parecía positiva la participación de intelectuales en el nuevo Congreso, a lo que el escritor respondió que efectivamente se lo parecía, aunque «seguiré siendo el mismo cachondo de siempre».[62]

CAPÍTULO 5
¿LA MUERTE DEL INTELECTUAL? (1982-2008)

La consolidación de la democracia en España coincidió con la de un discurso que postulaba la *crisis, marginación, silencio, desaparición* o incluso *muerte* del intelectual. Ya hemos visto que este discurso databa como mínimo de la década de los cuarenta y estaba bastante arraigado en la de los cincuenta. Pero fue en los ochenta, noventa y dos mil cuando se extendió hasta convertirse en un verdadero lugar común, e incluso en el punto de partida de la mayoría de los comentarios acerca de *los intelectuales*.[1] La premisa central era sencilla: hubo una época en la que los intelectuales tuvieron una gran influencia social, pero hacía algún tiempo que esto ya no era así. Las explicaciones acerca de cuándo y por qué se produjo ese cambio, o si era algo bueno o malo, variaban enormemente; pero que el cambio se había producido parecía fuera de toda duda. El escritor y filósofo Salvador Pániker expresaba una opinión generalizada cuando declaró en 1994 que «hoy el intelectual no existe».[2]

En todo ello, la opinión pública española estaba siguiendo la pauta de otros países, y muy singularmente de Francia y Estados Unidos. Estos son los años en que se publicaron obras como *La tombeau de l'intellectuel* (1979), *La démission des clercs* (1993) o *Le desenchantement des clercs* (1997) en Francia; y *The Last Intellectuals* (1987), *The Twilight of Intellectuals* (1999) o *The End of Commitment* (2006) en el ámbito anglosajón.[3] Como han señalado Picó y Pecourt, el discurso francés sobre la pérdida de importancia del intelectual se centraba en la cuestión de los medios de comunicación, mientras que el norteamericano se centraba más bien en el papel de los campus universitarios.[4] Podemos añadir que en estas décadas también hizo fortuna la idea de que *los intelectuales* estaban manchados por su connivencia con los regímenes totalitarios del siglo xx, y que este pasado colectivo condicionaba cualquier análisis de su naturaleza y su función social. En un contexto marcado por el colapso del bloque soviético y la divulgación de lo que había acontecido en los regímenes comunistas, no fueron excepcionales declaraciones como las que hacía el escritor Muñoz Molina en 1992: «Los intelectuales comprometidos son un peligro».[5]

Una vez más, sin embargo, conviene diferenciar entre discurso y realidad apreciable. Porque había un claro contraste entre el apocalipticismo sobre la pérdida de relevancia del *intelectual* y la buena situación objetiva de quienes recibían aquel apelativo, sobre todo con la expansión del mercado de bienes culturales, el crecimiento del sistema universitario y el aumento de las partidas presupuestarias dedicadas al fomento de *la cultura*.[6] A raíz del desarrollo del Estado cultural, nunca había habido tantas charlas que impartir, tantos libros que vender, tantos simposios que organizar, tantas consejerías y concejalías y plazas universitarias que ocupar, tantas columnas de periódico y secciones en programas de radio que llenar.

Por otra parte, el argumento de que *los intelectuales* habían sido más importantes e influyentes en la primera mitad del siglo xx que en la segunda siguió planteándose siempre de forma impresionista. A lo largo de la investigación para este libro no he encontrado, en el contexto español, un solo intento de dar una base empírica a esa presunta pérdida de influencia de los intelectuales. Además, en España ocurrió lo mismo que Gisèle Sapiro ha observado en el contexto francés: que los años ochenta, noventa y dos mil estuvieron repletos de episodios de movilización colectiva que en cualquier otra época habríamos identificado como propios de *intelectuales*.[7] Por ser más concretos, en nuestro país siguieron divulgándose manifiestos colectivos sobre cuestiones como el referéndum de la OTAN, la política lingüística, las libertades en Cuba, la corrupción, las guerras de Afganistán y de Irak, el partido al que debían apoyar los ciudadanos en las siguientes elecciones —fueran estas generales, autonómicas, municipales o europeas— y el terrorismo de ETA. La mayoría de estos manifiestos incluían, además, la misma mezcla de profesiones que se habían dado cita en los del tardofranquismo y la Transición: profesores, escritores, cantautores, actores, guionistas y directores de cine, artistas plásticos, periodistas, etc.

Lo que sí disminuyó radicalmente, sobre todo desde mediados de los años ochenta, fue el uso de la palabra *intelectuales* en los propios manifiestos para referirse a quienes los firmaban. De los ciento un textos de este tipo divulgados entre 1982 y 2008 que recogió Santos Juliá en la antología *Nosotros, los abajo firmantes*, solo dos empleaban los sustantivos *intelectual* o *intelectuales* para definir a quienes los suscribían. Los redactores prefirieron definirse como *ciudadanos* o como *profesionales del mundo de la cultura* o, sencillamente, como *quienes firmamos*. La evolución es apreciable sobre todo en los manifiestos sobre polémicas continuadas, como la relativa a la política lingüística en Cataluña. Si el «Manifiesto en defensa de la igualdad de derechos lingüísticos en Cataluña» de 1981 (más conocido como «Manifiesto de los 2.300») se refería a los firmantes como «intelectuales y profesionales», ni los manifiestos del Foro Babel (1997 y 1998), ni el documento

«Por un nuevo partido político en Cataluña» (2005) ni el «Manifiesto por una lengua común» (2008) utilizaban la palabra en cuestión para referirse a los firmantes.[8] Esto no impidió, por otra parte, que aquellas acciones fueran interpretadas como propias de —o promovidas por— intelectuales: la práctica totalidad de las informaciones periodísticas sobre aquellos manifiestos incluyeron, en el titular o la entradilla, el sintagma *intelectuales y artistas apoyan* (o *denuncian*).[9]

En cualquier caso, lo que se estaba produciendo era una suerte de cierre del círculo: después de unas décadas en las que se había normalizado el uso de *intelectual* en primera persona —del singular y del plural—, se regresaba a la situación de comienzos de siglo, cuando aquella palabra se había usado fundamentalmente para referirse a otros y no a uno mismo. Pero esta vuelta a los orígenes no fue percibida como tal, sino más bien como una demostración de la decadencia de la especie. A la altura de 2004, el escritor Javier Cercas señalaba que «salvo algunos dinosaurios y algunas folclóricas, hoy día nadie medianamente sensato o decente acepta de grado el calificativo de intelectual».[10] Había, sin embargo, un importante matiz: estos años fueron los de la normalización definitiva de la palabra para referirse a mujeres, ya fueran escritoras, pensadoras o científicas del pasado o del presente. Y no solo eso. Si en las décadas anteriores la proyección de la palabra *intelectual* sobre una mujer acarreaba toda una serie de connotaciones problemáticas, en 2003 la actriz Ana Obregón declaraba orgullosamente: «Me considero una intelectual y llevo minifalda».[11]

Pasemos al análisis más detallado de estas cuestiones. Primero examinaremos la consolidación del discurso sobre la decadencia de los intelectuales. Después estudiaremos su nueva relación con ideas sobre la masculinidad y la

feminidad. Finalmente repasaremos otras cuestiones relevantes de esta etapa, como la polémica acerca de si *los intelectuales* eran «de izquierdas» o «de derechas», las nuevas
manifestaciones del discurso antiintelectual o la continua-
da constatación de que era muy difícil saber a qué hacía
referencia aquella palabra.

1. CRISIS, DECADENCIA Y MUERTE DEL INTELECTUAL

> Hubo un tiempo en el que la gente que se autodefine como
> normal, el pueblo, el electorado, les hacía caso a los intelec-
> tuales. Aunque no conociera su obra, ni su rostro y apenas
> su nombre. Y los intelectuales se veían en el deber moral de
> expresar sus opiniones sobre las grandes cuestiones de la
> historia, sobre la política, la ética y la vida. Así era en Espa-
> ña durante la República y la guerra, en Francia casi siempre
> y en Alemania hasta hace muy poco. [...] El alejamiento de
> la política activa por parte de los intelectuales es un fenó-
> meno que se percibe desde hace más de una década en toda
> Europa.[12]

La cita proviene de un artículo del periodista Hermann
Tertsch publicado en *El País* en 1998. Resulta muy repre-
sentativa del discurso sobre los intelectuales que cundió en
las últimas décadas del siglo XX: el que postulaba su crisis,
ausencia, desaparición o al menos pérdida de relevancia.
Este discurso siempre invocaba episodios y figuras pretéritas como contrapunto al lamentable estado actual de la
intelectualidad. Lo más frecuente era mencionar el caso
Dreyfus o la figura de Jean-Paul Sartre («el intelectual
propiamente dicho», según escribió la filósofa Victoria
Camps) y, en el caso español, las figuras de Ortega y Unamuno o los años de la Segunda República. Pero también

se podían utilizar ejemplos tan diversos como el Comité de Vigilancia de los Intelectuales Antifascistas franceses de los años treinta o la movilización en apoyo de Willy Brandt en las elecciones alemanas de 1969.[13]

A medida que se aproximaba el final de la centuria, también fue común señalar que la historia de los intelectuales terminaba con ella. El periodista y escritor Eduardo Haro Tecglen señaló en 1993 que «los intelectuales europeos han brillado cien años, pero probablemente ni uno más».[14] La publicación del influyente *Le siècle des intellectuels* (1997), del francés Michel Winock, solo reforzó aquella impresión. En 2003, el investigador José-Carlos Mainer recogió aquel título para una serie de ocho conferencias en la madrileña Fundación Juan March titulada «El siglo de los intelectuales».[15] Hasta tal punto estuvieron extendidas estas ideas que, en un libro de entrevistas subtitulado *Los intelectuales y el poder* (1994), el entrevistador realizaba preguntas como: «El impulso ético de aquellos intelectuales de principios de siglo, aquel hilo de lucidez, ¿se ha interrumpido del todo?»; o: «¿A qué atribuye usted que los intelectuales no cumplan, como en otras épocas, el papel de guías o iluminadores de la sociedad?».[16]

Pues bien: ¿a qué se atribuía aquello? Una de las respuestas más habituales era que el intelectual había perdido credibilidad por su asociación con los totalitarismos, especialmente por el apoyo que muchos *intelectuales* habían brindado a los regímenes comunistas del siglo XX. Aquello no era una reactualización del discurso franquista contra los intelectuales *rojos*, sino más bien una adaptación de las críticas provenientes de la tradición liberal que tenían en *El opio de los intelectuales*, de Raymond Aron, su mejor exponente. Pero, sobre todo, aquello estaba fuertemente influido por el colapso del bloque soviético, la represión de las protestas de Tiananmen y el mayor conocimiento de la represión acontecida en los regímenes comunistas (especialmente la Unión Soviética de Stalin, la China de Mao y la Camboya de Pol Pot). Teniendo en cuenta todo esto, algunas voces veían la pérdida de relevancia del intelectual como algo positivo. En un texto de 2003, Rafael del Águila argumentó que dado su comportamiento histórico «la figura tradicional del intelectual comprometido debe ser criticada y superada».[17] También José Antonio Marina consideraba que los intelectuales «han llevado a la modernidad hasta el patíbulo».[18] Y Victoria Camps consideraba igualmente que, visto su comportamiento del pasado, «no es raro que el intelectual haya perdido prestigio, credibilidad y poder de convicción».[19]

Otra explicación habitual apuntaba a los nuevos medios de comunicación. El filósofo Gustavo Bueno señaló en un ensayo de 1987 que la radio y la televisión habían desplazado a quienes habían ejercido tradicionalmente las funciones de los intelectuales.[20] La mayoría de los entrevistados por Edurne Uriarte en su tesis doctoral sobre los intelectuales vascos consideraban igualmente que la televisión había contribuido a la pérdida de influencia de los intelectuales.[21] La investigadora Naval López veía más bien un proceso de sustitución de los intelectuales pretelevisivos: «A lo largo de los ochenta y los noventa se ha ido consolidando una casta de comunicadores-escritores que ostenta *de facto* ante el público en general esta calidad de intelectuales».[22]

Otros autores cargaban más las tintas. Para Alfonso Sastre, los debates entre intelectuales eran imposibles en unas tertulias que no eran más que «rifirrafes verbales, guirigáis, espectáculos, popurrís de rumores, simplificaciones de la realidad hasta convertirla en una mala caricatura de sí misma».[23] El periodista y ensayista Pascual Serrano también escribía en aquellos años que «el problema no es

la ausencia de intelectuales comprometidos [...] es la pues-
ta en marcha de un sistema de genocidio informativo de
todo intelectual rebelde y de consolidación de la merito-
cracia mediática del sumiso y halagador».[24] Es cierto que
muchas veces estos diagnósticos partían de quejas mucho
más específicas. Y, en concreto, de la percepción por parte
del autor de que sus propias posturas no estaban lo suficientemente representadas en el *mainstream* mediático. El
abertzale Sastre aportaba, nuevamente, un buen ejemplo
cuando se quejaba de que «las tertulias radiofónicas de la
SER, de la COPE, de RNE, de Onda Cero, y televisivas»
eran «desfiles de cretinos»; pero por suerte «aquí en Euskal
Herria hay algún oasis, que es de agradecer, como Radio
Popular y Radio Euskadi».[25]

También se argumentó que el declive de los intelectuales tenía que ver con la consolidación de la democracia y
la larga etapa de gobiernos socialistas (entre 1982 y 1996).
Este fue un aspecto particular del caso español en comparación con otros países. Ni en Estados Unidos ni en Francia el presunto declive de los intelectuales coincidió con el
paso de un régimen dictatorial a uno democrático, y solo
en el segundo —con la presidencia de Mitterrand— coincidió con una etapa de gobiernos socialistas. Con todo,
ambos factores parecían relevantes en el caso español. *Los
intelectuales*, tan importantes en el antifranquismo, habrían
perdido una parte de su función en la nueva democracia
pluralista; en palabras del filósofo Eugenio Trías, el intelectual no encontraba su sitio «en una democracia tan pre-
caria y tan bisoña como la española».[26] Pero, además, los
intelectuales se habrían visto descolocados por su cercanía
al partido que durante tanto tiempo ostentó el poder. Una
cercanía evidenciada en el manifiesto «Por el cambio cultural», en apoyo de la candidatura del PSOE en las elecciones generales de 1982.

Fue precisamente entonces cuando el escritor Raúl Guerra Garrido publicó un artículo titulado «La muerte del intelectual».[27] El autor explicaba que esta se estaba produciendo en todo Occidente a causa de la fragmentación del conocimiento; pero luego se centraba en el contexto español, donde un reciente encuentro de algunos escritores con Felipe González habría evidenciado el «patético esfuerzo de los intelectuales por aproximarse al líder y salir en la foto». Aquella complacencia con el socialismo suponía, para Guerra Garrido, la *muerte del intelectual* porque conllevaba una abdicación del compromiso crítico. Además, se estaría produciendo una peligrosa confusión entre la popularidad del intelectual y su influencia: «Como personajes, están más vivos que nunca, su presencia es constante en revistas y televisión; pero su pensamiento ha muerto de manera natural al confundir la verdad con el primer plano, no existen salvo como elemento decorativo en la fiesta».

Esta idea de que había una incompatibilidad entre la función del intelectual y el apoyo al Gobierno aparecía de nuevo unos años después, en un artículo del poeta José Ángel Valente.[28] En su opinión, desde la victoria del PSOE muchos intelectuales se habían convertido en valedores acríticos del poder, tanto por afinidad ideológica como por interés profesional. Y esto resultaba problemático: «Da la impresión de que ciertos intelectuales quisieran tener, en su relación con el político, la posición de concelebrantes. Grave error: intelectual y político dicen misas distintas». Tanto Aranguren como el propio Valente emplearon en este contexto la palabra *domesticación*: la función crítica de los intelectuales habría sido domesticada por los gobiernos socialistas y su capacidad de conceder prebendas.[29] Los diversos escándalos de finales de los ochenta y comienzos de los noventa dieron una nueva urgencia a aquella cuestión: preguntado por las reacciones al caso GAL, el historiador

Javier Tusell señaló que «los intelectuales españoles guardan demasiado silencio».[30]

Las críticas llegaron a estar lo suficientemente extendidas como para provocar respuestas. Francisco Ayala escribió en 1991 que la nueva democracia no constreñía a los intelectuales, sino que más bien les permitía desempeñar su función social con libertad e independencia. Luego añadía:

> Esto, que resulta obvio y desde luego digno de felicitarse por ello, parecería ser hoy, sin embargo, a los ojos de algunos intelectuales, muestra de intolerable perfidia por parte de la democracia. [...] Quizá porque así se encuentran reducidos en fin al estado poco espectacular y nada dramático de ciudadanos normales.[31]

Unos meses después, el veterano dirigente y a la sazón ministro de Cultura Jordi Solé Tura también aludió a la cuestión de los intelectuales. Fue en una entrevista a raíz de las críticas que el Gobierno había recibido por la proyectada «Ley Corcuera»; unas críticas que habían llevado al ministro del Interior a hacer varios comentarios despectivos acerca de los intelectuales patrios. Preguntado por todo ello, Solé Tura argumentó:

> El intelectual tiende a ver el poder de un modo bastante esquizofrénico: por un lado se le acerca, por otro lo rehúye. [...] El intelectual español con una visión progresista y deseos de intervenir en política chocaba constantemente con unos regímenes de monarquía absoluta o casi, y luego dos dictaduras militares [...]. De ahí proviene una actitud casi anarquizante, según la cual el poder político es malo en sí mismo y punto. [...] «No es esto». Bueno, «no es esto» ¿qué? Lo que nosotros queríamos. Ah, pero es que aquí interviene mucha

más gente. Vosotros sois una parte. Quizá lo que queríais era perfecto, pero el mundo es este.[32]

Una vez más vemos la polivalencia de los discursos: mientras algunos criticaban a *los intelectuales* por su cercanía al poder político, otros los criticaban por no calibrar adecuadamente las bondades del nuevo sistema, o incluso por no apoyar la acción de los gobiernos socialistas. Sin embargo, en todos los casos se apelaba a fallas estructurales: el problema no eran las acciones o las palabras de individuos concretos, sino la frivolidad, el elitismo y la falta de perspectiva de *los intelectuales*.

Aquel discurso sobrevivió incluso a la derrota socialista en 1996 y la llegada al poder del Partido Popular. En sus conferencias de 2003, José-Carlos Mainer insistió en la tesis de que la relación entre *los intelectuales* y el poder había cambiado decisivamente tras el paso a la democracia; ahora se encontraban mucho más integrados en el sistema, aunque solo fuera porque «buena parte de los intelectuales están en nómina».[33] También argumentaba que, si bien el declive de la especie era un fenómeno que se había vivido en todo Occidente desde los años ochenta, en España había sido impulsado especialmente por la consolidación del Estado cultural. El hecho de que el Estado se hubiera convertido en «el primero de los patrocinadores culturales» había desbaratado los puntos de referencia del intelectual tradicional.[34]

El discurso sobre el declive o la muerte del intelectual adquirió matices propios entre quienes se encontraban a la izquierda del PSOE y, sobre todo, entre quienes no aceptaban de entrada el sistema democrático-capitalista. A comienzos de los dos mil, Alfonso Sastre publicó un ensayo en el que lamentaba el «desplazamiento de muchos intelectuales y artistas hacia *la derecha* más entregada a los postulados reaccionarios del poder capitalista en su fase actual, cuya estrategia pretende basarse en la idea [...] de que el marxismo es hoy una filosofía obsoleta».[35] Se trataba del recurso clásico de la *traición* de los intelectuales, en este caso por su renuncia al marxismo ortodoxo y su celebración de la democracia liberal y la economía de mercado. Pero Sastre unía aquello con el discurso sobre el declive de *los intelectuales*:

> Vivimos en un momento bajo de la inteligencia y de la sensibilidad. [...] Un momento de gran degradación, en el que muchos intelectuales y artistas se agrupan bajo las banderas del partido que hay en el Gobierno y se instalan tan ricamente en el pensamiento único.[36]

Esta mezcla del discurso de la traición con el discurso del declive también quedó patente en un texto del filósofo Santiago Alba Rico. El hecho de que varios intelectuales hubieran denunciado tanto al castrismo como al entramado *abertzale* le llevaba a concluir:

> Ya no hay intelectuales y habrá que buscar otro nombre para el coraje, la honestidad, la independencia, la moral, la defensa de los valores democráticos, la voluntad de cambiar el mundo; o dejar el término «intelectual» para designar solo la cobardía, la sumisión, la ambición mundana, la inteligencia a sueldo, el corporativismo, la carantoña al poder, el desprecio del otro. [...] El «intelectual» nació con el «Yo acuso» de Zola y ha muerto con el «Yo consiento» de Savater, Juaristi, Albiac y compañía.[37]

El mismo autor cargaba todavía más las tintas en un libro coescrito con el también filósofo Carlos Fernández Liria. Los intelectuales reconciliados con la modernidad capi-

talista eran unos «eunucos que eunuquizan al país desde la
Moncloa».[38] La crítica era especialmente feroz contra Fernando Savater (al que tildaban de «podrido», «insensible»
y «ciego») por haber denunciado los crímenes de ETA en
lugar de las «violencias» del capitalismo contemporáneo.
Pero en general, según los autores, «ya nadie piensa», y
todos los intelectuales que aceptaban el sistema actual «dejaron de pensar a los dieciséis años. Completamente. Para
siempre».[39] El sociólogo Jesús Ibáñez incidió igualmente
en un discurso que mezclaba la traición y declive, aunque en
su caso se centraba más en las consecuencias del final de
la dictadura. Para él, la integración de los intelectuales en la
democracia posfranquista era la victoria definitiva del propio franquismo:

> Los intelectuales, científicos y artistas estuvieron siempre en
> la vanguardia de la lucha contra la dictadura. [...] Todos nos re-
> flejábamos en el nombre y en el cuerpo de Franco [...] y ese
> reflejo nos unificaba, hacía de nosotros un conjunto. Cuando
> los espejos se rompieron, comenzó la diáspora y el conjunto
> se dispersó. Algunos se refugiaron en reductos partidistas: se
> transformaron de críticos en orgánicos. La mayoría se exilia-
> ron en el planeta del silencio. Y todos [...] permanecieron
> dentro de la jaula después de haber roto sus barrotes. Franco
> logró muerto lo que no había podido lograr vivo.[40]

2. PANORÁMICA DEL OCASO

El discurso sobre el declive o la muerte de los intelectuales
también tuvo impugnadores. Fernando Savater señaló burlonamente en 1994 que «redescubrir el silencio de los intelectuales para denunciarlo o deplorarlo con doloroso
asombro [es] uno de los tópicos más aplaudidos de los

predicadores mediáticos». En su opinión, aquello era un ejercicio retórico vacío, comparable a las denuncias de una presunta «crisis de los valores».[41] Otros señalaban que los intelectuales no habían desaparecido, sino que se habían transformado. Lo exponía Javier Cercas en 2004:

> Desde hace tiempo se habla de la muerte del intelectual [...]. Pero precisamente el hecho de que no deje de hablarse de su muerte es el síntoma inequívoco de que esa figura no ha muerto [...]. Nos guste o no, columnistas, tertulianos radiofónicos, comentaristas televisivos y hasta gente de la farándula son —somos—, ahora y aquí, forjadores de opinión y, en esa medida, no nos queda más remedio que asumir la responsabilidad que asumían los intelectuales.[42]

El politólogo Rafael del Águila señaló algo parecido en un ensayo de 2006:

> El intelectual contemporáneo se topa, desde luego, con toda clase de problemas, pero personalmente no veo por ningún lado el riesgo de su desaparición. [...] Lejos de languidecer, ha multiplicado su impacto público, su éxito comercial, su influencia y también su cercanía al poder y a los centros de decisión [...]. Lo que ocurre con los intelectuales no es que desaparezcan: es que mutan.[43]

Durante esta época hubo, además, varias señales que indicaban que quizá los intelectuales no estaban tan desaparecidos como se decía. Las informaciones sobre el debate acerca de la participación de España en la OTAN, por ejemplo, dieron a entender que *los intelectuales* estaban especialmente implicados en aquel asunto. Entre 1984 y 1986 se publicaron numerosas noticias con títulos como: «Los intelectuales de izquierda Claudín y Paramio defienden en un debate sus posiciones pro-OTAN», «Intelectuales y artistas firman un documento contra la permanencia en la OTAN» o «Intelectuales, artistas y pacifistas sustituyen a los políticos en la cabeza de las manifestaciones anti-OTAN».[44] Algo parecido ocurrió con los numerosos pronunciamientos públicos acerca del terrorismo de ETA de los años ochenta, noventa y dos mil: «Doce intelectuales de Europa y América denuncian el acoso del terrorismo en el País Vasco», etc.[45] Además, las plataformas Gesto por la Paz y ¡Basta Ya! —que rompieron en los años noventa y dos mil la hegemonía del espacio público que había ostentado la izquierda *abertzale*— fueron consideradas por muchos como iniciativas promovidas por *intelectuales*.[46] Lo mismo sucedió con las publicaciones, actividades y perfiles de aquellos autores vascos enfrentados al nacionalismo y que, debido a esto, sufrieron acoso, amenazas e incluso atentados contra su vida.[47] Para la politóloga Edurne Uriarte, «el compromiso vuelve a tener sentido en el País Vasco, y lo tiene en forma de la lucha, cada vez más decidida y unitaria, de los intelectuales contra ETA. […] Los intelectuales han asumido un liderazgo que la sociedad demandaba».[48] En la última conferencia de su ciclo de 2003, Mainer se refirió a todo aquello como la última gran causa de los intelectuales españoles:

> En nuestro país hay todavía una lucha intelectual, e incluso una lucha intelectual que tiene ya mártires, que tiene sentido y que en buena medida reviste todavía los caracteres de una lucha intelectual clásica […], una lucha intelectual que se sigue librando con las armas de la opinión y las armas de papel con las que se ha librado siempre, en nombre de ideales y de razones que nos interesan a todos, y en el mismo filo de la navaja.[49]

Tampoco faltaron en esta etapa eventos o plataformas que pretendían exhibir a los intelectuales ante un público. A finales de los años ochenta, por ejemplo, la Universidad de Granada puso en marcha un ciclo anual de conferencias bajo el nombre «El intelectual y su memoria», en el que escritores, periodistas o investigadores académicos eran entrevistados ante un auditorio acerca de su trayectoria.[50] También se celebró en 1992 el I Encuentro de Intelectuales por la Convivencia, organizado por Cruz Roja e inaugurado por la reina Sofía; la coordinadora señaló en el acto de apertura que «los intelectuales, como líderes de opinión, deben ayudar a sensibilizar a la sociedad sobre la urgencia de ser solidarios con los que más sufren».[51] Por aquellas fechas, además, algunos españoles (y muy especialmente el escritor Juan Goytisolo) participaron en el proyecto de crear un *tribunal de intelectuales* que investigara los crímenes cometidos en la guerra de los Balcanes.[52] Y en 2002 se constituyó una Alianza de Intelectuales Antiimperialistas en contra de la política exterior desplegada por Estados Unidos tras los atentados del 11-S.[53]

La iniciativa más interesante de este tipo fue, sin embargo, el Congreso de Intelectuales celebrado en Valencia en 1987. Aunque se trataba formalmente de una celebración del cincuentenario del Congreso Internacional de Escritores para la Defensa de la Cultura de 1937, aquel evento también se presentó como una reunión de intelectuales que debatirían acerca del pasado, el presente y el futuro de su estirpe. Con ocasión de aquello, la televisión pública organizó un coloquio de una hora y media sobre la figura del intelectual en el que participaron Mario Vargas Llosa, Jorge Semprún, Fernando Savater, Juan Goytisolo, Manuel Vázquez Montalbán y Octavio Paz.[54]

Este coloquio supone una interesante radiografía de los discursos sobre aquella figura de finales de los ochenta. Se debatió mucho sobre la intervención de *los intelectuales* en política durante los años treinta, cuarenta y cincuenta, y en concreto sobre su relación con los partidos y regímenes comunistas. También se analizaron los cambios que había ido experimentando la figura del intelectual. Semprún y Savater celebraron que los intelectuales del presente fueran más sincréticos, en términos ideológicos, que los del pasado; y Vázquez Montalbán valoró positivamente que el intelectual ya no actuara como «luminaria» o «chamán» colectivo. También se habló de la necesidad de que los intelectuales participasen en los medios de comunicación y se abordaron las relaciones con la democracia y los partidos políticos. Goytisolo habló, además, de lo que había ocurrido en España a raíz de la Transición:

> En la época de Franco, prácticamente todos los intelectuales honestos estaban en contra del poder. Ahora hay un poder en términos generales mucho más decente, un poder abierto, democrático, etcétera, y se ha producido un acercamiento de la gran masa de los intelectuales a este poder. Pues bien, yo mantengo la necesidad de que haya intelectuales absolutamente independientes de este poder y que conserven la capacidad de criticar este poder.[55]

Aquello fue respondido por Semprún, quien creía que el problema era precisamente el contrario: el alejamiento de los intelectuales españoles del poder democrático. Lo más relevante, en cualquier caso, era la visión de conjunto. En la época de presunto declive del intelectual, seis conocidas figuras del mundo de las letras —en algunos casos, además, con una marcada trayectoria política— eran presentadas explícitamente ante el público como *intelectuales* en un debate organizado y retransmitido por la televisión pública. Y, además, defendían la continuidad de la especie en las democracias liberales de finales del siglo XX.

Una última cuestión relevante es que en estas décadas se desarrolló una copiosa producción ensayística y académica acerca de *los intelectuales* del pasado. Entre 1982 y 2008 se publicaron varios ensayos acerca de los intelectuales españoles de la primera mitad del siglo y su relación con el final de la Restauración, la Segunda República, la Guerra Civil y el franquismo. Algunos alcanzarían una repercusión considerable, como sucedió con *Las armas y las letras* de Andrés Trapiello (1994, reeditado en 2002), *La libertad traicionada* de José María Marco (1997, reeditado en 2007), *El maestro en el erial* de Gregorio Morán (1998) o *La resistencia silenciosa* de Jordi Gracia (2004). Asimismo, se consolidó una robusta producción académica sobre las distintas generaciones —sobre todo las del 98 y el 14—, sobre la intelectualidad catalana, sobre la vida intelectual durante el franquismo, sobre los republicanos exiliados y sobre las figuras de Ortega, Unamuno y Maeztu, que incluía nuevas biografías críticas y reediciones de sus obras con estudios introductorios.[56] También se desarrolló una línea de análisis que vinculaba a *los intelectuales* con la nación, o para ser más concretos con los distintos proyectos nacionalizadores del siglo XIX y el XX: ejemplos de ello serían *La invención de España* de E. Inman Fox (1997), *La novela de España: los intelectuales y el problema español* de Javier Varela (1999), *Mater Dolorosa: la idea de España en el siglo XIX* de José Álvarez Junco (2001) e *Historias de las dos Españas* de Santos Juliá (2004). Desde luego, y como se puede ver, la sensación de que *los intelectuales* estaban perdiendo relevancia en el presente no atemperó el interés por sus predecesores. Más bien al contrario.

3. LA HORA DE *LAS INTELECTUALES*

«El IVA ha caído sobre los intelectuales como una maldición terrible y confusa [...] pero generalmente suelen tener a su lado sufridas y valientes compañeras que les llevan las cuentas».[57] Esta información publicada en *El País* en 1987 parecería indicar que, en la etapa que nos ocupa, persistió la idea de que *el intelectual* era una figura masculina. Muchos de los actos o textos que pretendían representar al intelectual ante el público lo atestiguaban: eran varones los seis participantes en el coloquio al que nos hemos referido en la sección anterior, como también lo eran todos los entrevistados en un reportaje de 2002 sobre la relación entre el fútbol y los intelectuales, y como también lo eran los treinta entrevistados en el libro de Abel Hernández sobre los intelectuales y el poder.[58] Este aclaró en una nota que «en este libro, bien lo sé, faltan las mujeres, cuya visión de España y de nosotros mismos es indispensable y merece una atención especial. Anuncio que estoy en ello y adelanto que será todo un descubrimiento»[59] (el anunciado libro nunca llegó a publicarse). Por otra parte, la idea de que el intelectual era siempre varón seguía siendo compatible, al menos para algunos, con el cuestionamiento de su masculinidad. Es lo que se desprende de «Intelectual», una canción de 1999 del grupo de rock Los Petersellers. De tono irreverente, sus estrofas finales rezaban:

> *Ay, intelectual, amigo mío. Tanto estudiar, tanto*
> *estudiar... ¿para qué?*
> *Sí, si sabes mucho de otras cosas*
> *pero de la noche, de las tías, de la vida, de la juerga*
> *no sabes nada de nada.*

> *Por ejemplo, en tus fiestas… en tus fiestas ¡no hay tías!*
> *[...] ¡Intelectual, nunca, nunca tenías que haber sido un*
> *puto hombre!*

El caso es que, pese a estas continuidades, entre finales del siglo xx y principios del xxi se produjo una clara normalización en el uso de aquella palabra para referirse a mujeres. Aquello fue apreciable, en primer lugar, en publicaciones académicas como *Las modernas de Madrid: las grandes intelectuales españolas de la vanguardia* de Shirley Mangini (2001), *Escritoras al frente: intelectuales extranjeras en la Guerra Civil* de Aránzazu Usandizaga (2007) o el libro colectivo *Las intelectuales republicanas* (2007). También se utilizó en obras de divulgación sobre mujeres del pasado que hubiesen cultivado la escritura o la investigación científica, como la serie «Mujeres intelectuales. Mujeres en ciencia» elaborada por la UNED y emitida en TVE-2; o en artículos de periódico sobre figuras como Beatriz Galindo.[60]

La palabra también se empleó para referirse a mujeres del presente. Para el periodista Luis María Anson, la también periodista y escritora Isabel San Sebastián era «una intelectual ojo avizor a su tiempo»; el comentario fue incluido en la portada de una novela de 2006 de esta autora.[61] También una información periodística de 2008 definía a la filóloga Carmen Bobes Naves como «una intelectual que [...] siempre ha estado dispuesta a someter a discusión seria, comprometida y cordial, las sucesivas maneras de ver, de articular, de analizar, de interpretar y de valorar la literatura».[62] Muchas mujeres utilizaron igualmente la palabra para autodefinirse: la escritora María de la Pau Janer declaró en 2005 que «yo soy independiente políticamente hablando, soy una intelectual en todo el sentido»; y la también escritora Lola Clavero aseguró en 2006 que «esta incapacidad mía para conducir vehículos o utilizar un sacacorchos se debe a que soy una intelectual pura».[63]

Quizá el uso más interesante, sin embargo, se encuentre en un ensayo de la socióloga Marina Subirats publicado en 1983.[64] En él, Subirats planteaba la «contradicción implícita en los términos de mujer e intelectual. Esta contradicción ha sido históricamente tan fuerte que negaba la posibilidad misma de existencia de la mujer intelectual».[65] La autora argumentaba, además, que las propias mujeres habían interiorizado aquellos planteamientos: «¿Por qué existe esta dificultad en tratar a la mujer como intelectual? Porque las propias mujeres intelectuales tenemos dificultades en tratar este tema».[66] También aceptaban el uso del masculino para definirse ocupacionalmente (en el caso de Subirats, «yo soy sociólogo»). Algunas mujeres intelectuales incluso habían reaccionado a aquello renegando de varias posibilidades vitales aparentemente ligadas a la feminidad:

> Muchas mujeres de mi generación, a los cuarenta años, se han dado cuenta de que tal vez hayan desperdiciado su vida, tal vez se privaron de toda una serie de cosas esenciales como podría ser tener hijos, tener una familia, estas funciones que siempre se han considerado propias de la mujer, con tal de ser intelectual, cosa que al fin y al cabo les ha dado muy poco.[67]

Estas tensiones entre la idea del *intelectual* y determinados estereotipos de la feminidad también se desarrollaban, aunque con un tono marcadamente distinto, en una canción de 1989 del grupo de rock Aerolíneas Federales. Se titulaba «Soy una intelectual», y su letra —cantada por la vocalista del grupo— rezaba:

Hoy te contaré
un secreto que guardé
y que siempre te oculté:
yo no sé planchar,
nunca supe remendar,
no me gusta cocinar.

Quiero saber
si esto te gustaría,
si no te importaría
hacerte la comida, barrer,
fregar y planchar.

Debes entender
que por algo yo estudié,
me esforcé y me licencié.
Voy a progresar,
soy una intelectual,
quiero una oportunidad.

Como vemos, esta autoproclamación de la mujer intelectual iba unida a un abandono de las tareas domésticas; algo muy parecido a lo que ocurría en el sainete de 1914 *Las intelectuales*. Pero si en aquella obra el abandono de la domesticidad era algo negativo que el varón debía corregir, en la canción de Aerolíneas Federales se planteaba como una liberación gozosa y definitiva. La cantante es consciente de que las consecuencias prácticas de su condición de *intelectual* pueden no gustar a la figura masculina a la que se está dirigiendo —hasta el punto de que se lo ha venido ocultando hasta ahora—, al no ajustarse al ideal de pareja femenina al que él estaría acostumbrado. Pero no está pidiendo permiso, sino informando: «Debes entender / que por algo yo estudié, / me esforcé y me licencié».

La tensión entre la figura de *la intelectual* y las expectativas masculinas sobre la feminidad incluso fue abordada de manera irónica por varias mujeres durante esta etapa. La escritora Elvira Lindo, por ejemplo, señaló que su marido «creía que las intelectuales de izquierda no nos depilábamos. Que había, por un lado, las que llevaban los pelos *al vent*, a modo de denuncia social, y las que teníamos pelillos simbólicos más por relacionarnos con el pueblo que por necesidad primaria».[68] Y un discurso parecido se aprecia en la entrevista de 2003 a la actriz Ana Obregón que se citó al comienzo del capítulo, y que se desarrollaba de la siguiente manera:

PREGUNTA: Siempre se ha dicho de usted que se hace la tonta.
RESPUESTA: La mayoría de las veces hay que hacerse un poco la tonta, precisamente por eso, porque, si no, sobresales demasiado. Pero es una cuestión que no me preocupa, sobre todo porque los que me conocen saben cómo soy realmente.
P: Tal vez dé una imagen un tanto frívola.
R: Mientras pueda, hasta que tenga los cincuenta, me voy a seguir poniendo la minifalda y el escote. Soy licenciada en Biológicas y me considero una intelectual y llevo minifalda.[69]

4. ¿DE IZQUIERDAS O DE DERECHAS?

En las décadas de la consolidación de la democracia también se produjeron debates sobre la ideología de *los intelectuales*. Ya en 1980 Amando de Miguel constató que «una idea común es que los intelectuales son de izquierdas». Y la veracidad (o no) de aquella idea, así como sus consecuencias, fueron abordadas con frecuencia durante las décadas siguientes. El propio Amando de Miguel consideraba que aquel planteamiento estaba equivocado: si bien era cierto que «en el espectro político de los intelectuales predominan los tonos rojizos» también lo era que «en la derecha se sitúan intelectuales que cumplen todos los requisitos de tales».[70] Pero no todos los que se pronunciaron sobre el tema fueron tan ecuánimes. En 1982 Aranguren declaró en una entrevista que los intelectuales solo podían ser de izquierdas; en un artículo posterior explicó que no se refería a intelectuales en un sentido «sociológico» sino «moral». Aquellos que habían comenzado en la izquierda y se habían desplazado posteriormente a posiciones conservadoras habrían dejado, según el catedrático, de merecer aquel apelativo: «Se puede *haber sido* intelectual y no serlo ya [...]: los intelectuales, con frecuencia, y con el paso del tiempo, decaen y, en otras ocasiones, se compran y se venden».[71] Aquello fue respondido por el dirigente de Alianza Popular Guillermo Kirkpatrick, quien argumentó que tanto la esencia del intelectual como el signo ideológico de los tiempos obligaban a la apertura y el sincretismo. Y añadió:

> El intelectual, si no es un totalitario excluyente, sino un crítico que busca el rigor, difícilmente podrá cabalgar largo tiempo subido al carro de la izquierda sin que su espíritu se rebele como se rebela también frente a cualquier involucionismo seudoconservador.[72]

Aquel intercambio de artículos no cerró el asunto. A lo largo de los años siguientes se trató con cierta regularidad la cuestión de si los intelectuales eran *de derechas* o *de izquierdas*. Y la cuestión se planteaba por lo general en estos términos tan ambiguos y polisémicos: es decir, el debate nunca era si existían intelectuales *liberales*, *democristianos*, *conservadores*, *tradicionalistas* y/o *fascistas* además de intelectuales *comunistas*, *socialdemócratas* y/o *anarquistas*; la cuestión era si los había en *la derecha* además de en *la*

izquierda. Además, siempre se dio por hecho que los segundos existían; la única pregunta era si también había
alguno de los primeros. Sirva como ejemplo la forma de
plantear aquella cuestión de Mainer: «¿El intelectual es
obligatoriamente de izquierdas o existen también los
intelectuales de derecha?».[73] Tampoco era infrecuente
la elección analítica realizada por Lacalle en un trabajo
de 1983: «Para mí hay intelectuales de derecha e intelectuales de izquierda, lo que ocurre es que voy a hablar solo
de los últimos».[74]

En cualquier caso, muchas de las voces que planteaban
aquella cuestión respondían posteriormente que sí, que existían o habían existido intelectuales *de derechas*. Entre los
ejemplos que se invocaron para defender esta tesis se encontraban figuras tan heterogéneas como Azorín, Maeztu,
Popper o Hayek.[75] En al menos una ocasión también se
reivindicó el papel del periódico *ABC* como formador de
«verdaderos intelectuales españoles», en una especie de contrapunto conservador al *intelectual colectivo* progresista que
habría sido *El País*.[76] Otras voces señalaron que, si bien
los intelectuales habían sido de izquierdas durante el tardofranquismo y las primeras décadas de la democracia, a
finales de los noventa habían aceptado mayoritariamente
un patriotismo constitucional español cercano al que
defendía el Partido Popular de José María Aznar. Curiosamente, en esa apreciación coincidían tanto quienes valo-
raban positivamente aquel desplazamiento como quienes
lo contemplaban con horror.[77]

Pese a todo esto, sin embargo, en los sectores liberales
y conservadores persistieron varios elementos del discurso
antiintelectual que hemos visto en etapas anteriores, como
la dictadura de Primo de Rivera o incluso el primer franquismo, así como la asociación de los intelectuales del siglo xx con los partidos y regímenes comunistas. Así, en

un libro titulado *Ser de derechas* (2003), el periodista Germán Yanke constataba su impresión de que la derecha «se encuentra en permanente contradicción con el trabajo público de los intelectuales».[78] También fue frecuente el recurso a la ridiculización del intelectual *de izquierdas*, siendo buen ejemplo de ello una columna del periodista Alfonso Ussía de 1998:

> Madrid tuvo en su día un extraordinario movimiento de intelectuales activos dedicados al noble arte de redactar manifiestos, firmarlos y publicarlos [...] escritores sin lectores, cineastas sin público y con subvenciones, y gentes de otras caspas nunca sacudidas. [...] Para ser firmante de manifiestos se exigía un requisito fundamental: haber sido militante o simpatizante del PCE. [...] Hasta en los momentos previos al fornicio los intelectuales del retroprogresismo mantenían su atención solidaria con las causas de moda. Así, el intelectual espera en la cama a la intelectual, que mientras se quita las bragas pregunta: «¿No te parece que están "vehiculizando" demasiado a Rigoberta Menchú?».[79]

Estas acusaciones a los intelectuales por un presunto alejamiento de las convenciones, los comportamientos y los gustos estéticos de la gente *normal* fueron importantes en los discursos conservadores y (en menor medida) liberales; pero también formaban parte de un discurso más amplio que contraponía a *los intelectuales* con *lo popular*. En 2002, el presidente de la productora Filmax y de la asociación de productores Barcelona Audiovisual afirmaba que en España «los intelectuales han frenado el desarrollo del cine» a causa de su excesiva querencia por el «cine minoritario de arte y ensayo» y sus críticas a las producciones comercialmente viables.[80] Ese mismo año, un reportaje periodístico sobre la relación entre los intelectuales y el fútbol

preguntó a varios autores que estaban firmando en la Feria
del Libro de Madrid por aquel asunto. Estas fueron algunas de las respuestas:

> Alfonso Ussía explica que en el intelectual que rechaza el
> fútbol hay cierto complejo de inferioridad y espíritu esnob.
> [...] Mario Vargas Llosa [...]: «A mí me gusta mucho el
> fútbol, pero no a todos los intelectuales les gusta». [...] Dice
> Fernando Vizcaíno Casas que el intelectual mira con el ra-
> billo del ojo al fútbol [...]. Antonio Gala concluye que no
> hay ninguna desconfianza entre el intelectual y el deporte:
> «El deportista sí tiene cierta desconfianza en el intelectual,
> porque el intelectual normalmente se porta mal, se ha por-
> tado mal en la historia y ha quedado como un tonto».[81]

5. SE MUERE Y AÚN NO SABEMOS QUÉ ES

A estas alturas del libro quizá no sorprenda al lector que
también entre 1982 y 2008 persistiera la ambigüedad semántica del sustantivo *intelectual*. Pero no deja de ser algo
llamativo, dado el relativo consenso de la época acerca de la
pérdida de relevancia o incluso desaparición de aquella figura. *El intelectual* se moría sin que muchos autores —según
confesaban ellos mismos— supieran a ciencia cierta qué se
designaba con aquella palabra. Hernández Gil se refería a
ella en 1988 como un vocablo «de fronteras inciertas y contenido heterogéneo»; Savater, en 1994, consideraba que
«*intelectuales* es una categoría tan amplia que no es difícil
pertenecer más o menos a ella»; para José Antonio Marina,
escribiendo en 2003, era una palabra «difícil de precisar e
imposible de definir».[82] El filósofo Gustavo Bueno incluso repasó los significados posibles (que coincidían notablemente con los que Collini expondría años después) y

señaló que, dada aquella ambigüedad, «lo mejor sería, sin duda, encontrar otro nombre, pero esto no es nada fácil».[83]

También, como en otros tiempos, estas declaraciones de perplejidad solían ir seguidas de intentos de definición. Los resultados fueron muy variados. Para Marina, el intelectual era alguien que trataba de establecer los fundamentos de la justicia y del bien. Para el sociólogo Ibáñez, existían nada menos que cuatro categorías distintas de intelectuales («orgánicos», «crítico-perversos», «crítico-subversivos» y «crítico-reversivos/humorísticos»).[84] Para el periodista Joaquín Estefanía, además del intelectual existía el *intelectual práctico*, término que aplicaba a los economistas con altas responsabilidades públicas, como los gobernadores del Banco de España Francisco Fernández Ordóñez y Luis Ángel Rojo.[85] Hernández Gil apostaba por una mezcla del sentido cultural y el subjetivo tan amplia que resultaba de dudosa utilidad: el intelectual «adopta una actitud ante el mundo desde una perspectiva y a través de un proceso eminentemente teórico-reflexivo. La inquietud por los problemas de su tiempo suele ser un rasgo característico».

Otros autores prefirieron diferenciar entre aquel término y otros que solían invocarse como representantes de *la cultura*. Mainer, en concreto, preguntó: «¿Tienen la condición de intelectual esos actores de cine o de teatro o esos ejecutantes musicales que aparecen muy a menudo en las listas de intelectuales al servicio de alguna causa o como firmantes de algún manifiesto?».[86] Para José Antonio Marina, la respuesta era clara: «Conviene distinguir entre el intelectual y los personajes del mundo de la cultura que aprovechan su notoriedad para movilizar la opinión pública a favor de un proyecto social, ético o político».[87]

Dada esta confusión, quizá no sorprenda que la palabra apareciese en la exitosa y surrealista película *Amanece, que no es poco* (dir. José Luis Cuerda, 1989). Uno de los personajes, labrador del peculiar pueblo que protagoniza la cinta, se dirige a otro de aficiones librescas para confesarle lo siguiente:

> —Yo es que he pensado que a mí también me interesaría ser intelectual. Como no tengo nada que perder... mira tú: labras como todo el mundo, con la misma fuerza y sin torcerte; sigues siendo una persona sencilla; llevas dos o tres inviernos que ni un mal constipado; y si además se puede hacer lo que haces con la mujer del médico... y leer novelas sin estropearlas... decir «glande», «víscera», «paradigmático»... pues no sé, chico, no sé, pero yo no le veo más que ventajas a esto de ser intelectual. Sobre todo ahora que me he quedado huérfano.
>
> —Pues entonces conviene que empecemos por el materialismo dialéctico. Por tener una base, ¿sabes?[88]

La idea del intelectual que se transmite aquí es relativamente clásica y cercana al sentido subjetivo: alguien que maneja un vocabulario elevado y que es capaz de interpretar adecuadamente productos culturales de cierta sofisticación («leer novelas sin estropearlas»). También es apreciable la herencia de los discursos sobre el intelectual antifranquista de los años cincuenta, sesenta y setenta en la referencia al «materialismo dialéctico». Además, hay una subversión humorística del discurso medicalizante que vimos en el capítulo 1: el intelectual aparece aquí como alguien reconciliado con el trabajo físico, la buena salud o el vigor sexual. Pero quizá la mayor aportación de esta escena sea haber ubicado la palabra en el mismo espacio ambiguo y fascinante de la propia película.

CAPÍTULO 6

NO ESTABAN MUERTOS, ESTABAN TRAICIONANDO
(2008-2019)

Puede que no haya en la cultura de Occidente un término más devaluado, gastado, rechupado, reseco, antipático y carpetovetónico que el de intelectual. Su pronunciación produce alergia [...]. A casi ningún escritor joven le atrae ser considerado un intelectual, término demasiado asociado a la autoridad y a la tribuna, a la comunicación vertical y de masas, en tiempos de tuiteros y horizontalidades. [...] Y, sin embargo, contra toda intuición, su figura está volviendo en la forma más pura.

SERGIO DEL MOLINO (2018)

La década larga que transcurre entre el inicio de la crisis financiera mundial —finales de 2008— y el inicio de la igualmente mundial crisis del coronavirus —finales de 2019— es también la de un cambio en cuanto a los discursos acerca del intelectual. Se pasó de postular la *desaparición*, *pérdida de relevancia* o *muerte* de los intelectuales a denunciar su *traición*, su *silencio*, su *desfachatez*. Esto estaría ligado a la profunda crisis económica, social, política y territorial de España, y a la presunta responsabilidad de *los intelectuales* en su llegada. Un repaso de la prensa española entre 2009 y 2019 encuentra al menos quince artículos titulados con alguna variación de «La traición de los intelectuales» o «¿Dónde están los intelectuales?» (en un caso, el autor precisaba el sentido de esta pregunta en la primera frase del artículo: «¿Dónde coño estáis, cobardes, con la que está cayendo en el ruedo ibérico?»).[1] También abundaron en este periodo las entrevistas con escritores o académicos que denunciaban, desde el mismo titular, que los intelectuales estaban *callados* o *en crisis* o habían sido *incapaces* de cumplir con alguna de sus presuntas funciones (presentadas estas, con frecuencia, en términos moralizantes, como *responsabilidades* o *deberes*).[2]

Evidentemente, este nuevo discurso implicaba cierta incoherencia. No podía ser que la misma figura a la que se había declarado marginal durante las décadas anteriores fuera presentada ahora como la beneficiaria de un desmedido protagonismo público, e incluso como responsable de los males de la patria. Pero esto solo recalca una de las cuestiones que hemos venido viendo a lo largo de este libro: que los discursos sobre *los intelectuales* de cada etapa histórica, si bien recurren a muchos de los argumentos de etapas anteriores, no necesitan ser coherentes entre sí. Adentrémonos ahora en algunas de las múltiples *traiciones* denunciadas en este periodo, y en lo que tenían de continuidad y ruptura.

1. INTELECTUALES, NACIÓN Y *PROCÉS*

En 2017, la historiadora María Elvira Roca Barea declaró en una entrevista que «los intelectuales españoles han tenido que ser hispanófobos para tener prestigio».[3] El comentario se enmarcaba en las tesis de esta autora sobre el pasado imperial español y la *leyenda negra*; unas tesis que se habían concretado en el exitoso ensayo *Imperiofobia y leyenda negra* (2014), y que tendrían un desarrollo más explícitamente vinculado a la cuestión de los intelectuales en su siguiente trabajo, *Fracasología* (2019). En líneas generales, se argumentaba que *los intelectuales* españoles habían participado durante siglos de la difusión de la leyenda negra, y por ello serían corresponsables del déficit de patriotismo de la sociedad española.

Como vimos en el capítulo 1, aquellos argumentos tenían una larga historia. Nuevamente se criticaba tanto la asunción por parte de *los intelectuales* de una visión negativa del pasado español como su inacción a la hora de contrarrestarla. En unas declaraciones de 2019, el presidente de la RAE, Santiago Muñoz Machado, señaló que «en la actualidad estamos aguantando difamaciones continuas del ser y la historia de España. Esto hay que reponerlo [...]. Los intelectuales tienen que tomarse a pecho la creación del relato de España, que está muy deteriorado».[4] En este discurso podía reaparecer también la asociación de *los intelectuales* con comportamientos frívolos e irresponsables, en este caso por la ligereza con la que realizaban sus críticas al pasado nacional. Incluso se apuntaba una variación de la *tesis de la inferioridad* al señalar que los intelectuales españoles no habrían defendido su cultura e historia como lo habían hecho los franceses.[5]

Lo más novedoso, sin embargo, es que estos presuntos fallos de los intelectuales se vinculaban con la crisis soberanista que se desarrolló en Cataluña a partir de 2012 y que culminó en 2017 con una declaración unilateral de independencia y la consecuente suspensión de la autonomía catalana.[6] Entre las muchas explicaciones que se aportaron acerca de cómo se había podido producir aquella crisis, algunas voces apuntaron a la responsabilidad de *los intelectuales*. De nuevo lo señalaba Roca Barea en una entrevista:

PREGUNTA: ¿Los intelectuales del siglo XX y XXI han corregido esa visión trágica y autodestructiva?

RESPUESTA: No lo corrigieron con el franquismo [...] y a lo largo de los cuarenta años de democracia tampoco ha habido una corrección importante [...]. Ha habido una continuidad que nos ha llevado a esta crisis territorial que tenemos.

La vinculación de la crisis catalana con el comportamiento de *los intelectuales* iba más allá de las actitudes hacia el pasado nacional. También hubo acusaciones de cobardía o de mala fe ante el cariz que había tomado aquel conflicto. Y como en tantas ocasiones anteriores, la misma crítica se podía hacer desde planteamientos opuestos. Si Fernando Savater denunció la «cobardía monstruosa de los intelectuales catalanes» por no oponerse con mayor firmeza al proyecto secesionista,[7] el historiador Borja de Riquer criticó el «silencio» de los «intelectuales madrileños» ante lo que él entendía como la deriva autoritaria del Gobierno.[8] Si el profesor y ensayista Jordi Gracia denunció que muchos intelectuales catalanes habían puesto su prestigio profesional al servicio del *procés* incluso cuando «sabían que lo que decían era mentira»,[9] el politólogo Ignacio Sánchez-Cuenca criticó a aquellos «intelectuales metidos a aprendices de brujo» que con su apoyo a UPyD y a Ciudadanos habrían intentado «imponer un nacionalismo de Estado, el español, sobre los nacionalismos vasco y catalán».[10] Fuese por el motivo que fuese, *los intelectuales* serían corresponsables de la deriva de la crisis catalana. Además, todo esto ocurría en un contexto en el que los medios informaban con frecuencia de los manifiestos firmados por *intelectuales* acerca de distintos aspectos del *procés*.[11] La impresión resultante, como señaló el escritor y periodista Daniel Gascón, era que *los intelectuales* habían desempeñado no uno, sino muchos papeles en la crisis catalana.[12]

2. CRISIS ECONÓMICA, CORRUPCIÓN Y ¿SILENCIO?

Siendo importante el conflicto secesionista, el principal vector de crítica a *los intelectuales* durante este periodo estuvo vinculado a la crisis financiera mundial de 2008. En España, el hundimiento bursátil coincidió con el estallido de una burbuja inmobiliaria —lo que contribuyó al aumento dramático del desempleo— y con la exposición de numerosos casos de corrupción política. Esto condujo a un amplio cuestionamiento del modelo político y económico de las décadas anteriores. Y, también, dio pie a un discurso que corresponsabilizaba a *los intelectuales* de algunos aspectos de aquella crisis. Ellos habrían ayudado a sostener el sistema que había llevado al país a esa desastrosa situación. Un artículo de 2014 en la revista *Letras Libres* resumía el asunto de la siguiente manera:

> Desde el inicio de la crisis se han suscitado toda clase de debates sobre sus orígenes y sus posibles vías de salida. […] Ha surgido también una discusión interesante alrededor de la figura del intelectual. ¿Para qué sirven los intelectuales si la mayoría de ellos no supieron avisarnos de la corrupción de muchos y la irresponsabilidad de muchos más? ¿Merecen de veras tener el peso que tienen en la prensa escrita cuando quizá no dispongan de herramientas que les permitan comprender las complejidades técnicas de nuestro mundo?[13]

Como podemos ver, uno de los ejes de este discurso era el presunto fracaso de *los intelectuales* a la hora de denunciar los mecanismos que habían conducido a la crisis. Es llamativo que, en el planteamiento mismo de la cuestión, se daba por hecho que la detección de este tipo de problemas era responsabilidad de *los intelectuales*. Aquello era novedoso: no se les había exigido esa capacidad predictiva en anteriores crisis económicas internacionales —como la del petróleo en los años setenta, o la de las *puntocom* en el año 2000—, ni tampoco ante otras etapas de confluencia entre escándalos de corrupción y aumento del desempleo —como en la tercera y cuarta legislaturas de Felipe González—. En aquellas ocasiones, lo que se había exigido a *los intelectuales* era que denunciasen los excesos del poder después de que se hubieran manifestado ante todos. Ahora se planteaba que, además, debían advertir los excesos antes que el resto de sus conciudadanos y dar la voz de alarma.

Fuera como fuese, el discurso que criticaba a los intelectuales por no haber previsto la crisis se afianzó con rapidez. No solo eso, sino que se les acusó de haber participado en los excesos de los tiempos de bonanza aparente. Según la escritora y política Irene Lozano, en los años previos a la crisis:

> muchos intelectuales empezaron a saber mucho de vinos y a tomar platos exquisitos en restaurantes de moda. [...] ¿Cuántos intelectuales le dijeron a la sociedad que dejara de comprar pisos y se fijara en la corrupción de los partidos? [...] Tienen su parte de responsabilidad.[14]

El periodista Josep Carles Rius desarrolló aquella crítica de forma más contundente en un artículo a propósito de un cruce de declaraciones entre el escritor Félix de Azúa y la alcaldesa de Barcelona, Ada Colau:

> Intelectuales como Azúa callaron mientras la sociedad española estaba dormida por la falsa sensación de riqueza. Y su silencio fue clamoroso en el momento en que la gran recesión provocó un descalabro social. No cumplieron, ni antes ni ahora, su papel de conciencia crítica. Todo lo contrario, fueron cómplices.[15]

También fueron sintomáticas algunas declaraciones del escritor Antonio Muñoz Molina tras la publicación de su ensayo *Todo lo que era sólido* (2013), en el que denunciaba la ceguera e irresponsabilidad colectivas que habían conducido a España al abismo. Si bien Muñoz Molina no se refería explícitamente en el libro al papel de *los intelectuales*, sí fue preguntado por aquello en numerosas entrevistas. Esta fue una de sus respuestas:

> Cuando escribía el libro me daba cuenta de que el eje sobre el que todo eso se desarrollaba era la falta de control [...]. Hay que tener mucho cuidado con esa figura del intelectual. Yo creo que es básicamente una figura francesa, latinoamericana, de Europa del sur... Esa figura casi no existe en el mundo anglosajón, porque allí creen que lo que necesitan son profesionales de la información. [...] Lo que nos falta en España es conocimiento de la realidad. Y para eso lo que necesita son buenos profesionales. No necesita intelectuales iluminados.[16]

Estas declaraciones mezclaban dos discursos. Por un lado, estaba la acusación clásica del *silencio* de los intelectuales e incluso de su *complicidad* con las disfunciones del sistema: ellos habrían participado de la falta de control a la clase política y empresarial que condujo a la crisis. Por otro lado, se planteaba una clave internacional en el análisis de los intelectuales: sus fallos estaban ligados a ciertas peculiaridades de las culturas de raíz católica, en contraposición a lo que sería común en los países anglosajones. España, en concreto, tenía un exceso de intelectuales y debía aprender de otros países la apreciación por los «buenos profesionales».

La mezcla de discursos no es sorprendente. En este periodo, y pese a la evidencia de que la crisis tenía un origen y una dimensión internacionales —es más, se había originado en uno de los países anglosajones— se actualizaron muchos de los discursos sobre la excepcionalidad española. Según esto, la crisis se debía en buena medida a disfunciones particulares de la cultura política y económica del país. Y por lo que tocaba a los intelectuales, esa excepcionalidad tenía que ver con su excesiva relevancia... o con todo lo contrario. Porque, para Irene Lozano, el problema era que «en España, el conocimiento casi siempre ha estado mal visto. [...] Siempre ha sido así. Si comparamos la España de antes con la Francia a la que le interesaban los debates entre Sartre y Camus... En España eso no ha ocurrido nunca».[17] Por una razón u otra, España era excepcional; sus intelectuales, también.

Esta crítica adquiría matices propios entre quienes vinculaban la crisis al problemático tránsito de la dictadura a la democracia. *Los intelectuales* —y, sobre todo, los vinculados al Grupo Prisa, propietario de la Cadena SER, el diario *El País* y la editorial Santillana— fueron incluidos en aquello que se vino a llamar *régimen del 78* o *cultura de la Transición* y que fue sometido a una dura crítica desde otros sectores de la izquierda. Así, el historiador Pablo Sánchez León denunciaba en 2016:

> Los intelectuales de la Transición y de después saltaron a las tribunas de la prensa y la televisión sin un entrenamiento en las maneras del diálogo, la deliberación colectiva y la promoción del bien común antes que el particular o partidista. [...] ¿Seguro entonces —como se nos ha querido decir— que el intelectual posfranquista se ha «democratizado»? Porque la impresión es que muy al contrario más bien se ha oligarquizado [...] ha perdido el vínculo sustantivo con la ciudadanía.[18]

La oposición se establecía entre unos *intelectuales* defensores del régimen del 78 y unas nuevas generaciones que se habrían levantado contra él, sobre todo tras las manifestaciones del 15 de marzo de 2011. Según la periodista y escritora Pilar Ruiz, «las voces autorizadas durante décadas han visto desde sus perennes cátedras y tribunas que los antiguos alumnos se les han rebelado, y no les gusta».[19]

Para algunos, aquello ratificaba sus viejas críticas a quienes habían aceptado el capitalismo y la democracia liberal.[20] El filósofo Alba Rico reafirmó su idea de que los intelectuales españoles habían renunciado a su función a partir de 1975; pero ahora, tras el 15M, creía que la nueva generación de intelectuales podía corregir sus errores.[21] El escritor Sergio del Molino, por su parte, estaba de acuerdo en que parte de los problemas de la sociedad española se debían a la desorientación de la anterior generación de intelectuales, pero pensaba que «los de mi edad llegamos tarde».[22] Con una perspectiva muy distinta, el periodista Gregorio Morán retrató en su ensayo *El cura y los mandarines* (2014) a los intelectuales del tardofranquismo y la Transición como mediocres arribistas con turbios pasados.[23] En opinión de Morán, «los intelectuales audaces de los sesenta, desnortados en los setenta, se adocenan en los ochenta»; y a comienzos del siglo XXI imperaban «la adulación intelectual y la ausencia de sentido crítico [...] nunca gente tan mediocre convirtió a otras medianías en luminarias, para poder equilibrar su propia indigencia».[24]

Otra crítica recurrente a *los intelectuales* durante este periodo tuvo que ver con sus carencias a la hora de orientar el debate público.[25] Un recurso común, en este sentido, fue contraponer la figura del intelectual a la del *experto*. El intelectual era un *todólogo*, un diletante, un improvisador especulativo y generalista; el *experto* poseía un conocimiento exhaustivo y podía aportar propuestas específicas sobre un tema concreto. La orientación que necesitaba la sociedad para salir de la crisis era la que podía aportar el segundo, no el primero. Una vez más, aquello era llamativo si lo comparamos con los discursos de épocas anteriores: en las últimas décadas del siglo xx se había sostenido que una de las razones de la *muerte del intelectual* había sido, precisamente, la especialización del conocimiento. Y, con ella, la desaparición de figuras capaces de pronunciarse sobre aspectos generales de la sociedad. En teoría, la sustitución del intelectual por el experto llevaba décadas produciéndose. Ahora, sin embargo, se señalaba que el intelectual no solo nunca había sido desplazado por el experto, sino que esa no-sustitución había tenido efectos negativos. La jerarquía ideal quedaba resumida en un texto del economista Ignacio de Bidegain de 2013: «Un experto técnico puede ofrecer buenas respuestas, mientras que un intelectual cultivado puede plantear preguntas inteligentes. [...] Necesitamos intelectuales que traigan la opinión de los expertos al debate público».[26]

En ocasiones, esta crítica se apoyaba en los efectos nocivos que los intelectuales habrían tenido sobre la España del siglo xx. Sus diagnósticos, siempre tremendistas y radicales, habían impedido aplicar las soluciones pragmáticas propuestas por expertos de verdad. Así, los investigadores universitarios Benito Arruñada y Víctor Lapuente denunciaron en un artículo

el papel tóxico de nuestros intelectuales. [...] No solo Ortega, sino muchos otros, de Costa a Azaña, contribuyeron con su «palabra candente» a destruir nuestro régimen liberal. Tanto polarizaron el debate político que lo alejaron de pautas sosegadas y constructivas. Acallaron así las voces realistas y pragmáticas, las de aquellos que proponían las soluciones pactistas e incrementales que nos hubieran acercado a los países avanzados. Un siglo después, estamos tentados a repetir el mismo error.[27]

Una crítica parecida aparecía en un artículo del politólogo Pablo Simón.[28] Tras lamentar la frivolidad de los argumentos defendidos desde el comienzo de la crisis por «líderes de opinión, políticos e "intelectuales" de todo pelaje», el autor lamentaba que España había tenido

> demasiados Antonios Machados y ningún Max Weber [...]. Nuestro país ha sido un terreno yermo de científicos sociales, en parte por la coincidencia del franquismo con el momento en el que estas disciplinas comenzaron a florecer en Europa. Es probable que eso lo estemos pagando hoy, explicando [...] el tipo de intelectualidad predominante.

Como vemos, se entendía que el *experto* que había estado ausente del debate público era el investigador vinculado a las ciencias sociales. Curiosamente, en 1977 José Luis Abellán había señalado que la «atracción por las ciencias sociales» era un rasgo distintivo de «todos los intelectuales que han hecho su aparición pública desde 1956 hasta hoy».[29] Pero esto no parecía advertirse a la altura de 2016. Es más, la ausencia de científicos sociales y su desplazamiento en el debate público por los intelectuales venía a ser una nueva particularidad española, de efectos negativos.

La versión más influyente de este tipo de crítica se plasmó en un ensayo del ya mencionado Sánchez-Cuenca titulado *La desfachatez intelectual* (2016).[30] Conviene dedicar algo de espacio a este texto, tanto por la repercusión que obtuvo como por lo que indica acerca de los discursos sobre *los intelectuales* en la España de este periodo. El autor compartía la opinión de que «los intelectuales de mayor visibilidad social y mediática no han estado a la altura de las circunstancias durante la crisis».[31] También identificaba a esos intelectuales con el mundo literario (excesivamente presente, en su opinión, en los medios de comunicación españoles) y los contraponía a los *expertos* que mejor podrían orientar la opinión pública.[32] Pero esto daba pie a una crítica más amplia, una enmienda a la totalidad de lo que sería, en opinión del autor, el *modus operandi* del intelectual español. En líneas generales, el intelectual opinaba frívolamente. El reconocimiento a su obra literaria y ensayística le daba una impresión de «impunidad» que le permitía desdeñar el estudio serio de los problemas sociales.[33] Así, «cree que puede opinar sobre cualquier asunto sin haber hecho unas lecturas mínimas al respecto», prefiriendo cultivar el esteticismo o el personalismo.[34] Y esto, según el autor, erosionaba la calidad del debate público.[35]

A diferencia de otros textos de la tradición antiintelectual —que solían remontar sus análisis hasta los *philosophes* de la Ilustración—, Sánchez-Cuenca no historizaba su argumento más allá de un par de décadas. Su crítica se centraba en figuras que habían sido influyentes en los veinte años anteriores y que seguían en activo cuando publicó su ensayo (especialmente algunos que ya han aparecido en estas páginas: Savater, Azúa, Juaristi, Cercas y Muñoz Molina).[36] Sí engarzaban con la tradición antiintelectual, en cambio, las acusaciones de arrogancia («el intelectual español suele ser un personaje soberbio, [...] se da unos aires de importancia inexplicables»), de un gregarismo irreflexivo («siguen las tendencias en el terreno de las ideas con la misma coordinación y falta de sentido que las bandas de estorninos») y de que su éxito era inmerecido, así como el juicio de intenciones acerca de por qué adoptaban ciertas posturas (así describía a los organizadores de Basta Ya: «Gentes que en condiciones normales no habrían logrado destacar de ninguna forma aprovecharon la nueva dinámica para darse a conocer y labrarse una figura pública»).[37] Lo mismo ocurría con el argumento de que los intelectuales enturbiaban el debate al pronunciarse sobre cuestiones ajenas a su área de conocimiento. Compárense los argumentos de Sánchez-Cuenca con los del político argentino y simpatizante con el franquismo Alfonso Laferrère, quien criticó en 1937:

> la idea antojadiza de que el hombre de letras o de ciencia tiene una capacidad ilimitada para pronunciarse sobre los asuntos más extraños a su índole espiritual. [...] Se sacó al escritor y al sabio de su función útil, en su órbita legítima, para convertirlo en perturbador de problemas que no entendía. [...] Ese fetichismo del «intelectual» omnisapiente está en el origen de la tragedia a que asistimos.[38]

Incluso había ciertos ecos del discurso primorriverista en la conclusión a la que llegaba Sánchez-Cuenca: era conveniente establecer «límites» a la intervención de los intelectuales en los debates públicos, una serie de «normas y reglas que estipulen lo que resulta inaceptable en la esfera pública».[39] Una vez más, *los intelectuales* aparecían como individuos anárquicos de cuya influencia nociva había que proteger al pueblo con algún tipo de marco regulatorio.

Conviene destacar, por otra parte, que en ningún punto de *La desfachatez intelectual* se definía qué es un intelectual. Esto resultaba paradójico en un texto que reivindicaba la importancia de la precisión conceptual, pero desde luego encajaba con el *modus operandi* de la tradición antiintelectual: los intelectuales son quienes se comportan de la manera desagradable e irresponsable que describe el autor. Algo parecido ocurría con el deslizamiento en que incurría Sánchez-Cuenca entre las críticas a los intelectuales y sus propias filias y fobias ideológicas. No se limitaba a denunciar ciertas formas de intervenir en el debate público, sino también «la descarada derechización de tantos y tantos intelectuales que en su juventud defendieron consignas revolucionarias y anticapitalistas y hoy han recalado en un conservadurismo escéptico y refunfuñador».[40] Especialmente reprobable le parecía el acercamiento al patriotismo constitucional, que él identificaba como una mera trampa del «ala neofranquista de la derecha».[41] Es más, en este juego de derechas y de izquierdas Sánchez-Cuenca lamentaba que «si un intelectual se profesa de izquierdas en la España de hoy, es muy difícil que logre el tipo de prestigio de los intelectuales consagrados, mimados por los medios y el *establishment* cultural del país».[42] Era una afirmación llamativa dado lo que vimos en el capítulo anterior sobre la habitual identificación de la figura del intelectual con *la izquierda*. Pero tampoco resultaba original: desde comienzos del siglo xx ha habido quienes, desde todos los lados del espectro ideológico, han sospechado que *los intelectuales* están con el enemigo.

3. LAS MISMAS DUDAS, LOS MISMOS INTELECTUALES

Es cierto que hubo resistencias y respuestas a las críticas que hemos venido viendo. El escritor Javier Marías, por ejemplo, denunció:

> uno de los lugares comunes más llamativamente falsos que pululan por ahí y que oímos y leemos repetidos por doquier, tanto en voces y plumas de izquierda como en las de la extrema derecha: el supuesto «silencio de los intelectuales» en nuestros días y en nuestro país.[43]

Para Marías, los intelectuales de las últimas décadas podían parecer «detestables, demagógicos y a menudo errados, pero lo que en ningún caso cabe decir es que no hayan estado "comprometidos"». El ensayista Ramón González

Férriz, por otra parte, matizó la exaltación que se estaba realizando de los economistas y politólogos. Era posible que

> a algunos de estos nuevos intelectuales les haya pasado como a parte de los viejos: que la exposición mediática y la agradable sensación de influir les haya convertido en osados opinadores sobre cualquier cosa imaginable, les haya convencido de que tienen la solución definitiva para todo o les haya hecho creer que la sociedad es un poco tonta si no les hace caso.[44]

En cuanto a las tesis de Sánchez-Cuenca, recibieron numerosos reproches, entre ellos la acusación de que estaba sacralizando la figura del experto en ciencias sociales en detrimento de la del escritor,[45] o su excesiva generalización a la hora de hablar de *los intelectuales* de las décadas anteriores. El historiador Justo Serna se preguntaba, por ejemplo, si el método de Sánchez-Cuenca no serviría también para elaborar un libro titulado *La desfachatez académica*, ya que «si es por estupideces, los universitarios podríamos figurar bien colocados en un *ranking*».[46]

Además, las novedades de este periodo coexistieron con un ruido de fondo más familiar. Muchos de los discursos y los debates clásicos acerca de los intelectuales continuaron: en diversos artículos y libros se planteó si los intelectuales no estaban excesivamente enfrentados a la cultura de masas, si eran *de derechas* o *de izquierdas*, si habían sido suplantados por otras figuras (como el *divulgador* o el *tertuliano*), si su papel había sido transformado definitivamente por los cambios en las formas de comunicarse (y, en concreto, por la consolidación de una esfera pública digital)...[47] El periodismo cultural, por otra parte, siguió generando contenidos sobre *los intelectuales* del pasado, y muy especialmente sobre los de las primeras décadas del siglo xx;

al mismo tiempo, los intelectuales del presente eran expuestos ante el público en formatos como la serie de entrevistas del diario *El Mundo* titulada «Los intelectuales y España», iniciada en 2016.[48]

Los propios usos de la palabra siguieron siendo, además, prediciblemente variados: un documental de 2012 reunió a un grupo de «diez intelectuales españoles» que incluía filósofos, escritores, editores y exdirigentes comunistas; en 2019 la palabra se empleó para referirse tanto al filósofo alemán Jürgen Habermas («el último intelectual vivo») como al divulgador científico Eduardo Punset («el intelectual que mejor utilizó la televisión para divulgar la ciencia»).[49] Pero no se aplicaba solo en obituarios o en noticias sobre autores veteranos. Había nuevas noticias de la especie, nuevos avistamientos, nuevas señales de vida. La periodista televisiva Ana Rosa Quintana consideró una gran noticia el nombramiento de su antiguo colaborador Màxim Huerta como ministro de Cultura, puesto que «se reconoce de una vez que uno puede ser un intelectual, como es Max, y presentar un programa de televisión».[50] Por su parte, el auge del ensayo breve en la década de 2010 llevó a Sergio del Molino a postular que quizá aquella figura a la que se había dado por muerta estaba bastante viva. Fue en un artículo de 2018, del que proviene la cita que abre este capítulo, y que también incluía la siguiente reflexión:

> *Intelectual* ha pasado a ser un insulto, una cosa de viejos sesentayochistas con la próstata operada, gusto por los trajes caros, un marxismo residual y una sinecura ministerial o académica en cuyo despacho van amontonando premios y legiones de honor. A casi ningún escritor joven le atrae ser considerado un intelectual, término demasiado asociado a la autoridad y a la tribuna, a la comunicación vertical y de masas, en tiempos de tuiteros y horizontalidades. Ser inte-

lectual equivale a exigir ser tratado de usted cuando todo el mundo hace tiempo que se tutea. Y, sin embargo, contra toda intuición, su figura está volviendo en la forma más pura, la que más caracteriza al intelectual dogmático y moralista de la vieja escuela: el panfleto.[51]

Contra toda intuición, efectivamente, al final de una época marcada por las acusaciones a los intelectuales de haber traicionado su presunta esencia, o sus pretendidos deberes, se constataba que los intelectuales habían regresado a sus orígenes.

CONCLUSIÓN

En una entrevista realizada en 1980, el filósofo francés Michel Foucault declaró:

> La palabra *intelectual* me resulta rara. Yo nunca he encontrado intelectuales. He encontrado gente que escribe novelas y otra que cura enfermos. Gente que hace estudios de economía y otra que compone música electrónica. He encontrado personas que enseñan, personas que pintan y personas que nunca he entendido bien qué es lo que hacen. Pero intelectuales, nunca. Por el contrario, he encontrado mucha gente que habla del intelectual. Y, a fuerza de escucharla, me he hecho una idea de lo que podría ser ese animal. […] No creo que los intelectuales hablen demasiado, porque para mí no existen. Pero encuentro que el discurso sobre los intelectuales es muy absorbente y no demasiado tranquilizador.[1]

Estas declaraciones condensan algunas de las líneas que han orientado este libro. En concreto, apuntan a la idea de que se puede estudiar al intelectual a través de los discursos que se han construido sobre su figura; es decir, analizar lo que ha dicho esa *gente que habla del intelectual* a la que se refirió Foucault. Y, al mismo tiempo, que este enfoque nos puede enseñar mucho acerca de una sociedad o una etapa histórica concretas, a la vez que nos permite orillar la difícil cuestión de establecer qué es y qué no es un intelectual. Lo ha apuntado recientemente Paul Aubert al reflexionar sobre los nuevos caminos que se abren en el estudio de los intelectuales: «Puede ser útil dejar de querer definir lo que es o no es un intelectual (lo cual no tiene sentido, pues es una cuestión de nunca acabar) para interesarse por su cultura o su práctica social».[2] O también, como hemos venido viendo, interesarse por los propios debates acerca de qué se denota con esta palabra.

Este enfoque nos ha permitido alcanzar algunas conclusiones generales. Se pueden sintetizar en doce puntos:

1. La palabra *intelectual*, utilizada como sustantivo, empieza a usarse en español a finales de la década de 1880 (como tarde). Esto no parece haberse debido a ningún acontecimiento concreto: precede tanto a la polémica por los presos anarquistas de Montjuic como a la movilización en torno al caso Dreyfus en Francia. No hubo un «nacimiento de los intelectuales» en el sentido de una conmoción que provocara una toma de conciencia colectiva, sino un cambio semántico cuyos contornos aún necesitan más investigación.

2. La palabra ha sido siempre polisémica. Es más, a lo largo de las décadas han sido frecuentes las dudas y reflexiones acerca de su correcto significado. Los sentidos dominantes han sido el sociológico, el cultural y el subjetivo identificados por Collini, pero muchos autores han propuesto definiciones centradas en la función social del intelectual, sus deberes morales, su comportamiento político o sus rasgos de personalidad. Estos intentos de definición han actuado en ocasiones como formas de legitimar (o deslegitimar) proyectos ideológicos, sensibilidades políticas o incluso figuras concretas. Ha sido frecuente mezclar la descripción

(lo que el intelectual *es*) con la prescripción (lo que un autor concreto piensa que *debería ser*). Esto ha ocurrido sobre todo en los numerosos intentos de distinguir entre *verdaderos* y *falsos* (o *pseudo-*) intelectuales.

3. Pese a su rápida consolidación, el uso del sustantivo *intelectual* generó cierta incomodidad. Hasta los años cuarenta fue frecuente escribirlo entre comillas y emplear sintagmas como *los llamados intelectuales* o *los presuntos intelectuales*. Especialmente notable ha sido la reticencia a utilizar aquella palabra para referirse a uno mismo, aunque existieron diferencias en esto dependiendo de la etapa histórica. En concreto, el uso en primera persona fue infrecuente entre 1890 y 1920, se volvió mucho más común desde los años de la dictadura de Primo de Rivera hasta los de la Transición y volvió a ser muy infrecuente en las últimas décadas del siglo xx y las primeras del xxi.

4. La polisemia de la palabra no ha impedido la consolidación de poderosos y longevos discursos sobre los intelectuales. Estos han reciclado muchos elementos de tradiciones anteriores: por ejemplo, el discurso clerical sobre la Ilustración, o el menendezpelayista acerca del krausismo y la Institución Libre de Enseñanza. También se han adaptado elementos de otros países, como el discurso francés sobre el *intelectual comprometido*, o el de la *muerte del intelectual*. Pero ha habido igualmente discursos centrados en la relación entre los intelectuales y cuestiones específicas de la historia española. Los más relevantes han abordado su papel durante la Segunda República, la Guerra Civil de 1936-1939 y la dictadura franquista, su relación con el pasado imperial y con la *leyenda negra*, así como su actitud, durante la etapa democrática, ante el terrorismo de ETA y ante los gobiernos liderados por el PSOE.

5. Como ha ocurrido en la mayoría de los países occidentales, el discurso antiintelectual ha tenido una fuerte presencia en España. Ha arraigado, además, en sectores políticos y sociales muy distintos. Existe una tradición antiintelectual conservadora (influida, sobre todo en la primera mitad del siglo xx, por el clericalismo), pero también hay una socialista, otra comunista, otra anarquista… Generalmente, estos discursos han denunciado el *silencio* o la *traición* de los intelectuales y han postulado que ejercen una influencia social nociva, señalándolos incluso como responsables de grandes cambios sociales y políticos.

6. Pese a su transversalidad ideológica, los discursos antiintelectuales también han tenido una fuerte relación con las divisiones izquierda-derecha. En sectores tradicionalistas, conservadores y liberales ha sido frecuente identificar a *los intelectuales* con la izquierda; pero también ha habido muchos autores socialistas y comunistas que han denunciado su *complicidad* con el sistema, su *aburguesamiento* o su *derechización*. El régimen franquista insistió especialmente en identificar a *los intelectuales* con la izquierda, e integró aquello en su relato acerca de lo que había ocurrido en la Segunda República, las causas de la Guerra Civil y la razón de ser del nuevo Estado.

7. Los discursos sobre el intelectual han tenido una relación importante con los discursos de género, y en concreto con determinados ideales de masculinidad y feminidad. Desde el principio se entendió que el intelectual era varón, aunque en muchas ocasiones se le acusara de tener una masculinidad defectuosa o insuficiente. Por otra parte, la palabra se aplicó históricamente a las mujeres para señalar algún tipo de desviación de género. Durante la primera mitad del siglo xx, sobre

todo, *la intelectual* fue presentada como una mujer poco femenina, e incluso como una amenaza para la masculinidad del varón. Estas connotaciones solo desaparecieron a partir de los años ochenta, cuando se normalizó el uso de la palabra para referirse a mujeres.

8. Si en Reino Unido, como identificó Collini, ha habido una *tesis de la ausencia* (la idea de que en aquel país nunca ha habido verdaderos intelectuales), en España ha habido una *tesis de la inferioridad*: los intelectuales españoles han existido, pero por diversas razones han sido menos interesantes, originales e influyentes que los de otros países. Y, especialmente, han sido inferiores en comparación con los franceses. En ocasiones esta inferioridad ha sido achacada al escaso talento de los propios intelectuales; en otras ocasiones ha sido tomada como una muestra de los defectos históricos de la cultura, la sociedad y la política españolas. Ortega y Gasset fue uno de los principales defensores de esta perspectiva, que reciclaba ideas decimonónicas acerca de la inferioridad cultural española en comparación con el resto de Europa occidental. La identificación de la figura del intelectual con Francia también animó, dentro del discurso conservador, la acusación de que los intelectuales eran *extranjerizantes* y estaban poco conectados con la tradición nacional.

9. Ha sido frecuente, además, segmentar a la intelectualidad española según su lengua y región. La distinción más frecuente, y que encontramos a lo largo de todo el siglo XX, es la que se establece entre los intelectuales que residen en Madrid y los que residen en Barcelona. Esto también ha dado pie a discursos sobre los rasgos de la *intelectualidad catalana* en comparación con la *madrileña* o *castellana*. En la segunda mitad del siglo XX también surgieron discursos acerca de la intelectualidad

vasca, especialmente con relación al movimiento nacionalista y al terrorismo de ETA.

10. El sustantivo *intelectual* se proyectó desde el comienzo sobre autores que vivieron mucho antes de que la propia palabra se consolidara. Esto ha influido en las valoraciones que se han realizado de figuras de la Antigüedad grecorromana, el Renacimiento o la Ilustración. Los intentos de definir al intelectual o de explicar su acción en la historia no se han limitado a autores del siglo xx, sino que han incluido a personajes como Platón, Cicerón, Galileo, Montaigne, Rousseau, etc. En ocasiones, esto ha llevado a señalar que los intelectuales surgidos a partir de 1890 son los primeros intelectuales solamente «en el sentido moderno».

11. A la altura de 1920 se consolidó la idea de que, en España, quienes han encarnado de manera más pura la figura del intelectual han sido José Ortega y Gasset y Miguel de Unamuno. Esto ha continuado hasta nuestros días. La identificación ha sido tan fuerte que muchas veces se ha tomado el comportamiento de Ortega y de Unamuno como prototípico del intelectual español. También está muy consolidada la idea de que los intelectuales tuvieron su mayor influencia y visibilidad durante los años de la Segunda República; y también, aunque en menor medida, durante los quince últimos años de la dictadura franquista.

12. Desde mediados del siglo xx se ha argumentado que el intelectual se encuentra en crisis, en declive o incluso al borde de la extinción (cuando no, directamente, *muerto*). En esto resultaron influyentes tanto los discursos sobre *la muerte del intelectual* procedentes de Francia y de Estados Unidos como cuestiones endógenas, siendo especialmente destacado el tránsito de la dictadura franquista a una sociedad democrática. En las primeras

décadas del siglo XXI, este discurso ha sido desplazado (aunque no completamente sustituido) por otro que denuncia las carencias o las traiciones de los intelectuales; carencias y traiciones que guardarían relación con la crisis económica, política y social iniciada en 2008.

En cuanto al futuro, es fácil suponer que seguiremos viendo tanto continuidades en lo que se dice sobre los intelectuales como nuevos discursos ligados a acontecimientos o procesos concretos. En 2020-2021, por ejemplo, se produjeron varias reflexiones (a menudo críticas) sobre el papel de los intelectuales a la hora de predecir cómo sería el mundo posterior a la crisis global de la COVID-19. No me cabe duda alguna de que los españoles de las próximas décadas encontrarán el discurso sobre los intelectuales tan «absorbente» como lo encontró Foucault. Y que, al participar en estos debates, también estarán diciendo mucho acerca de sí mismos. A menudo, hablar sobre los intelectuales ha sido otra manera de hablar de una España y un tiempo concretos. Nada impide que sigamos haciéndolo.

AGRADECIMIENTOS

Allá por 2012, Alison Sinclair y Stefan Collini me ayudaron a perfilar el proyecto que —once años y muchas vueltas de la vida después— ha culminado en este libro. En una fase posterior del proceso, Javier Muñoz Soro y Javier Zamora Bonilla fueron muy generosos con su tiempo y sus conocimientos. Miguel Aguilar y Elena Martínez Bavière confiaron en este trabajo, lo mejoraron con sus sugerencias y fueron maravillosamente pacientes con su autor.

Durante la larga gestación de este libro he pasado por la University of Manchester, la Universidad Camilo José Cela y ahora la Universidad Complutense: en las tres he tenido directores de departamento y compañeros que me ayudaron a avanzar en mi investigación. Una parte considerable de la misma se desarrolló gracias a una ayuda Juan de la Cierva concedida por el Ministerio de Ciencia e Innovación del Gobierno de España. Mi investigador-tutor durante aquella ayuda, Javier Moreno Luzón, ha sido para mí una figura realmente providencial. A lo largo de los años también he aprendido mucho de Stephen G. H. Roberts, Carlos Hernández Quero, Maximiliano Fuentes Codera, Javier Rodrigo, Sergio Vidal, Leticia Villamediana, Ferran Archilés, Gonzalo Velasco, Luis Castellví, Marta Pérez-Carbonell, Chris Perriam, Luis G. Martínez del Campo y otros investigadores con los que he ido comentando las ideas que se han recogido aquí. Luego están todos los autores a los que no he conocido, como E. Inman Fox, Victor Ouimette, Genoveva García Queipo de Llano, Paul Aubert y tantos otros sin cuyos trabajos no habría podido escribir este libro; las referencias a sus obras a lo largo del mismo dan fe de mi deuda con ellos. Aunque ninguna deuda es tan grande como la que tengo con mi familia, que está presente en todo lo que hago y escribo.

A todas estas personas, y a todas las demás a las que haya dado la vara a lo largo de los años con mi proyecto sobre los intelectuales: gracias, gracias y más gracias.

Versiones preliminares de algunos capítulos o secciones de este libro fueron publicadas en *Historia y Política* («La palabra ambigua. Los discursos sobre el intelectual en España, 1889-1914», 43 [2020]) y en *Hispanic Research Journal* («What is an Intellectual? The Spanish Debate During the First World War», 15:6 [2014]). También fueron presentadas en los congresos anuales de la Association of Hispanists of Great Britain and Ireland (2012 y 2015) y la Association for Spanish and Portuguese Historical Studies (2019), así como en el seminario de posgrado del Department of Spanish and Portuguese de la University of Cambridge, el seminario de investigación del Departamento de Filología Catalana y Lingüística General de la Universitat de les Illes Balears y el Seminario de Historia de la Fundación Ortega y Gasset-Gregorio Marañón. Por tanto, muchas gracias también a todos los editores, lectores, comentaristas, organizadores y participantes que ayudaron a mejorar esas versiones iniciales.

NOTAS

INTRODUCCIÓN

1 Miguel de Unamuno, «¿Quiénes son los intelectuales?», *Nuevo Mundo*, 13 de julio de 1905.

2 José Ortega y Gasset, «El recato socialista», *El Imparcial*, 2 de septiembre de 1908.

3 Stefan Collini, *Absent Minds. Intellectuals in Britain*, Oxford, Oxford University Press, 2006, pp. 45-52.

4 *Ibid.*, p. 47. En el original: «Are regarded as possessing some kind of 'cultural authority', that is, who deploy an acknowledged intellectual position or achievement in addressing a broader, non-specialist public». Al no existir traducción al castellano de esta obra, todas las traducciones de fragmentos de la misma son mías.

5 Las perspectivas y los trabajos citados están comentados en detalle en François Dosse, *La marcha de las ideas: historia de los intelectuales, historia intelectual*, Valencia, Universitat de Valencia, 2007, pp. 99-126. También en Josep Picó y Juan Pecourt, «El estudio de los intelectuales: una reflexión», *Revista Española de Investigaciones Sociológicas*, n.º 123 (2008), pp. 35-58; Gisele Sapiro, «Modelos de implicación política de los intelectuales: el caso francés», en Maximiliano Fuentes Codera y Ferran Archilés, eds., *Ideas comprometidas. Los intelectuales y la política*, Madrid, Akal, 2018, pp. 19-56;

Pascal Ory y J. F. Sirinelli, *Les intellectuels en France: de l'affaire Dreyfys à nos jours. 2e éd. mise à jour*, París, A. Colin, 1992.

6   Véase Paul Johnson, *Intelectuales*, Madrid, Homolegens, 2008.

7   Dosse, *La marcha de las ideas, op. cit.*, p. 34. Reflexiones similares, aplicadas al caso español, en Francisco Morente, «La historia de los intelectuales durante el franquismo: un ensayo bibliográfico», *Bulletin d'Histoire Contemporaine de l'Espagne*, n.º 50 (2016), pp. 163-194.

8   Reinhart Koselleck, *Futuro pasado. Para una semántica de los tiempos históricos*, Barcelona, Paidós, 1993; «Un texto fundacional de Reinhart Koselleck: introducción al Diccionario Histórico de Conceptos Político-Sociales Básicos en Lengua Alemana», *Anthropos*, n.º 223 (2009), pp. 92-105; *Historias de conceptos. Estudios sobre semántica y pragmática del lenguaje político y social*, Madrid, Trotta, 2012; Quentin Skinner, «Meaning and understanding in the history of ideas», *History and Theory*, n.º 8 (1969), pp. 3-53; Terence Ball, «Conceptual history and the history of political thought», en I. Hampsher-Monk, Tilmans, K. y F. van Vree, coords., *History of concepts: Comparative perspectives*, Ámsterdam, Amsterdam University Press, 1998, pp. 75-86.

9   Azorín, «Más sobre los intelectuales», *ABC*, 2 de enero de 1911.

10 E. Inman Fox, «El año 1898 y el origen de los "intelectuales"», en José Luis Abellán, ed., *La crisis de fin de siglo: ideología y cultura*, Barcelona, Ariel, 1975, p. 17.

11 Paul Aubert, «Los intelectuales y la Segunda República», *Ayer*, n.º 40 (2000), p. 109.

12 Joan Fuster, «El odio al intelectual», *La Vanguardia*, 4 de agosto de 1977.

13 Fernando Savater, «Los intelectuales y la afición», *El País*, 25 de julio de 1994.

14 *El País*, 13 de febrero de 1987; citado en Álex Grijelmo, *La seducción de las palabras*, Madrid, Punto de Lectura, 2007, pp. 281-282.

CAPÍTULO 1. EN EL PRINCIPIO FUE LA AMBIGÜEDAD (1889-1914)

1   José Echegaray, «Las últimas rosquillas; apuntes para un cuento», *El Liberal,* 16 de mayo de 1897.

2   La aparición y consolidación de la palabra en Fox, «El año 1898 y el origen de los intelectuales», *op. cit.* Sobre la importancia del periodo, véase Paul Aubert, «Elitismo y antiintelectualismo en la España del primer tercio del siglo xx», *Espacio, Tiempo y Forma, Serie V, Historia Contemporánea,* n.º 6 (1993), pp. 109-138; Victor Ouimette, *Los intelectuales españoles y el naufragio del liberalismo (1923-1936),* Valencia, Pre-Textos, 1998; y José-Carlos Mainer, «En torno al 98: La fragua de los intelectuales», en J. Molas, ed., *1898: entre la crisi d'identitat y la modernització,* Barcelona, Publicacions de l'Abadia de Montserrat, 2000, pp. 303-320. Una comparación histórica de los modelos de distintos países, en Picó y Pecourt, *Los intelectuales nunca mueren: una aproximación sociohistórica (1900-2000),* Barcelona, RBA, 2013. La creación del intelectual como proceso que arranca con la Ilustración, en Carlos Serrano, «El nacimiento de los intelectuales: algunos replanteamientos», *Ayer,* n.º 40 (2000), pp. 11-24. Un planteamiento similar, pero vinculado al auge de la burguesía, en Francisco Villacorta Baños, *Burguesía y cultura: los intelectuales españoles en la sociedad liberal, 1808-1931,* Madrid, Siglo XXI, 1980. Los intelectuales españoles y los procesos de construcción nacional, en Javier Varela, *La novela de España: los intelectuales y el problema español,* Madrid, Taurus, 1999; Santos Juliá, *Historias de las dos Españas,* Madrid, Taurus, 2004; José Álvarez Junco, *Mater dolorosa: la idea de España en el siglo XIX,* Madrid, Taurus, 2001; J. C. Sánchez Illán, *La nación inacabada: los intelectuales y el proceso de construcción nacional (1900-1914),* Madrid, Biblioteca Nueva, 2002; E. Inman Fox, *La invención de España: nacionalismo liberal e identidad nacional,* Madrid, Cátedra, 1997. Los

intelectuales como figuras ligadas a la nueva sociedad de masas, en Eric Storm, «Los guías de la nación: el nacimiento del intelectual en su contexto internacional», *Historia y Política*, n.º 8 (2002), pp. 39-56. Las dos generaciones, en Vicente Cacho Viu, *Repensar el 98*, Madrid, Biblioteca Nueva, 1997; y Manuel Menéndez Alzamora, *La generación del 14: una aventura intelectual*, Madrid, Siglo XXI, 2006. La intelectualidad catalana, en Jordi Casassas, ed., *Els intel·lectuals i el poder a Catalunya*, Barcelona, Pòrtic, 1999; *Premsa cultural i intervenció política dels intel·lectuals a la Catalunya contemporània (1814-1975)*, Barcelona, Universitat de Barcelona, 2005; *La fàbrica de les idees: política i cultura a la Catalunya del segle XX*, Barcelona, Afers, 2009. También son relevantes algunos trabajos sobre aquellas figuras sobre las que más se ha proyectado la palabra *intelectual*, como Stephen G. H. Roberts, *Miguel de Unamuno o la creación del intelectual español moderno*, Salamanca, Ediciones Universidad de Salamanca, 2007; Javier Zamora Bonilla, *Ortega y Gasset*, Barcelona, Plaza y Janés, 2002; y Pedro Carlos González Cuevas, *Maeztu: Biografía de un nacionalista español*, Madrid, Marcial Pons, 2003.

3   En el momento de preparación de este libro, el Nuevo Diccionario Histórico del Español (NDHE) no cuenta todavía con una entrada correspondiente a la palabra *intelectual*. Por otro lado, las obras contenidas en el Corpus Diacrónico del Español (CORDE) no muestran usos de *intelectual* como sustantivo hasta varios años después de los primeros registros que recojo en este capítulo. A cambio, el Nuevo Tesoro Lexicográfico de la Lengua Española (NTLLE) y la Hemeroteca Digital de la Biblioteca Nacional de España suponen recursos muy valiosos para el tipo de investigación que se plantea aquí.

4   Información extraída de los registros del Nuevo Tesoro Lexicográfico de la Lengua Española: <https://www.rae.es/

obras-academicas/diccionarios/nuevo-tesoro-lexicogra
fico-0>. Los cambios en las acepciones del DRAE han sido
abordados en Javier Zamora Bonilla, «Los intelectuales», en
Manuel Álvarez Tardío y Fernando del Rey, eds., *El laberinto republicano*, Madrid, RBA, 2012.

5 Estas definiciones se mantendrían inalteradas en los diccionarios de la RAE hasta finales del siglo xx. En la edición
de 1989, *intelectualidad* pasó a definirse como «Conjunto de
los intelectuales de un país, región, etcétera», en la de 1992
la tercera acepción de *intelectual* cambió el «Utilizado también como sustantivo» a «Utilizado más como sustantivo».

6 Véase Dolores Gómez Molleda, *El socialismo español y los
intelectuales*, Salamanca, Universidad de Salamanca, 1980.

7 Fox, «El año 1898 y el origen de los intelectuales», *op. cit.*,
p. 21.

8 K. Brera, «Ecos de Cuba», *El Correo Militar*, 7 de octubre
de 1889.

9 E. C., «Isla de Cuba. El bandolerismo», *El Correo Militar*,
30 de septiembre de 1890.

10 «En pro de los periodistas», *El País*, 26 de septiembre de
1893.

11 Rafael Pérez de la Dehesa, «Los escritores españoles ante el
proceso de Montjuich», en C. H. Magis, coord., *Actas del
Tercer Congreso Internacional de Hispanistas*, México, El Colegio de México, 1970, p. 688.

12 Gómez Molleda, *El socialismo español, op. cit.*, pp. 202, 213,
316; Echegaray, «Las últimas rosquillas; apuntes para un
cuento», *El Liberal*, 16 de mayo de 1897.

13 Por ejemplo, «La destitución de Unamuno», *El País*, 17 de
septiembre de 1914.

14 Ramiro de Maeztu, *Artículos desconocidos*, Madrid, Castalia,
1977, p. 125; Aubert, «Elitismo y antiintelectualismo»,
op. cit.; Fructidor, «Los intelectuales», *Tierra y Libertad*, 25
de enero de 1911.

15 Unamuno, «La vida es sueño», *La España Moderna*, noviembre de 1898; «En torno al mitin», *La República de las Letras*, 15 de julio de 1905; Ortega y Gasset, «El recato socialista», 2 de septiembre de 1908; Fructidor, «Los intelectuales», *op. cit.*; Ortega y Gasset, «La destitución de Unamuno», *op. cit.*

16 Ory y Sirinelli, *Les intellectuels*, *op. cit.*, pp. 5-8, 13-20.

17 Citado en Ouimette, *Los intelectuales españoles*, *op. cit.*, p. 58.

18 Rhian Davies, *La España Moderna and Regeneración: A Cultural Review in Restoration Spain, 1889-1914*, Manchester, Manchester University Press, 2000, p. 94; Miguel de Unamuno, «La vida es sueño», *op. cit.*; «Intelectualidad y espiritualidad», *La España Moderna*, marzo de 1904.

19 Nerea Aresti, *Masculinidades en tela de juicio: hombre y género en el primer tercio del siglo XX*, Madrid, Cátedra, 2010, p. 22.

20 Ortega y Gasset, *Obras completas. Tomo I*, Madrid, Revista de Occidente, 1966, p. 310.

21 Ramón Gómez de la Serna, *Azorín*, Madrid, 1930, pp. 197-201; Rogelio Alonso, *Intelectuales en crisis. Pío Baroja, militante radical (1905-1911)*, Alicante, Instituto de Estudios Juan Gil-Albert, 1985, pp. 195-224, 26.

22 Ortega y Gasset, «Competencia. I» y «Competencia. II», *El Imparcial*, 8 y 9 de febrero de 1913. Azorín, «La Generación de 1898», *ABC*, 10, 13, 15 y 18 de febrero de 1913.

23 Un ejemplo, en Aubert, «Elitismo y antiintelectualismo», *op. cit.*, p. 111.

24 Unamuno, «¿Quiénes son los intelectuales?», *Nuevo Mundo*, 13 de julio 1905; Azorín, «Más sobre los intelectuales», *ABC*, 2 de enero de 1911.

25 José Verdes Montenegro, «Gabriel D'annunzio», *Germinal*, 9 de julio de 1897; Maeztu, *Artículos desconocidos*, *op. cit.*, pp. 72-73. Véase también Azorín, «Los intelectuales», *ABC*, 28 de marzo de 1906. Para la influencia de Nietzsche en España, véase Gonzalo Sobejano, *Nietzsche en España*, Madrid, Gredos, 2004.

26 Gómez Molleda, *El socialismo español, op. cit.*, p. 394.

27 Ortega y Gasset, «Reforma del carácter, no reforma de las costumbres», *El Imparcial*, 5 de octubre de 1907; «Sobre la pequeña filosofía», *El Imparcial*, 13 de abril de 1908; Maeztu, *La revolución y los intelectuales*, Madrid, Bernardo Rodríguez, 1911, p. 43; Luis Araquistáin, «Agitación obrera y crisis del parlamentarismo», *El Liberal*, 27 de mayo de 1912. Véase también Pío Baroja, «La labor común», *El Socialista*, 1 de mayo de 1908.

28 Azorín, «Los intelectuales», *ABC*, 27 de diciembre de 1910.

29 Araújo, «Los intelectuales y su papel social», *La España Moderna*, marzo de 1908.

30 Azorín, «Los intelectuales», *op. cit.*; Josep Torras i Bages, *Obres completes. Vol. 5*, Barcelona, Publicacions de l'Abadia de Montserrat, 1988, p. 189. Las citas de este último autor han sido traducidas del catalán; el original reza: «Els nostres intel·lectuals [...] són com els *acadèmics* contra els quals escriví Sant Agustí».

31 Ortega y Gasset, «El recato socialista», *op. cit.*; Antonio Machado, «Divagaciones (En torno al último libro de Unamuno)», *La Republica de las Letras*, 9 de agosto de 1905 (reproducido en G. W. Ribbans, «Unamuno and Antonio Machado», *Bulletin of Hispanic Studies*, vol. 34, n.º 1 (1957), pp. 10-28).

32 Araújo, «Higiene. El alimento de los intelectuales», *La España Moderna*, mayo de 1907.

33 Richard Cleminson y Francisco Vázquez, *Los invisibles: una historia de la homosexualidad masculina en España, 1850-1939*, Granada, Comares, 2011, p. 65; Daniel Pick, *Faces of degeneration: a European disorder, c1848-c1918*, Cambridge, Cambridge University Press, 1993; Daniel Lindenberg, «Figures et rhétorique de l'antiintellectualisme», *Mil Neuf Cent*, n.º 15 (1997), p. 9; Pompeyo Gener, *Literaturas malsanas: estudios de patología literaria contemporánea*, Madrid, Fernando

Fe, 1894, pp. 187-188; Rafael Altamira, *Fatalidad*, Madrid, Ricardo Fe, 1894, pp. 32-33; Gómez Molleda, *El socialismo español, op. cit.*, p. 213.

34 Isabel Burdiel, «La construcción de la "Gran Mujer de Letras Española": los desafíos de Emilia Pardo Bazán (1851-1921)», en Isabel Burdiel y R. Foster, eds., *La historia biográfica en Europa: nuevas perspectivas*, Zaragoza, Institución Fernando el Católico, 2015, p. 370.

35 Nerea Aresti, *Médicos, donjuanes y mujeres modernas: los ideales de feminidad y masculinidad en el primer tercio del siglo XX*, Bilbao, Universidad del País Vasco, 2001; *Masculinidades en tela de juicio: hombre y género en el primer tercio del siglo XX*, Madrid, Cátedra, 2010; Dolores Ramos, «La construcción cultural de la feminidad en España: desde el fin del siglo XIX a los locos y politizados años veinte y treinta», en Mary Nash, ed., *Feminidades y masculinidades: arquetipos y prácticas de género*, Madrid, Alianza, 2014, pp. 21-46; Darina Martykánová, «Los pueblos viriles y el yugo del caballero español. La virilidad como problema nacional en el regeneracionismo español (1890s-1910s)», *Cuadernos de Historia Contemporánea*, n.º 39 (2017), pp. 19-37.

36 Jesús Cruz, *El surgimiento de la cultura burguesa. Personas, hogares y ciudades en la España del siglo XIX*, Madrid, Siglo XXI, 2014, pp. 339-340; María Sierra, «Entre emociones y política: la historia cruzada de la virilidad romántica», *Rubrica Contemporanea*, vol. 4, n.º 7 (2015), pp. 11-25; Maitane Ostolaza, «Género, religión y educación en la España contemporánea: estado de la cuestión y perspectivas historiográficas», en Inmaculada Blasco Herranz, coord., *Mujeres, hombres y catolicismo en la España contemporánea*, Valencia, Tirant Humanidades, 2018, pp. 47-68; Juan Pedro Gabino, «In principio erat Verbum: el léxico caracterizador de la letraherida o la mujer anda en lenguas», en Pura Fernández y M. L. Ortega, coords., *La mujer de letras o la «letraherida»:*

discursos y representaciones sobre la mujer escritora en el siglo XIX, Madrid, Centro Superior de Investigaciones Científicas, 2008, pp. 17-32; Roberto Nóvoa Santos, *La indigencia espiritual del sexo femenino*, Valencia, F. Sempere, 1908, p. 128.

37 Pura Fernández, «Introducción», en Fernández y Ortega, *La mujer de letras o la «letraherida»*, *op. cit.*, p. 10; Cleminson y Vázquez, *Los invisibles*, *op. cit.*, p. 65; Nóvoa Santos, *La indigencia espiritual*, *op. cit.*, p. 98.

38 Concepción Gimeno de Flaquer, *La mujer intelectual*, Madrid, Imp. del Asilo de Huérfanos del Sagrado Corazón de Jesús, 1901, p. 16.

39 Luis Buceta Mera, *Las intelectuales: Sainete en un acto*, Madrid, Regino Velasco, 1914, pp. 10 y 13.

40 Ramos, «La construcción cultural de la feminidad», *op. cit.*

41 Nóvoa Santos, *La indigencia espiritual*, *op. cit.*, p. 124.

42 Buceta, *Las intelectuales*, *op. cit.*, pp. 12, 22 y 29.

43 Maeztu, «Sufraguitas y antisufraguitas», *La Correspondencia de España*, 2 de marzo de 1907.

44 Amalia Martín-Gamero, *Antología del feminismo*, Madrid, Alianza, 1975, p. 182.

45 Begoña Sáez, «Críticos, críticas y criticadas: el discurso crítico ante la mujer de letras», en Fernández y Ortega, *La mujer de letras o la «letraherida»*, *op. cit.*, p. 41.

46 Gimeno de Flaquer, *La mujer intelectual*, *op. cit.*, p. 9.

47 Lindenberg, «Figures et rhétorique de l'antiintellectualisme», *op. cit.*

48 Araújo, «Los intelectuales y su papel social», *op. cit.*

49 Ramón Pérez de Ayala, *Troteras y danzaderas*, Madrid, Renacimiento, 1912, p. 271.

50 Azorín, «Los intelectuales», *ABC*, 27 de diciembre de 1910.

51 *El Socialista*, 7 de julio de 1905.

52 Javier Zamora Bonilla, «Fernando de los Ríos o las insuficiencias del socialismo democrático español», en Marcela García Sebastiani y Fernando del Rey, eds., *Los desafíos de la*

libertad: transformación y crisis del liberalismo en Europa y América Latina, pp. 395-432; Enrique Cabrero Blasco, «1912-1916: la conferencia *Vieja y nueva política* en el contexto del Partido Reformista», *Revista de Estudios Orteguianos*, n.º 24 (2012), pp. 33-82.

53 Soler, «Intelectuales a sueldo», *Tierra y Liberad*, 20 de marzo de 1912.

54 Álvarez Angulo, «La Joven España. Verdades amargas», *España Libre*, 22 de mayo de 1911.

55 Gómez Molleda, *El socialismo español*, *op. cit.*, p. 100; Maeztu, *Artículos desconocidos*, *op. cit.*, p. 57.

56 «IX Congreso del Partido Socialista Obrero», *El Socialista*, 4 de octubre de 1912; Julián Besteiro, «El Congreso socialista español y la sacra familia», *Vida socialista*, 29 de septiembre de 1912.

57 Alonso, *Intelectuales en crisis*, *op. cit.*, pp. 271-272.

58 Gómez Molleda, *El socialismo español*, *op. cit.*, p. 111; Villacorta Baños, *Burguesía y cultura*, pp. 216-219.

59 Pío Baroja, *Aurora roja* (1904), Madrid, Caro Raggio, 1918, pp. 263-266.

60 Aubert, «Elitismo y antiintelectualismo», *op. cit.*, p. 121.

61 Torras i Bages, *Obres completes*, *op. cit.*, pp. 175-177. En el original: «La vanitat dels que a si mateixos s'anomenen Intel·lectuals es insuportable. Ignoren el misteri de la vida, i volen passar per mestres de la vida humana; [...] Són enemics de la fórmula, [...] i la nostra fórmula és la santa fe catòlica». «La modèstia de la nostra vida cristiana contrasta amb la ufana dels nostres intel·lectuals. Ells tot ho remenen, cel i terra; els cristians ens acontentem, Jesucrist s'acontentà amb la societat existent»; «La iglésia dels intel·lectuals és la Babilònia de la confusió».

62 Julián Juderías, *La leyenda negra y la verdad histórica: contribución al estudio del concepto de España en Europa* (1914), Salamanca, Junta de Castilla y León, 1997, pp. 293 y 212-213.

63 Vincent Duclert, «Anti-intellectualisme et intellectuels pendant l'affaire Dreyfus», *Mil Neuf Cent*, n.º 15 (1997), pp. 71-77.

64 Ortega y Gasset, *Obras Completas*, *op. cit.*, p. 301.

65 Gómez Molleda, *El socialismo español*, *op. cit.*, p. 387.

66 Maeztu, *La revolución y los intelectuales*, *op. cit.*, p. 30; Ortega y Gasset, «La conservación de la cultura», *Faro*, 8 de marzo de 1908.

67 Maeztu, *Artículos desconocidos*, p. 97; Ortega y Gasset, «El recato socialista», *op. cit.*

68 Citado en Ouimette, *Los intelectuales españoles*, *op. cit.*, p. 60.

69 También en la historiografía, como señalan Ferran Archilés y Maximiliano Fuentes Codera en *Ideas comprometidas*, *op. cit.*, p. 5.

70 Fox, «El año 1898 y el origen de los intelectuales», *op. cit.*, p. 20; Alonso, *Intelectuales en crisis*, *op. cit.*, pp. 66 y 183; *El País*, 21 de febrero de 1906; Collini, *Absent Minds*, *op. cit.*, p. 5.

71 Lucas Mallada, *Los males de la patria y la futura revolución española*, Madrid, Manuel Ginés Hernández, 1890, p. 27.

72 Sánchez Illán, *La nación inacabada*, *op. cit.*, p. 30.

73 Citado en Amando de Miguel, *Los intelectuales bonitos*, Barcelona, Planeta, 1980, p. 197.

74 Maeztu, «El optimismo de Cataluña», *La Correspondencia de España*, 1 de mayo de 1907.

75 «En la casa del Pueblo. Conferencia de Pío Baroja», *El Liberal*, 26 de marzo de 1910. La conferencia en cuestión está recogida en *Divagaciones apasionadas* (1924).

76 Sobre esto decía Maeztu a Ortega en una carta: «De lo que esta lucha interior ha significado no puede Ud. formarse idea. Momento ha habido en que nuestra actitud ha costado el ostracismo a nuestras familias y a nosotros mismos. Pero nuestra actitud ha salvado el honor del País Vasco». Carta fechada en septiembre de 1908, correspondencia Maeztu-Ortega, Fundación Ortega-Marañón.

77 *El Imparcial,* 14 de septiembre de 1901; recogido en Maeztu, *Artículos desconocidos, op. cit.,* p. 169.

78 *Las Noticias,* 29 de septiembre de 1899; recogido en Maeztu, *Artículos desconocidos, op. cit.,* p. 144.

CAPÍTULO 2. LA EDAD DE ORO (1914-1936)

1 Aubert, «Elitismo y antiintelectualismo», *op. cit.,* pp. 112 y 121. Véase también, del mismo autor, *La frustration de l'intellectuel libéral. Espagne, 1898-1936,* Cabris, Sulliver, 2010; «El papel de los intelectuales», en C. Serrano y S. Salaün, eds., *Los felices años veinte,* Madrid, Marcial Pons, 2006, pp. 113-134. Otras versiones de la tesis del «punto álgido», en Picó y Pecourt, *Los intelectuales nunca mueren, op. cit.,* p. 264; Genoveva García Queipo de Llano, *Los intelectuales y la dictadura de Primo de Rivera,* Madrid, Alianza, 1987, p. 12; Javier Tusell y Genoveva García Queipo de Llano, *Los intelectuales y la República,* Madrid, Nerea, 1990, p. 10.

2 Zamora Bonilla, «Los intelectuales», *op. cit.,* p. 389.

3 Picó y Pecourt, *Los intelectuales nunca mueren, op. cit.,* p. 264.

4 Pedro Carlos González Cuevas, «Maeztu y Ortega: dos intelectuales ante la crisis de la Restauración», en Guadalupe Gómez-Ferrer y Raquel Sánchez García, eds., *Modernizar España: proyectos de reforma y apertura internacional (1898-1914),* Madrid, Biblioteca Nueva, 2007, 231-252.

5 *La Nación* (Argentina), 7 de julio de 1932; citado en Ouimette, *Los intelectuales españoles, op. cit.*

6 Véase, por ejemplo, «Manifestaciones de Azorín», *El Sol,* 11 de febrero de 1931; Gregorio Marañón, «El porvenir de la cultura», *El Sol,* 6 de mayo de 1933; Maeztu, *Los intelectuales y un epílogo para estudiantes,* Madrid, Rialp, 1966, p. 252.

7 Jacinto Benavente, *La política y los intelectuales,* s. l., s.n., 1930; ejemplar conservado en la Biblioteca Nacional de España.

8   Ortega y Gasset, *Ensayos sobre la Generación del 98*, Madrid, Alianza, 1981, p. 228.

9   «*Voilá l'ennemi!* La dictadura necesaria», *El Liberal*, 2 de noviembre de 1921.

10 Pedro Sainz Rodríguez, *La evolución política española y el deber de los intelectuales*, Madrid, Juan Tejada, 1914, pp. 8-9.

11 Baroja, «Divagaciones de autocrítica», en *Divagaciones apasionadas*, Madrid, Caro Raggio, 1985, pp. 20-23.

12 Sobre esto hay una amplia bibliografía, que además se ha renovado con aportaciones recientes: Fernando Díaz-Plaja, *Francófilos y germanófilos. Los españoles en la guerra europea*, Barcelona, Dopesa, 1973; Gerald Meaker, «A Civil War of Words: The Ideological Impact of the First World War on Spain, 1914-1918», en Hans Schmitt, ed., *Neutral Europe Between War and Revolution, 1917-1923*, Charlottesville, The University Press of Virginia, 1988, pp. 1-65; Paul Aubert, «La propagande étrangère en Espagne dans le premier tiers du xx siècle», *Melanges de la Casa de Velázquez*, vol. 31, n.º 3 (1995), pp. 103-176; Javier Varela, «Los intelectuales españoles ante la Gran Guerra», *Claves de razón práctica*, n.º 88 (1998), pp. 27-37; Miguel Martorell Linares, «"No fue aquello solamente una guerra, fue una revolución". España y la Primera Guerra Mundial», *Historia y política*, 26 (2011), pp. 17-45; Santos Juliá, «La nueva generación: de neutrales a antigermanófilos pasando por aliadófilos», *Ayer*, n.º 91 (2013), pp. 121-144; Maximiliano Fuentes Codera, «Germanófilos y neutralistas: proyectos tradicionalistas y regeneracionistas para España (1914-1918)», *Ayer*, n.º 91 (2013), pp. 63-92. Hice una primera aproximación a los materiales tratados en esta sección en: David Jiménez Torres, «What is an Intellectual? The Spanish Debate during the First World War», *Hispanic Research Journal*, vol. 15, n.º 6 (2014), pp. 515-529.

13 *España*, 9 de julio de 1915.

14 *La Tribuna*, 18 de diciembre de 1915.

15 Antonio Goicoechea, «El prusianismo y el liberalismo francés», *Ciudadanía*, 10 de febrero de 1915.

16 *España*, 30 de septiembre de 1915 y 9 de julio de 1915; Salaverría, «El manifiesto de los intelectuales españoles», *ABC*, 12 de julio de 1915.

17 Citado en Díaz-Plaja, *Francófilos y germanófilos, op. cit.*, p. 41.

18 «Manifiesto de adhesión a las naciones aliadas», *España*, 9 de julio de 1915.

19 Maeztu, «Los intelectuales y la fuerza», *Nuevo Mundo*, 20 de julio de 1915; énfasis en el original.

20 Maximiliano Fuentes Codera, *España en la Primera Guerra Mundial. Una movilización cultural*, Madrid, Akal, 2014.

21 La pugna entre el régimen y el Ateneo, en García Queipo de Llano, *Los intelectuales y la dictadura, op. cit.*, pp. 284 y 289. Para el caso de Unamuno, véase Roberts, *Miguel de Unamuno, op. cit.*

22 El estudio más reciente y completo sobre la dictadura de Primo de Rivera es: Alejandro Quiroga, *Miguel Primo de Rivera. Dictadura, populismo y nación*, Barcelona, Crítica, 2022.

23 García Queipo de Llano, *Los intelectuales y la dictadura, op. cit.*, p. 256. También se destaca la actitud generalmente favorable de los intelectuales al pronunciamiento y el directorio, o cuando menos comprensiva, en: Francisco Villacorta Baños, «Dictadura y grupos profesionales organizados, 1923-1930», *Ayer*, n.º 40 (2000), p. 54.

24 *La Nación*, 1 de mayo de 1926; citado en Ouimette, *Los intelectuales españoles, op. cit.*, p. 25.

25 Citado en García Queipo de Llano, *Los intelectuales y la dictadura, op. cit.*, p. 287. Véase también *El Liberal* 30 de abril de 1926, citado en Ouimette, *Los intelectuales españoles, op. cit.*, p. 270.

26 *La Nación*, 1 de mayo de 1926. García Queipo de Llano, *Los intelectuales y la dictadura, op. cit.*, p. 298. *La Nación*, 6 de julio de 1926.

27 Eduardo Ortega y Gasset, *España encadenada*, París, Juan Durá, 1925, p. 258; el entrecomillado es del original.

28 «Plaga nacional», *El Debate*, 2 de julio de 1926. Véase también «Justo y popular», *El Debate*, 23 de febrero de 1924; y Salvador Minguijón, «Los "intelectuales" en la política», *El Debate*, 23 de diciembre de 1924.

29 *La Nación*, 1 de octubre de 1926.

30 *La Nación*, 5 de mayo de 1926.

31 H., «¿Quiénes son los intelectuales? ¿Dónde se encuentran?», *La Nación*, 8 de mayo de 1926.

32 Citado en García Queipo de Llano, *Los intelectuales y la dictadura*, *op. cit.*, p. 296.

33 Citado en *Ibid.*, pp. 287-288.

34 Ángel Pulido Fernández, *El Cáncer Comunista. Degeneración del socialismo y el sindicalismo*, Madrid, Núñez Samper, 1921, pp. 19-20; citado en Aubert, «Elitismo y antiintelectualismo en la España del primer tercio del siglo xx», *op. cit.*, p. 122.

35 Alcalá Galiano, «El intelectualismo revolucionario», *ABC*, 2 de octubre de 1930. Véase también Maeztu, «Los intelectuales», *El Sol*, 23 de diciembre de 1924.

36 Benavente, *La política y los intelectuales*, *op. cit.*, p. 9.

37 M. Gorki, «V. I. Lenin visto por M. Gorki», *Octubre* 4 y 5, octubre-noviembre de 1933.

38 Luis Manteiga, «Tonterías, Sinceridad», *Nosotros*, 30 de octubre de 1930.

39 Francisco Baleriola, «Atalaya. Pro frente único revolucionario», *Nosotros*, 1 de agosto de 1931.

40 García Queipo de Llano, *Los intelectuales y la dictadura*, *op. cit.*

41 Citado en *Ibid.*, pp. 274-275. El texto original no se publicó en prensa española por la censura, y la autora lo cita por el folletón publicado en *El Sol* en 1930, bajo el título *España bajo la dictadura: siete años sin ley.*

42 *El Sol*, 6 de julio de 1926.

43 César Falcón, «La dictadura española», *Repertorio America-no*, 7 de agosto de 1926; citado en Ouimette, *Los intelectuales españoles*, *op. cit.*, p. 300.

44 Unamuno, «Mi pleito personal», *Hojas Libres*, n.º 5 (1 de agosto de 1927), citado en Ouimette, *Los intelectuales españoles*, *op. cit.*, p. 210.

45 «El abrazo intelectual de Cataluña y Castilla. El doctor Marañón habla emocionado de la trascendencia del acto», *Heraldo de Madrid*, 26 de marzo de 1930.

46 Ortega, *Obras Completas. Tomo XI*, pp. 102-106.

47 «Unas declaraciones. Azorín, republicano federal», *El Sol*, 26 de febrero de 1931.

48 Citado en Ouimette, *Los intelectuales españoles*, *op. cit.*, p. 208.

49 Maeztu, *Los intelectuales y un epílogo*, *op. cit.*, pp. 29-30.

50 Azorín, «La República es de los intelectuales», *Crisol*, 4 de junio de 1931.

51 Aubert, «Los intelectuales y la II República», *op. cit.*; Zamora Bonilla, «Fernando de los Ríos», *op. cit.*

52 *El Sol*, «El catedrático y el político», 7 de agosto de 1931. Es interesante que el propio periódico, órgano de las clases liberales e ilustradas, mostraba cierto recelo ante esta nueva preeminencia de los intelectuales en la dirección del Estado: «El pecado no puede ser de más manifiesta ingenuidad. [...] No es que pongamos tacha alguna a que los catedráticos hagan política, sino a que se les entregue la política en concepto de catedráticos y no de políticos; a que se los suponga en poder de las más perfectas técnicas y de las más selectas artes para gobernar. [...] A esto es a lo que nos referimos: a que se suponga en los catedráticos la máxima preparación para entender en cuestiones de la vida pública o de los negocios privados por el hecho de dedicarse a disciplinas científicas que por su materia tienen relación con ellas. No nos parece fundada tal suposición. Por el contrario, muchas veces

el catedrático no sabe nada de la técnica particular y concreta de las organizaciones prácticas [...] y además de no saber nada puede incurrir muy fácilmente en pecado de abstracción y de dogmatismo precisamente por los modos de operar a que se halla habituado». Para *El Sol*, véase Sofía González Gómez, *La vida por un periódico. Nicolás María de Urgoiti (1869-1951) y El Sol*, Madrid, Visor, 2022.

53 *Heraldo de Madrid*, 20 de junio de 1932.

54 Ramón J. Sender, «La F.A.I., Maciá, la revolución y la CNT», *El Sol*, 5 de agosto de 1931.

55 Álvaro Alcalá Galiano, «La caída de un trono. III», *Acción española*, 1 de marzo de 1932.

56 *Id.*, «La caída de un trono. IV», *Acción española*, 16 de marzo de 1932.

57 *Ibid.*

58 Javier Reina, «Asteriscos. La rebelión de las masas», *Acción española*, 1 de junio de 1933.

59 Alcalá Galiano, «Los intelectuales, sobornados», *ABC*, 25 de febrero de 1932.

60 Santos Juliá, «Intelectuales católicos a la reconquista del Estado», *Ayer*, n.º 40 (2000), p. 81. Este autor cita como ejemplo un texto publicado en *CEDA* n.º 28, 1 de julio de 1934, firmado por Gil Robles, Serrano Suñer y otros.

61 Víctor Pradera, «Los falsos dogmas», *Acción española*, 1 de enero de 1932.

62 Juliá, «Intelectuales católicos», *op. cit.*, p. 79.

63 Rafael García y García de Castro, *Los «intelectuales» y la Iglesia*, Madrid, Fax, 1934, pp. 15 y 358.

64 Maeztu, *Los intelectuales y un epílogo*, *op. cit.*, p. 40.

65 *Ibid.*

66 Alcalá Galiano, «La caída de un trono. IV», *op. cit.*

67 Luis de Araujo-Costa, «Las tradiciones de la verdadera España en el último medio siglo», *Acción española*, 16 de febrero de 1932.

68 Citado en Juliá, «Intelectuales católicos», *op. cit.*, p. 82.

69 Pedro Carlos González Cuevas, *Acción española: teología política y nacionalismo autoritario en España*, Madrid, Tecnos, 1998; Ismael Saz, «Largas y quebradas. Trayectorias intelectuales del liberalismo al antiliberalismo en España (1898-1945)», en Archilés y Fuentes Codera, *Ideas comprometidas*, *op. cit.*, pp. 150-158.

70 «Los intelectuales y la política», *ABC*, 15 de febrero de 1935. Este editorial fue respondido por otro de *El Sol* que insistía en la vinculación intelectuales-republicanismo: «Los intelectuales y la República», *El Sol*, 17 de febrero de 1935.

71 Algunas claves de lo que se desarrolla en los siguientes párrafos, en Ismael Saz, «Largas y quebradas», *op. cit.*

72 Ramiro Ledesma Ramos, «Los intelectuales y la política», *La Conquista del Estado* n.º 5, 11 de abril de 1931.

73 José Antonio Primo de Rivera, «La hora de los enanos», *ABC*, 16 de marzo de 1931.

74 «Una encuesta sensacional. ¿Qué es la vanguardia?», *La Gaceta Literaria*, 15 de julio de 1930.

75 Citado en Gonzalo Álvarez Chillida, «Ernesto Giménez Caballero: unidad nacional y política de masas en un intelectual fascista», *Historia y Política*, n.º 24 (2010), p. 274.

76 Citado en Ouimette, *Los intelectuales españoles*, *op. cit.*, p. 39.

77 Ledesma Ramos, «Los intelectuales y la política», *La Conquista del Estado* n.º 5, 11 de abril de 1931.

78 José Antonio Primo de Rivera, «Homenaje y censura a d. José Ortega y Gasset», *Haz*, 5 de diciembre de 1935.

79 *Ibid.*

80 Santiago Montero Díaz, *Fascismo*, Valencia, Cuadernos de Cultura, 1932, pp. 31-35.

81 Antonio Pildain Zapiain, *Los «intelectuales» ante la crítica de su mismo nombre*, Vitoria, Montepío Diocesano, 1916, p. 6.

82 Araquistáin, «Los escritores y la política», *España*, 10 de abril de 1920.

83 Baroja, «Divagaciones de autocrítica», *op. cit.*

84 Araquistáin, «Los intelectuales españoles y el socialismo», *España*, 6 de marzo de 1920.

85 «Un manifiesto. Agrupación al Servicio de la República», *El Sol*, 10 de febrero de 1931.

86 Araquistáin, «Los escritores y la política», *op. cit.*

87 Ortega y Gasset, *Obras completas. Tomo IV, op. cit.*, pp. 352-353.

88 Benavente, *La política y los intelectuales, op. cit.*, p. 5.

89 Citado en Ouimette, *Los intelectuales españoles, op. cit.*, p. 473.

90 Antonio Pildain Zapiain, *Los «intelectuales» ante la crítica, op. cit.*, p. 8.

91 *Ibid.*, p. 46.

92 *Ibid.*, p. 47.

93 Ortega y Gasset, *Obras completas. Tomo IV, op. cit.*

94 Ouimette, *Los intelectuales españoles, op. cit.*, p. 42.

95 Araquistáin, «Los intelectuales españoles y el socialismo», *op. cit.*

96 Ortega y Gasset, *Obras completas. Tomo XI, op. cit.*, pp. 102-106.

97 «Una encuesta a la juventud española», *La Gaceta Literaria*, 1 de enero de 1928.

98 Sainz Rodríguez, *La evolución política española, op. cit.*, p. 40.

99 Gregorio Marañón, «El porvenir de la cultura», *El Sol*, 6 de mayo de 1933.

100 Citado en Ouimette, *Los intelectuales españoles, op. cit.*, p. 475.

101 Juan Marichal, *El intelectual y la política en España (1898-1936): Unamuno, Ortega, Azaña, Negrín*, Madrid, Residencia de Estudiantes, 1990, p. 70.

102 Benavente, *La política y los intelectuales, op. cit.*, pp. 5 y 9.

103 Salvador Minguijón, «Los "intelectuales" en la política», *El Debate*, 23 de diciembre de 1924.

104 Ortega y Gasset, «Imperativo de intelectualidad», *España*, 14 de enero de 1922. Repitió esta tesis en «Sobre el poder de la prensa», *El Sol*, 13 de noviembre de 1930.

105 Ortega, *Obras completas. Tomo III*, *op. cit.*, pp. 620-623.

106 Por ejemplo, en Maeztu, *Los intelectuales y un epílogo*, *op. cit.*, p. 32.

107 W. Fernández Flórez, «Los intelectuales y la política», *ABC*, 26 de diciembre de 1924.

108 Azorín, «El gobierno de los intelectuales», *ABC*, 9 de mayo de 1928; Juan Chabás, «Políticos e intelectuales», *El Sol*, 25 de diciembre de 1932.

109 *«Voilá l'ennemi!* La dictadura necesaria», *El Liberal*, 2 de noviembre de 1921.

110 Ramón J. Sender, «Carta», *Octubre*, n.ºs 4 y 5 (1933).

111 Ouimette, *Los intelectuales españoles*, *op. cit.*, p. 266.

112 Juan Chabás, «Políticos e intelectuales», *op. cit.*

113 Salaverría, «La traición intelectual», *ABC*, 25 de abril de 1930.

114 Collini, *Absent Minds*, *op. cit.*, pp. 279-296.

115 Ouimette, *Los intelectuales españoles*, *op. cit.*, pp. 131, 295 y 525.

116 Por ejemplo, Unamuno, «Literatura y política», *Nuevo Mundo*, 12 de mayo de 1922; «El deber del profeta», *Nuevo Mundo*, 26 de octubre de 1923; y «Renan sobre la política», *El Mercantil Valenciano*, 10 de septiembre de 1919. Otro ejemplo: Azorín, «El escritor y el ambiente», *La Prensa*, 17 de febrero de 1934.

117 Maeztu, «Los intelectuales», *El Sol*, 23 de diciembre de 1924; Ledesma Ramos, «Los intelectuales y la política», *op. cit.*; Antonio Pildain Zapiain, *Los «intelectuales» ante la crítica*, *op. cit.*, p. 7; José Antonio Primo de Rivera, «Homenaje y censura», *op. cit.* Incluso autores alejados de estos postulados declararon que los intelectuales eran vanidosos: véase Gregorio Marañón, «El porvenir de la cultura», *El Sol*, 6 de mayo de 1933.

118 H., «¿Quiénes son los intelectuales? ¿Dónde se encuentran?», *op. cit.*

119 Citado en García Queipo de Llano, *Los intelectuales y la dictadura*, *op. cit.*, p. 417.

120 José Antonio Primo de Rivera, «Homenaje y censura», *op. cit.*

121 Ortega, «Mirabeau o el político», *Obras Completas. Tomo III*, *op. cit.*, pp. 620-621.

122 *Ibid.*

123 Álvaro de Albornoz, *Intelectuales y hombres de acción*, Madrid, Sociedad Española de Librería, 1927, p. 24.

124 Baroja, *Divagaciones apasionadas, op. cit.*, pp. 20-23.

125 Por ejemplo: Jairo García Jaramillo, *La mitad ignorada: en torno a las mujeres intelectuales de la segunda república*, Madrid, Devenir, 2013; Shirley Mangini, *Las modernas de Madrid*, Barcelona, Península, 2001; VV. AA., *Las intelectuales republicanas*, Madrid, Biblioteca Nueva, 2007.

126 Carmen de Burgos, *La mujer moderna y sus derechos*, Madrid, Biblioteca Nueva, 2007; Margarita Nelken, *Las escritoras españolas*, Madrid, Horas y Horas, 2011.

127 Las necrológicas consultadas se publicaron en: *El Año Político*, 1921; *Índice*, n.º 1 (1921); *Revista de la Real Academia Hispanoamericana de Ciencias y Artes*, n.º 2 (1921); los números del 12 de mayo de 1921 de *La Acción*, *La Correspondencia Militar*, *La Época* y *Heraldo de Madrid*; los del 13 de mayo de 1921 de *La Voz*, *El Imparcial* y *El Liberal*; y los del 14 de mayo de 1921 de *El Siglo futuro* y *El Globo*.

128 Citado en García Jaramillo, *La mitad ignorada, op. cit.*, p. 85.

129 E. Díaz-Canedo, «Charla entre libros», *La Voz*, 30 de julio de 1920.

130 Rafael Villaseca, «En la Residencia de Señoritas, hablando con María de Maeztu», *ABC*, 7 de abril de 1929.

131 Gregorio Marañón, *Obras completas. Tomo III*, Madrid, Espasa Calpe, 1977, pp. 9-33.

132 *Ibid.*, p. 15.

133 Ortega, «El poder social. La profesión literaria», *El Sol*, 30 de octubre de 1927; «El poder social. Un poder social negativo», *El Sol*, 6 de noviembre de 1927. Véase también «Imperativo de intelectualidad», *op. cit.*

134 Entrevista en *Heraldo de Madrid*, 28 de marzo de 1930.

135 Ledesma Ramos, «Los intelectuales y la política», *op. cit.* Véase también José Antonio Primo de Rivera, «Prólogo. Los intelectuales y la dictadura», en *La dictadura de Primo de Rivera juzgada en el extranjero*, Madrid, Imp. Saez Hermanos, 1931; Francisco Ayala, «Apostillas sobre la oratoria», *La Prensa*, 17 de octubre de 1926; «Axiomas y paradojas de la política española», *España*, 21 de noviembre de 1918; Maeztu, *Los intelectuales y un epílogo, op. cit.*, p. 15.

136 Manuel Bueno, «Los deberes de la inteligencia», *ABC*, 9 de agosto de 1933.

137 «El banquete», *La Gaceta Literaria*, 1 de enero de 1928; «El abrazo intelectual de Cataluña y Castilla. El doctor Marañón habla emocionado de la trascendencia del acto», *Heraldo de Madrid*, 26 de marzo de 1930. Véase también Xavier Pericay, *Compañeros de viaje. Madrid-Barcelona 1930*, La Coruña, Ediciones del Viento, 2013.

138 Maeztu, *La Correspondencia de España*, 25 de febrero de 1920; Salaverría, «La traición intelectual», *ABC*, 25 de abril de 1930.

139 Víctor Pradera, «Los falsos dogmas», *Acción española*, 1 de enero de 1932.

140 Ortega, *Obras completas. Tomo IV, op. cit.*

141 Pildain, *Los intelectuales ante la crítica, op. cit.*, p. 6.

142 Javier Reina, «Asteriscos. La rebelión de las masas», *Acción española*, 1 de junio de 1933.

143 Albornoz, *Intelectuales y hombres de acción, op. cit.*, p. 13.

144 Manuel Azaña, «Tres generaciones del Ateneo»; versión digitalizada en la página web del Ateneo de Madrid: <https://www.ateneodemadrid.com/biblioteca_digital/folletos/Discursos-004.pdf>.

145 Salaverría, *La afirmación española*, Barcelona, Gustavo Gili, 1917, pp. 51-52; Ledesma Ramos, «Los intelectuales y la política», *op. cit.*

146 Alcalá Galiano, «Los intelectuales, sobornados», *ABC*, 25 de febrero de 1932.

147 Luis de Araujo-Costa, «Las tradiciones de la verdadera España en el último medio siglo», *Acción española*, 16 de febrero de 1932.

148 Alcalá Galiano, «El intelectualismo revolucionario», *ABC*, 2 de octubre de 1930; Minguijón, «Los "intelectuales" en la política», *op. cit.*

CAPÍTULO 3. GUERRA, DICTADURA, EXILIO... DIÁLOGO Y OPOSICIÓN (1936-1975)

1 Véase, en este sentido, Picó y Pecourt, *Los intelectuales nunca mueren, op. cit.*, p. 268. Otros estudios relevantes: Javier Muñoz Soro, «Los apellidos de la democracia. Los intelectuales y la idea de democracia durante el franquismo (1939-1975)», *Cercles. Revista d'història cultural*, n.º 14 (2011), pp. 55-81; Francisco Morente, «La historia de los intelectuales durante el franquismo», *op. cit.*, y Francisco Sevillano, «What was Public Opinion in the Francoist 'New State'?: Information, Publics and Rumour in the Spanish Postwar (1939-1945)», en David Jiménez Torres y Leticia Villamediana, eds., *The Configuration of the Spanish Public Sphere*, Nueva York, Berghahn, 2019.

2 Manuel Aznar Soler, *República literaria y revolución*, Sevilla, Renacimiento, 2010.

3 Francisco Franco, *Discurso del Caudillo en el aniversario del Decreto de Unificación*, Tenerife, Litografía Romero, 1938.

4 Juan de Castilla, «Intelectuales desmandados», *ABC* (Sevilla), 13 de octubre de 1936.

5 J. Manuel Martínez Bande, «El hombre y la verdad», *Arriba España*, 12 de diciembre de 1936; citado en De Miguel, *Los intelectuales bonitos, op. cit.*, p.125.

6 Citado en Andrés Trapiello, *Las armas y las letras. Literatura y guerra civil*, Barcelona, Península, 2002, p. 53.

7 Enrique Pla y Deniel, *Los delitos de pensamiento y los falsos ídolos intelectuales*, Salamanca, Manuel P. Criado, 1938, p. 15.

8 *Ibid.*, p. 6.

9 *Ibid.*, p. 7.

10 *Ibid.*, p. 17.

11 Marqués de Quintanar, «La traición intelectual», *ABC* (Sevilla), 13 de octubre de 1936.

12 Enrique Suñer, *Los intelectuales y la tragedia española*, San Sebastián, Editorial Española, 1938, p. 5. Idénticos argumentos, en Constancio Eguía Ruiz, *Los causantes de la gran tragedia hispana: un gran crimen de los intelectuales españoles*, Buenos Aires, Difusión, 1938, pp. 14-15; también en VV. AA., *Una poderosa fuerza secreta: la Institución Libre de Enseñanza*, San Sebastián, Editorial Española, 1940, pp. 7-24.

13 Eguía Ruiz, *Los causantes*, *op. cit.*, p. 16.

14 Suñer, *Los intelectuales y la tragedia*, *op. cit.*, cap. 4.

15 Eguía Ruiz, *Los causantes*, *op. cit.*, p. 22.

16 VV. AA., *Una poderosa fuerza*, *op. cit.*, p. 12.

17 *Ibid.*, p. 22.

18 Suñer, *Los intelectuales y la tragedia*, *op. cit.*, cap. 3.

19 Eguía Ruiz, *Los causantes*, *op. cit.*, p. 19.

20 *Ibid.*, p. 26.

21 Suñer, *Los intelectuales y la tragedia*, *op. cit.*, p. 81. Una apreciación similar, en Eguía Ruiz, *Los causantes*, *op. cit.*, p. 73.

22 VV. AA., *Una poderosa fuerza*, *op. cit.*, p. 17.

23 Fernando Martín-Sánchez Juliá, «Origen, ideas e historia de la Institución Libre de Enseñanza», en VV. AA., *Una poderosa fuerza*, *op. cit.*, pp. 117-118.

24 Eguía Ruiz, *Los causantes*, *op. cit.*, p. 45.

25 Uno Que Estuvo Allí [*sic*], «La Institución Libre y la Prensa», en VV. AA., *Una poderosa fuerza*, *op. cit.*, p. 232.

26 *ABC* (Sevilla), 19 de julio de 1937; Franco, *Discurso del Caudillo, op. cit.*

27 Romualdo de Toledo, «La Institución Libre de Enseñanza y las Cortes», en VV. AA., *Una poderosa fuerza, op. cit.*, p. 254.

28 Santos Juliá, *Nosotros, los abajo firmantes. Una historia de España a través de manifiestos y protestas*, Barcelona, Galaxia Gutenberg, 2014, pp. 329-330.

29 Santos Juliá, *Historias de las dos Españas, op. cit.*, p. 371.

30 Jesús Arellano, «Nuestra generación universitaria y la vida española actual», *Arbor*, n.ᵒˢ 79-80 (julio-agosto de 1952), pp. 319-324.

31 Suñer, *Los intelectuales y la tragedia, op. cit.*, pp. 171 y 60.

32 Citado en Jordi Gracia, *La resistencia silenciosa: fascismo y cultura en España*, Barcelona, Anagrama, 2004, p. 335.

33 VV. AA., *Los intelectuales y la dictadura franquista. Cultura y poder en España de 1939 a 1975*, Madrid, Editorial Pablo Iglesias, 2014; Juliá, *Historias de las dos Españas, op. cit.*, p. 305; Antonio Martín Puerta, *El franquismo y los intelectuales. La cultura en el nacionalcatolicismo*, Madrid, Encuentro, 2013; Irene Moreno Moreno, «Pensar es sospechoso. El antiintelectualismo oficial durante la posguerra franquista», en Ángeles Barrio Alonso, Jorge de Hoyos Puente y Rebeca Saavedra Arias, coords., *Nuevos horizontes del pasado*, Santander, Universidad de Cantabria, 2011.

34 Sobre la polémica entre «comprensivos» y «excluyentes», véase Juliá, *Historias de las dos Españas, op. cit.*, pp. 355-407, y Javier Muñoz Soro, «Joaquín Ruiz-Giménez o el católico total (apuntes para una biografía política e intelectual hasta 1963)»; *Pasado y Memoria*, n.º 5 (2006), pp. 259-288.

35 Antonio Pildain Zapiain, *Don Miguel de Unamuno, hereje máximo y maestro de herejías*, Las Palmas de Gran Canaria, Imprenta del Obispado, 1953, pp. 259-268.

36 Antonio Pacios, *Cristo y los intelectuales*, Madrid, Rialp, 1955, p. 41.

37 Vicente Marrero, *La guerra española y el trust de cerebros*, Madrid, Punta Europa, 1961, p. 103.

38 «Los intelectuales españoles expresan su adhesión al Gobierno», *Ahora*, 31 de julio de 1936.

39 Fernando Claudín, *Los intelectuales con la juventud*, Valencia, Guerri, 1937, p. 12.

40 Jesús Hernández, *A los intelectuales de España*, Barcelona, Partido Comunista de España, 1937, p. 4.

41 Citado en Gracia, *La resistencia silenciosa, op. cit.*, pp. 174-175.

42 Citado en Ouimette, *Los intelectuales españoles, op. cit.*, p. 478.

43 «Manifiesto de la Alianza de Escritores Antifascistas para la Defensa de la Cultura», *La Voz*, 30 de julio de 1936.

44 Para el exilio cultural republicano, véase Mari Paz Balibrea, ed., *Líneas de fuga. Hacia otra historiografía cultural del exilio republicano español*, Madrid, Siglo XXI, 2017.

45 La información sobre las distintas organizaciones de intelectuales vinculadas al PCE, en Manuel Aznar Soler, «Los intelectuales y la política cultural del Partido Comunista de España (1939-1956)», en Manuel Bueno y Sergio Gálvez, *Nosotros los comunistas. Memoria, identidad e historia social*, Madrid, Fundación de Investigaciones Marxistas, 2009, pp. 367-387.

46 Giaime Pala, «Compromiso político-cultural y antifranquismo: el caso de los intelectuales comunistas en Cataluña», en Archilés y Fuentes Codera, eds., *Ideas comprometidas, op. cit.*, pp. 285-312.

47 Aznar Soler, «Los intelectuales y la política cultural», *op. cit.*, p. 374.

48 *Id.*, «Introducción» en *Boletín de la Unión de Intelectuales Españoles en México, 1956-1961*, Sevilla, Renacimiento, 2008, p. XXXII.

49 *Id.*, «Los intelectuales y la política cultural», *op. cit.*, pp. 375-376.

50 *Ibid.*, pp. 376-377.

51 Juliá, *Nosotros, los abajo firmantes, op. cit.* p. 323.

52 *Ibid.*, pp. 325-326.

53 Aznar Soler, «Los intelectuales y la política cultural», *op. cit.*, pp. 375-376.

54 Es relevante, en este contexto, el discurso desarrollado durante la Guerra Civil; véase Xosé Manoel Núñez Seixas, *¡Fuera el invasor! Nacionalismos y movilización bélica durante la guerra civil española*, Madrid, Marcial Pons, 2006.

55 María Zambrano, *Los intelectuales en el drama de España y otros ensayos*, Madrid, Hispamerca, 1977, p. 43.

56 *Ibid.*, p. 36.

57 Claudín, *Los intelectuales con la juventud*, *op. cit.*, p. 9.

58 Zambrano, *Los intelectuales en el drama*, *op. cit.*, p. 40.

59 *Ibid.*, pp. 40 y 30.

60 *Ibid.*, p. 42.

61 Existía división y abierta enemistad entre órganos de la intelectualidad exiliada; por ejemplo, entre *Nuestro Tiempo* (vinculada a la UIE-M y el PCE) y los más clásicamente republicanos *Las Españas* y el Ateneo Español de México. Véase Aznar Soler, «Introducción», *op. cit.*, pp. L-LV.

62 «Cobardes peligrosos. Plumíferos, intelectuales y otros gallinas», *Claridad*, 14 de octubre de 1936; Álvaro Menéndez, «Los "intelectuales puros"», *Claridad*, 29 de octubre de 1936.

63 Claudín, *Los intelectuales con la juventud*, *op. cit.*, p. 14.

64 Citado en Trapiello, *Las armas y las letras*, *op. cit.*, p. 344. El texto en cuestión es el prólogo de Bergamín a *Espionaje en España*, de Max Rieger (alias de Wenceslao Roces).

65 José Peirats, *Los intelectuales en la revolución*, Barcelona, Ediciones Tierra y Libertad, 1938, pp. 15-19 y 23.

66 *Ibid.*, pp. 48 y 52.

67 *Ibid.*, p. 38.

68 *Ibid.*, p. 62.

69 Aznar Soler, «Introducción» *op. cit.*, p. XL.

70 Juliá, *Nosotros, los abajo firmantes*, *op. cit.*, p. 64.

71 Sobre este episodio, véase Marta Ruiz Galbete, «Intelectuales con cabeza de chorlito. Jorge Semprún contra el Eurocarrillismo», *Bulletin d'Histoire Contemporaine de l'Espagne*, n.ᵒˢ 30-31 (2000), pp. 367-383. Véase también Jordi Canal, *La Historia es un árbol de historias. Historiografía, política, literatura*, Zaragoza, Prensas Universitarias de Zaragoza, 2014, pp. 307-310.

72 Citado en Aznar Soler, «Los intelectuales y la política cultural», *op. cit.*, p. 378.

73 Se puede consultar en: <http://www.filosofia.org/his/h1954ip.htm>.

74 Juliá, *Historias de las dos Españas*, *op. cit.*, p. 446.

75 Jorge Semprún, «La oposición política en España, 1956-1966», *Horizonte español 1966*, París, Ruedo Ibérico, 1966, pp. 44-45.

76 Juliá, *Nosotros, los abajo firmantes*, *op. cit.*, pp. 36-37.

77 Pablo López-Chaves, *Los intelectuales católicos en el franquismo. Las conversaciones católicas internacionales de San Sebastián (1947-1959)*, Granada, Editorial Universidad de Granada, 2016, p. 77.

78 *Ibid.*, pp. 78, 126-127.

79 *Ibid.*, p. 190.

80 *Ibid.*, p. 206.

81 *Ibid.*, pp. 191-192.

82 *Ibid.*, p. 224.

83 Un trabajo relevante en este contexto es: Javier Muñoz Soro, «Después de la tormenta: acción política y cultural de los intelectuales católicos entre 1956 y 1962», *Historia y Política*, n.ᵒ 28 (2012), pp. 83-108. Véase también Antonio Cazorla Sánchez, «Did You Hear the Sermon? Progressive Priests, Conservative Catholics, and the Return of Political and Cultural Diversity in Late Francoist Spain», *The Journal of Modern History*, vol. 85, n.ᵒ 3 (2013), pp. 528-557.

84 Javier Muñoz Soro, *Cuadernos para el Diálogo*, Madrid, Marcial Pons, 2006, p. 78.

85 Manifiesto recogido en Juliá, *Nosotros, los abajo firmantes*, *op. cit.*, p. 370.

86 Pedro Laín Entralgo, *Ejercicios de comprensión*, Madrid, Taurus, 1959, p. 53.

87 José Luis Aranguren, «El intelectual católico del futuro», en *Obras Completas. Tomo IV*, Madrid, Trotta, pp. 202-207 y 206.

88 Antonio Pacios, «El talante intelectual de Aranguren», *Punta Europa*, enero de 1956, pp. 101-121.

89 «Menéndez Pelayo, maestro y modelo de los intelectuales españoles», *ABC*, 24 de abril de 1956.

90 Francisco Ayala, «¿Para quién escribimos nosotros?», *Cuadernos Americanos*, vol. 43, n.º 1 (enero-febrero 1949).

91 José Luis López Aranguren, «La evolución de los intelectuales españoles en la emigración», *Cuadernos Hispanoamericanos*, n.º 38 (1953); recogido en *Crítica y meditación*, Madrid, Taurus, 1977, edición de la que provienen las citas.

92 *Ibid.*, pp. 164 y 158.

93 *Ibid.*, p. 133.

94 Por ejemplo, en Pacios, «El talante intelectual de Aranguren», *op. cit.*, pp. 101-121; *Cristo y los intelectuales*, *op. cit.*, p. 40; y Marrero, *La guerra española*, *op. cit.*, p. 567.

95 Para la historia de esta publicación, véase Javier Muñoz Soro, *Cuadernos para el Diálogo*, *op. cit.*

96 *Cuadernos para el Diálogo*, marzo de 1975.

97 Julián Marías, «La situación actual de la cultura en España», *Cuadernos del Congreso por la Libertad de la Cultura*, noviembre-diciembre de 1960, p. 69.

98 Picó y Pecourt, *Los intelectuales nunca mueren*, *op. cit.*, p. 286.

99 Muñoz Soro, *Cuadernos para el Diálogo*, *op. cit.*, p. 81.

100 Juliá, *Nosotros, los abajo firmantes*, *op. cit.*, p. 67.

101 *Ibid.*, pp. 378-379.

102 *Ibid.*, p. 380; Roberto Mesa, *Jaraneros y alborotadores. Documentos sobre sucesos estudiantiles de 1956*, Madrid, Universidad Complutense, 1982, p. 222.

103 *Ibid.*, p. 301.

104 Juliá, *Nosotros, los abajo firmantes, op. cit.*, p. 401. El comportamiento de las redes que se creaban en torno a la firma de peticiones y manifiestos también ha sido estudiado por Pere Ysàs, *Disidencia y subversión. La lucha del régimen franquista por su supervivencia, 1960-1975*, Barcelona, Crítica, 2004, pp. 47-74.

105 Juliá, *Nosotros, los abajo firmantes, op. cit.*, p. 74.

106 *Ibid.*, p. 455.

107 *Ibid.*, p. 464.

108 J. M. Castellet, *La hora del lector*, Barcelona, Seix Barral, 1957, pp. 24-25 y 72-73. Véase también José Antonio Vila Sánchez, «Los intelectuales, el compromiso y el medio siglo español», *Artes del ensayo*, n.º 1 (2017), pp. 140-152.

109 Citado en Gracia, *La resistencia silenciosa, op. cit.*, p. 372.

110 Joan Fuster, «La muerte del intelectual», *La caña gris*, n.º 1 (1960), pp. 3-5.

111 Citado en Muñoz Soro, «Después de la tormenta», *op. cit.*

112 *Id.*, *Cuadernos para el Diálogo, op. cit.*, p. 82.

113 Juliá, *Nosotros, los abajo firmantes, op. cit.*, pp. 462-464.

114 Marrero, *La guerra española, op. cit.*, p. 624.

115 Emiliano Aguado, *¿Dónde están los intelectuales?*, Madrid, Editora Nacional, 1963, p. 4.

116 Citado en Marrero, *La guerra española, op. cit.*, p. 134.

117 Aguado, *¿Dónde están los intelectuales?, op. cit.* p. 2.

118 Guillermo Díaz-Plaja, *El intelectual y su libertad*, Madrid, Seminarios y Ediciones, 1972, p. 25.

119 Citado en De Miguel, *Los intelectuales bonitos, op. cit.*, p. 64.

120 Ortega y Gasset, «El intelectual y el otro», *Obras Completas. Tomo V, op. cit.*, pp. 508-511.

121 Pacios, *Cristo y los intelectuales, op. cit.*, p. 141.

122 Saturnino Álvarez Turienzo, *Los intelectuales, la inteligencia y la verdad*, Madrid, Osca, 1959, p. 32.

123 Juan José López Ibor, «Intelectuales a la deriva», *ABC*, 20 de julio de 1960; Joan Fuster, «La muerte del intelectual», *op. cit.*

124 Por ejemplo, en Marrero, *La guerra española*, *op. cit.*, p. 627.

125 *Calle Mayor*, dir. Juan Antonio Bardem, 1:10:32. El guion se encuentra disponible en: <http://www.cervantesvirtual. com/obra/calle-mayor-guion-cinematografico-multi media--0/>.

126 Ejemplos: Juan Goytisolo, *El furgón de cola*, París, Ruedo Ibérico, 1967, p. 6; Aguado, *¿Dónde están los intelectuales?*, *op. cit.*, p. 20; Díaz-Plaja, *El intelectual y su libertad*, *op. cit.*, pp. 22, 24 y 37; Jorge Mañach, *Visitas españolas*, Revista de Occidente, Madrid, 1960, p. 294. Para la recepción de Sartre en España es interesante el texto de Laín Entralgo, «Comprensión de Sartre», en *Ejercicios de comprensión*, *op. cit.*

127 Juliá, *Nosotros, los abajo firmantes*, *op. cit.*, pp. 436 y 443.

128 Zambrano, *Los intelectuales en el drama*, *op. cit.*, pp. 29 y 54.

129 Víctor Ruiz Iriarte, *La soltera rebelde*, Madrid, Alfil, 1952.

130 Ejemplos en Juliá, *Nosotros, los abajo firmantes*, *op. cit.*, pp. 420 y 455. Para la participación de mujeres en movimientos reivindicativos del tardofranquismo, véase el monográfico coordinado por Mónica Moreno Seco y Adriana Cases-Sola, «Jóvenes comprometidas en el antifranquismo y la democracia», *Historia Contemporánea*, n.º 54 (2017).

131 José Sobrino, *Índice de intelectuales españoles en EE.UU., 1946-1952*, Madrid, Rivadeneyra, 1953. No todo era sociología, claro: del recuento quedaban excluidos todos los exiliados republicanos que, como Ramón J. Sender, estaban contratados como profesores en universidades estadounidenses.

132 Aguado, *¿Dónde están los intelectuales?*, *op. cit.*, p. 20.

133 José Luis López Aranguren, *Memorias y esperanzas españolas*, Madrid, Taurus, 1969, p. 34.

134 López Ibor, «Intelectuales a la deriva», *op. cit.*; Marrero, *La guerra española*, *op. cit.*, p. 627.

135 José Luis López Aranguren, *El marxismo como moral*, Madrid, Alianza, 1967, p. 12; *Memorias y esperanzas españolas*, *op. cit.*, p. 116.

136 Ángel Zurita, «Aranguren: Frente a consumo, utopía», *Triunfo*, 25 de diciembre de 1971, p. 23.

CAPÍTULO 4. DÓNDE ESTÁN LOS INTELECTUALES (DEMOCRÁTICOS) (1975-1982)

1 M. Blanco Tobío, «Crítica y adhesión», *ABC*, 24 de octubre de 1976.

2 Miguel Masriera, «El intelectual y la política», *La Vanguardia*, 5 de mayo de 1975.

3 Domingo García-Sabell, «Los intelectuales, a capítulo», *La Vanguardia*, 27 de enero de 1979.

4 Juan Pecourt, *Los intelectuales y la transición política*, Madrid, Centro de Investigaciones Sociológicas, 2008, p. XII; Muñoz Soro, *Cuadernos para el Diálogo*, *op. cit.*, p. 27. Otra perspectiva relevante, en Paul Aubert, «Teoría y práctica de la Transición: el papel de los intelectuales», *Bulletin d'Histoire Contemporaine de l'Espagne*, n.º 50 (2016), pp. 127-162.

5 Alfonso Comín, «En el umbral de la esperanza», *Cuadernos para el Diálogo*, diciembre de 1975.

6 «La recuperación de los cerebros», *Diario 16*, 27 de abril de 1977.

7 Aurora de Albornoz, «La cultura, sospechosa», *Cuadernos para el Diálogo*, 15 de mayo de 1976.

8 Federico Jiménez Losantos, *Lo que queda de España*, Madrid, Temas de Hoy, 1995, p. 285.

9 Sixto Cámara, «Intelectuales y políticos», *Triunfo*, 6 de diciembre de 1976.

10 Alfonso Carlos Comín, «Intelectuales de izquierda y organización de la cultura», *El País*, 24 de agosto de 1977.

11 Domingo García-Sabell, «Los intelectuales, a capítulo», *La Vanguardia*, 27 de enero de 1979.

12 De Miguel, *Los intelectuales bonitos*, *op. cit.*, p. 20.

13 Jiménez Losantos, *Lo que queda de España*, *op. cit.*, pp. 210-211.

14 Citado en De Miguel, *Los intelectuales bonitos*, *op. cit.*

15 Masriera, «El intelectual y la política», *op. cit.*

16 Ignacio Sotelo, «Intelectuales y militancia política», *Triunfo*, 17 de junio de 1978.

17 Daniel Lacalle, «Introducción», en *La función social del intelectual*, Madrid, Fundación de Investigaciones Marxistas, 1983, p. 22.

18 Carlos Barral, «La necesaria unidad del socialismo catalán», *Diario 16*, 16 de febrero de 1977.

19 Citado en Muñoz Soro, *Cuadernos para el Diálogo*, *op. cit.*, p. 26.

20 Manuel Palacio Arranz, «Los intelectuales y la imagen de la televisión cultural», en Antonio Ansón, ed., *Televisión y literatura en la España de la Transición (1973-1982)*, Zaragoza, Institución Fernando el Católico, 2010, pp. 11-24.

21 César González Ruano, «La televisión», *Tele Diario*, n.º 28, 7 de julio de 1958.

22 Sobre estos programas, ver Ansón, *Televisión y literatura*, *op. cit.*, pp. 297-412. También es relevante: Noemí de Haro, «Diálogo y arte en la televisión de la Transición», en Damián Alberto González, Manuel Ortiz Heras, Juan Sisinio Pérez Garzón, eds., *La Historia: lost in translation?*, Albacete, Ediciones Universidad de Castilla-La Mancha, pp. 2.959-2.968.

23 Isabel Carabantes de las Heras, «Grandes letras en *A fondo* (1976-1981)», en Ansón, *Televisión y literatura*, *op. cit.*, pp. 191-204.

24 José Luis Aguilar López-Barajas, José Manuel Maroto Blanco y Héctor Aguera Ductor, «La disidencia soviética tras el

acta final de Helsinki. El caso de Solzhenitsyn en España», en González, Ortiz y Pérez Garzón, eds., *La Historia: lost in translation?, op. cit.*, pp. 859-870.

25 Picó y Pecourt, *Los intelectuales nunca mueren, op. cit.*, pp. 309-310.

26 Así está descrito en el repositorio de emisiones del programa: <https://www.rtve.es/alacarta/videos/la-clave/>.

27 J. M. Pendás Benito, «Carlos Vélez y su *cuadrilla*», *El País*, 24 de agosto de 1980. Para más sobre este programa, véase Juan Carlos Ara Torralba, «Encuentros con las Letras, mucho más que una galería televisiva de la literatura en la Transición», en Ansón, *Televisión y literatura, op. cit.*, pp. 139-167.

28 Un excelente trabajo que aborda gran parte de la bibliografía sobre la matanza de Atocha es: Javier Padilla, *A finales de enero*, Barcelona, Tusquets, 2019.

29 Antonio Elorza, coord., *La historia de ETA*, Madrid, Temas de Hoy, 2000.

30 «Carta abierta de ETA a los intelectuales vascos», *Zutik!*, n.º 25, septiembre de 1964. Martínez Gorriarán señala que este texto habría estado influido a su vez por los escritos de Jorge Oteiza sobre el papel de los intelectuales; véase Carlos Martínez Gorriarán, *Jorge Oteiza, hacedor de vacíos*, Madrid, Marcial Pons Historia, 2011, pp. 304-306.

31 Alfonso Sastre, «Ni humanismo ni terror», *El País*, 16, 17 y 18 de diciembre de 1980.

32 José Luis López Aranguren, «La amnistía pendiente y la declaración de paz», *El País*, 15 de agosto de 1976.

33 Santos Juliá, «Intelectuales ante el terrorismo (1975-1981)», *Grand Place*, n.º 5 (2016), pp. 163-174.

34 Ignacio Fernández de Castro, «Intelectuales comprometidos», *Triunfo*, 6 de octubre de 1979; [Sin firma], «Los intelectuales y el terrorismo», *Triunfo*, 21 de abril de 1979.

35 Fernando Reinares, ed., *Terrorismo y sociedad democrática*, Madrid, Akal, 1982, pp. 7 y 9.

36 «Los intelectuales ante el terror», *El País*, 19 de diciembre de 1980.

37 «Declaración sobre la violencia», *Diario Vasco*, 28 de enero de 1979; recogido en Juliá, *Nosotros, los abajo firmantes*, *op. cit.*, pp. 588-590.

38 Martínez Gorriarán, *Jorge Oteiza, op. cit.*, p. 322.

39 Texto disponible en: <http://www.sastre-forest.com/sastree/pdf/cartaa33.pdf>.

40 «Nueva llamada a ETA-M contra la violencia», *La Vanguardia*, 31 de marzo de 1981. Entre los firmantes estarían: Rafael Alberti, Justino Azcárate, Juan Antonio Bardem, Josep Benet, Antonio Buero Vallejo, Francisco Bustelo, Caballero Bonald, Eduardo Chillida, Nuria Espert, Antonio Gala, José Luis Gómez, Juan Goytisolo, Alfonso Grosso, Alberto Iniesta, Laín Entralgo, López Aranguren, Miret Magdalena, Joaquín Ruiz Giménez Cortés, Carlos Saura, Tuñón de Lara, Francisco Umbral y Pedro Altares. Sobre ETA político-militar, véase Gaizka Fernández Soldevilla y Sara Hidalgo, eds., *Héroes de la retirada. La disolución de ETA Político-Militar*, Madrid, Tecnos, 2022.

41 Francisco Ayala, «El papel de los intelectuales», *El País*, 19 y 30 de diciembre de 1980; Fernando Savater, *Contra las patrias*, Barcelona, Tusquets, 1984, p. 126.

42 Edurne Uriarte, *Los intelectuales vascos*, Leioa, Universidad del País Vasco, pp. 222 y 260; Jon Juaristi, *El bucle melancólico. Historias de nacionalistas vascos*, Madrid, Espasa-Calpe, 1999, pp. 81, 95, 187, 232 y 255; Elorza, *La historia de ETA*, *op. cit.*; Gaizka Fernández Soldevilla y Raúl López Romo, *Sangre, votos, manifestaciones: ETA y el nacionalismo vasco radical (1958-2011)*, Madrid, Tecnos, 2012, pp. 256 y 265.

43 Alfonso Sastre, *La batalla de los intelectuales, o nuevo discurso de las armas y las letras*, Buenos Aires, CLACSO, 2005, p. 119.

44 Véase Paul Aubert, «Comment fait-on l'histoire des intellectuels en Espagne?», en Michel Leymarie y Jean-François

Sirinelli, eds., *L'histoire des intellectuels aujourd'hui*, París, PUF, 2003; y Morente, «La historia de los intelectuales durante el franquismo», *op. cit.*

45 Paul Aubert, «La historia de los intelectuales en España». *Cercles. Revista d'Història Cultural*, n.º 22 (2019), pp. 81-109.

46 Tres ejemplos: Luis Carandell, «Institución Libre de Enseñanza: Un recorrido sentimental», *Cuadernos para el Diálogo*, 3 de abril de 1976; De Miguel, *Los intelectuales bonitos*, *op. cit.*, p. 130; y Jiménez Losantos, *Lo que queda de España*, *op. cit.*, pp. 172 y 285.

47 Juan F. Marsal, *Pensar bajo el franquismo. Intelectuales y política en la generación de los años cincuenta*, Barcelona, Península, 1979, p. 17.

48 De Miguel, *Los intelectuales bonitos*, *op. cit.*, pp. 46-47.

49 Luis Marañón, «Cuarenta años de páramo cultural», *El País*, 27 de julio de 1976.

50 Julián Marías, «La vida intelectual en España durante la República», *El País*, 9, 10, 11 y 12 de julio de 1981.

51 José Luis López Aranguren, «*El País* como empresa e "intelectual colectivo"», *El País*, 7 de junio de 1981.

52 *Id.*, «El oficio del intelectual y la crítica de la crítica», en *Obras completas. Tomo V*, *op. cit.*, p. 303.

53 Marsal, *Pensar bajo el franquismo*, *op. cit.*, p. 46. Véanse también las comparaciones que realiza Aranguren en Jorge Mañach, *Visitas españolas*, *op. cit.*, pp. 287-300; y en «Intelectuales en la calle y la UNED», *El País*, 15 de noviembre de 1979. Otro texto relevante en este contexto es: Francesc Mercadé, *Cataluña: intelectuales políticos y cuestión nacional*, Barcelona, Península, 1982.

54 Masriera, «El intelectual y la política», *op cit.*

55 Juliá, *Nosotros, los abajo firmantes*, *op. cit.*, pp. 570, 572 y 601.

56 *El País*, 18 de enero de 1977. Otros ejemplos de jornadas y simposios de *intelectuales*, en: E. Miret Magdalena, «Intelectuales en las nubes». *Triunfo*, 3 de noviembre de 1979; José

Aumente, «El "desencanto" y el "compromiso" de los intelectuales», *Triunfo*, 14 de octubre de 1978. Las actas de la Asamblea de 1981, en VV. AA., *Primera Asamblea de Intelectuales, Profesionales y Artistas*, Madrid, Partido Comunista de España, 1981.

57 Masriera, «El intelectual y la política», *op cit.*

58 Marsal, *Pensar bajo el franquismo, op. cit.*, p. 34.

59 J. Fuster, «El odio al intelectual», *La Vanguardia,* 4 de agosto de 1977.

60 Aranguren, «El oficio del intelectual», *op. cit.*, pp. 302-304.

61 Francisco Umbral, «Los intelectuales», *El País*, 31 de mayo de 1980.

62 «La presencia de intelectuales, buen síntoma», *Diario 16*, 15 de junio de 1977.

CAPÍTULO 5. ¿LA MUERTE DEL INTELECTUAL? (1982-2008)

1 Como ya apuntaba Aubert en «Teoría y práctica de la Transición», *op. cit.*, p. 159.

2 Abel Hernández, *Conversaciones sobre España. Los intelectuales y el poder*, Madrid, Iberediciones, 1994, p. 17.

3 Picó y Pecourt, *Los intelectuales nunca mueren, op. cit.*, p. 473.

4 *Ibid.*, pp. 298-299.

5 Antonio Muñoz Molina, «Los intelectuales comprometidos son un peligro», *Tiempo,* 24 de febrero de 1992.

6 Juliá, *Nosotros, los abajo firmantes, op. cit.*, p. 105.

7 Gisele Sapiro, «Modelos de implicación política», *op. cit.*

8 Juliá, *Nosotros, los abajo firmantes, op. cit.*, pp. 601, 653, 661, 764.

9 Dos ejemplos: «Intelectuales por el bilingüismo», *La Vanguardia*, 18 de abril de 1997; «Artistas e intelectuales condenan las ejecuciones en Cuba», *El Mundo*, 29 de abril de 2003.

10 Javier Cercas, «El intelectual en la piscina», *El País Semanal*, 18 de abril de 2004; recopilado en *La verdad de Agamenón*, Barcelona, Tusquets, 2006.

11 Silvia Castillo, «Ana Obregón: "Soy una intelectual con minifalda"», *ABC*, 15 de junio de 2003.

12 Hermann Tertsch, «La traición de los intelectuales», *El País*, 24 de septiembre de 1998.

13 Victoria Camps, «Las contradicciones del intelectual en el siglo xxi», en Rafael del Águila, ed., *Los intelectuales y la política*, Madrid, Fundación Pablo Iglesias, 2003, p. 43; Hermann Tertsch, «La traición de los intelectuales», *El País*, 24 de septiembre de 1998; Manuel Tuñón de Lara, «La vigilancia del intelectual». *El País*, 6 de junio de 1984; José Méndez, «Marichal: "Los intelectuales están en la reserva"», *El País*, 5 de abril de 1989.

14 Eduardo Haro Tecglen, «"Por el racismo hacia Dios". Folletín de un año largo. Cap. 5», *El País*, 5 de agosto de 1993.

15 Las conferencias están disponibles en: <https://www.march.es/conferencias/anteriores/voz.aspx?p1=2131>.

16 Hernández, *Conversaciones sobre España*, *op. cit.*, p. 174.

17 Rafael del Águila, «Una crítica al intelectual comprometido. El caso de Sócrates, hoy», en *Los intelectuales y la política*, *op. cit.*, p. 4.

18 José Antonio Marina, «El intelectual y el poder», en Del Águila, *Los intelectuales y la política*, *op. cit.*, p. 33.

19 Camps, «Las contradicciones», *op. cit.*, p. 47. Véase también Javier Ruiz Portella, «Manifiesto contra la muerte del espíritu y de la tierra», *El Cultural*, 19 de junio de 2002.

20 Gustavo Bueno, «Los intelectuales: los nuevos impostores», en VV. AA., *Congreso internacional de intelectuales y artistas: Valencia, 1987*, Valencia, Conselleria de Cultura, Educació i Ciència, 1989. Disponible también en: <http://nodulo.org/ec/2012/n130p02.htm>.

21 Uriarte, *Los intelectuales vascos*, *op. cit.*, p. 223.

22 M. Ángeles Naval López, «Los escritores en TVE. El caso de Camilo José Cela», en Ansón, *Televisión y literatura*, *op. cit.*, p. 171.

23 Sastre, *La batalla de los intelectuales, op. cit.*, p. 58.

24 *Ibid.*, pp. 171-174.

25 *Ibid.*, p. 56.

26 Hernández, *Conversaciones sobre España, op. cit.*, p. 40.

27 Raúl Guerra Garrido, «La muerte del intelectual», *El País*, 16 de septiembre de 1982.

28 José Ángel Valente, «Monaguillos 2000», *El País*, 4 de septiembre de 1988.

29 Pedro Sorela, «Aranguren habla de su autobiografía intelectual», *El País*, 2 de marzo de 1992; Ángeles García, «Valente: Los intelectuales están domesticados», *El País*, 24 de julio de 1994.

30 Hernández, *Conversaciones sobre España, op. cit.*, p. 95.

31 Francisco Ayala, «El intelectual orgánico», *El País*, 5 de mayo de 1991.

32 Miguel Bayón Pereda, «Jordi Solé Tura: "El poder no acaba de fiarse del intelectual"», *El País*, 13 de octubre de 1991.

33 José-Carlos Mainer, «El siglo de los intelectuales», Fundación Juan March, Conferencia 1, 14:33, <https://canal.march.es/es/coleccion/siglo-intelectuales-para-historia-accion-intelectual-espana-21133>.

34 Mainer, «El siglo de los intelectuales», Conferencia 8, 49:10, <https://canal.march.es/es/coleccion/siglo-intelectuales-para-historia-accion-intelectual-espana-21146>.

35 Sastre, *La batalla de los intelectuales, op. cit.*, p. 29.

36 *Ibid.*, pp. 80-81.

37 *Ibid.*, pp. 186-190.

38 Santiago Alba Rico y Carlos Fernández Liria, *Volver a pensar: una propuesta socrática a los intelectuales españoles*, Madrid, Akal, 1989, p. 9.

39 *Ibid.*, p. 22.

40 Jesús Ibáñez, «La responsabilidad de los intelectuales», en *Por una sociología de la vida cotidiana*, Madrid, Siglo XXI, 1994, pp. 242-251.

41 Fernando Savater, «Los intelectuales y la afición», *El País*, 25 de julio de 1994. Véase también Fernando Savater, «Los intelectuales, en el semáforo», *El País*, 3 de julio de 1987.

42 Javier Cercas, «El intelectual en la piscina», *op. cit.*

43 Rafael del Águila, «Intelectuales: ¿especie en peligro?», *Revista de Libros*, 1 de noviembre de 2006. El historiador Antonio López Vega también respaldaba esta tesis en 2008, apoyándose en los casos de André Glucksmann, Bernard-Henri Lévy o el propio Savater: Antonio López Vega, «Marañón y el compromiso ético del intelectual», *El País*, 18 de noviembre de 2008.

44 Un muestrario: Rafael Fraguas, «Políticos e intelectuales piden un referéndum sobre la integración en la OTAN», *El País*, 15 de febrero de 1981; Félix Bayón, «Los intelectuales de izquierda Claudín y Paramio defienden en un debate sus posiciones pro-OTAN», *El País*, 28 de junio de 1984; Mariano Aguirre: «Los intelectuales orgánicos de la OTAN o el pacifismo al zoológico», *Mientras tanto*, n.º 18 (1984); «Intelectuales y artistas firman un documento contra la permanencia en la OTAN», *El País*, 19 de febrero de 1986; Rocío García, «Intelectuales, artistas y pacifistas sustituyen a los políticos en la cabeza de las manifestaciones anti-OTAN», *El País*, 3 de marzo de 1986. Para un análisis profundo de la relación entre los intelectuales y el referéndum de la OTAN, véase Javier Muñoz Soro, «El final de la utopía. Los intelectuales y el referéndum de la OTAN en 1986», *Ayer*, vol. 103, n.º 3 (2016), pp. 19-49.

45 «Doce intelectuales de Europa y América denuncian el acoso del terrorismo en el País Vasco», *El Mundo*, 7 de mayo de 2003. Los doce en cuestión eran Fernando Arrabal, Alfredo Bryce Echenique, Michael Burleigh, Paolo Flores d'Arcais, Carlos Fuentes, Nadine Gordimer, Juan Goytisolo, Carlos Monsivais, Bernard-Henri Lévy, Paul Preston, Mario Vargas Llosa y Gianni Vattimo.

46 La ruptura de la hegemonía abertzale del espacio público por parte de estas organizaciones, en Fernández-Soldevilla y López Romo, *Sangre, votos, manifestaciones, op. cit.*, p. 228.

47 «Los profesores Mikel Azurmendi y Edurne Uriarte, premios de la Fundación Miguel Ángel Blanco», *El Mundo*, 10 de julio de 2001.

48 Edurne Uriarte, «El compromiso de los intelectuales contra ETA», *ABC*, 3 de febrero de 2001. Véase también Edurne Uriarte, «Los intelectuales y los nacionalismos en España», en Del Águila, *Los intelectuales y la política, op. cit.*, pp. 125-147.

49 Mainer, «El siglo de los intelectuales», Conferencia 8, 47:05.

50 Muchas de estas charlas pueden visualizarse en su canal de YouTube: <https://www.youtube.com/playlist?list=PLeZY 0YhG0xDKpAHqobZkyIcZmr8_j4hCw>.

51 Algunos de los participantes en el encuentro: Alfonso Ussía, Baltasar Garzón, Adolfo Marsillach, Elena Soriano, Carmelo Bernaola, Ana Diosdado, José María Toquero, Joaquín Ruiz-Giménez, José Prat y Enrique Miret Magdalena. «La reina inauguró el I Encuentro de Intelectuales por la Convivencia», *ABC*, 17 de enero de 1992.

52 El episodio está detallado en Aubert, «Teoría y práctica de la Transición: el papel de los intelectuales», *op. cit.*

53 "Contra la barbarie. Manifiesto de la Alianza de Intelectuales Antiimperialistas", *Nodo50*, 4 de octubre de 2002, <https://www.nodo50.org/csca/agenda2002/iraq/manifiesto -aia.html>.

54 Disponible en la hemeroteca de RTVE: <https://www.rtve. es/alacarta/videos/programas-y-concursos-en-el-archivo- de-rtve/debate-compromiso-intelectuales/4616389/>.

55 *Ibid.*, 00:45:50.

55 Véanse, por ejemplo, las obras citadas en la segunda nota bibliográfica del capítulo 1, p. 219.

57 Citado en Grijelmo, *La seducción de las palabras*, *op. cit.*, pp. 281-282.

58 Antonio Astorga, «De la caseta al banquillo», *ABC*, 9 de junio de 2002.

59 Hernández, *Conversaciones sobre España*, *op. cit.*, p. 10.

60 Juan Antonio Cebrián, «Beatriz Galindo: una intelectual en la corte de Isabel la Católica», *El Mundo*, 11 de junio de 2006. Los contenidos de la serie de la UNED-RTVE se pueden consultar en: <https://canal.uned.es/series/5a6f78f2b1 111fba108b4569>.

61 La novela en cuestión era: Isabel San Sebastián, *La visigoda*, Madrid, La Esfera de los Libros, 2006.

62 José Antonio Hernández Guerrero, «Una intelectual con diálogo», *La Voz de Cádiz*, 2 de abril de 2008.

63 Virginia Eza, «Janer asegura que no se ha planteado dejar la lista del PP a pesar de las críticas», *Diario de Mallorca*, 20 de abril de 2007; Lola Clavero, «Precausión, amigo conductó», *La Opinión de Málaga*, 7 de julio de 2006.

64 Marina Subirats, «La mujer intelectual», en Lacalle, *La función social del intelectual*, *op. cit.*, pp. 91-112.

65 *Ibid.*, p. 93.

66 *Ibid.*, pp. 91-92.

67 *Ibid.*, p. 101.

68 Citado en Sonia Sierra Infante, «De lo superficial y lo profundo en la obra de Elvira Lindo», tesis doctoral, Universidad Autónoma de Barcelona, 2009, p. 295.

69 Castillo, «Ana Obregón: "Soy una intelectual con minifalda"», *op. cit.*

70 De Miguel, *Los intelectuales bonitos*, *op. cit.*, pp. 61-62.

71 José Luis López Aranguren, «Los intelectuales y la derecha», *El País*, 13 de febrero de 1982.

72 Guillermo Kirkpatrick, «¿Un intelectual de izquierda?», *El País*, 18 de febrero de 1982.

73 Mainer, «El siglo de los intelectuales», Conferencia 1, 15:45.

74 Lacalle, «Introducción», *op. cit.*, p. 11.

75 Bueno, «Los intelectuales», *op. cit.*; Del Águila, «Una crítica al intelectual comprometido», *op. cit.*

76 *ABC*, 16 de marzo de 1997, pp. 12-14.

77 Uriarte, «Los intelectuales y los nacionalismos», *op. cit.*; Sastre, *La batalla de los intelectuales*, *op. cit.*, p. 29.

78 Germán Yanke, *Ser de derechas. Manifiesto para desmontar una leyenda negra*, Madrid, Temas de Hoy, 2003.

79 Ussía, «Gran cosecha», *op. cit.*

80 «La culpa del freno en nuestra industria del cine la tienen los "intelectuales"», *El Mundo*, 27 de junio de 2002.

81 Astorga, «De la caseta al banquillo», *op. cit.*

82 Antonio Hernández Gil, «La figura imprecisa del intelectual», *ABC*, 13 de enero de 1988; Savater, «Los intelectuales y la afición», *op. cit.*; Marina, «El intelectual y el poder», *op. cit.*, p. 23.

83 Bueno, «Los intelectuales: los nuevos impostores», *op. cit.*

84 Marina, «El intelectual y el poder», *op. cit.*, p. 34; Ibáñez, «La responsabilidad de los intelectuales», *op. cit.*, pp. 242-251.

85 Joaquín Estefanía, «Reivindicación del intelectual práctico». *El País*, 12 de julio de 1992.

86 Mainer, «El siglo de los intelectuales», Conferencia 1, 12:40.

87 Marina, «El intelectual y el poder», *op. cit.*, p. 34.

88 El guion puede consultarse en: <https://amanecequeno espoco.es/la-pelicula/guion/>.

CAPÍTULO 6. NO ESTABAN MUERTOS, ESTABAN TRAICIONANDO (2008-2019)

1 Francisco Muro de Iscar, «¿Dónde están los intelectuales?», *Europa Press*, 16 de septiembre de 2009; Ernesto Pérez Zúñiga, «Dónde están los intelectuales», *FronteraD*, 28 de febrero de 2012; Juan Carlos Rodríguez, «¿Dónde están los inte-

lectuales?», *Vida Nueva Digital*, 21 de mayo de 2012; Álvaro Delgado-Gal, «¿Dónde están los intelectuales?», *Revista de Libros*, 14 de mayo de 2013; José Antonio Ruiz, «¿Dónde están los intelectuales?», *El Imparcial*, 8 de enero de 2016; Iván Reguera, «¿Dónde están los intelectuales en la crisis entre Cataluña y España?», *Cuarto Poder*, 12 de octubre de 2017; Luis Miguel de Pablos, «Antolín: "Es dramática la ausencia de casta intelectual. ¿Dónde están nuestros Unamunos de hoy?"», *El Norte de Castilla*, 16 de enero de 2018; Antonio Rivera Taravillo, «¿Dónde están los intelectuales?», *Crónica Global*, 11 de mayo de 2019; Juan Carlos Soriano, «El comentario de Soriano: ¿Dónde están los intelectuales?», *Las mañanas de RNE*, 5 de agosto de 2019; Juan-José López Burniol, «La traición de los intelectuales», *Nabarralde*, 18 de agosto de 2010; Joan Garí, «La traición de los intelectuales», *Público*, 26 de enero de 2010; Pedro G. Cuartango, «La traición de los intelectuales», *El Mundo*, 15 de junio de 2011; Lorenzo B. de Quirós, «La traición de los intelectuales», *El Mundo*, 2 de febrero de 2014; Eduardo Arroyo, «La traición de los intelectuales», *La Gaceta*, 16 de febrero de 2018; Pedro G. Cuartango, «La traición de los clérigos», *ABC*, 3 de septiembre de 2019.

2   África Prado, «Fernando García de Cortázar: "A diferencia de otras crisis, los intelectuales están callados"», *Información*, 10 de febrero de 2013; José Miguel Vilar-Bou, «Sergio del Molino: "Los intelectuales no han sabido dar un nuevo discurso a la izquierda y los de mi edad llegamos tarde"», *eldiario.es*, 17 de noviembre de 2017; Anna María Iglesia, «Ana Casas: "La figura del intelectual está en crisis; ya no tiene relevancia"», *Crónica Global*, 4 de marzo de 2019.

3   Cristina Galindo, «María Elvira Roca Barea: "Los españoles tenemos un problema de autoestima"», *El País*, 27 de febrero de 2017. Declaraciones similares en: Emilia Landaluce, «María Elvira Roca Barea: "Analfabetos ha habido siempre,

pero nunca habían salido de la universidad"», *El Mundo*, 17 de diciembre de 2016.

4   David Barreira, «Santiago Muñoz Machado: "Los intelectuales deben crear un relato de España, está muy deteriorado por los nacionalismos"», *El Español*, 30 de octubre de 2019.

5   Karina Sainz Borgo, «María Elvira Roca Barea: "Las élites intelectuales españolas han sido irresponsables y han vivido del discurso del fracaso"», *Vozpópuli*, 12 de octubre de 2019.

6   Abordé esta crisis en: David Jiménez Torres, *2017. La crisis que cambió España*, Barcelona, Deusto, 2021.

7   «Savater denuncia la "cobardía monstruosa" de los intelectuales catalanes», *El Independiente*, 26 de septiembre de 2017.

8   Borja de Riquer i Permanyer, «El silencio de los intelectuales de Madrid», *La Vanguardia*, 28 de noviembre de 2019.

9   Manel Manchón, «Jordi Gracia: "La dificultad para expresarse en voz alta contra el *procés* ha sido evidente"», *Crónica Global*, 8 de julio de 2018. Véase también Lluis Basset, «El silencio de los intelectuales», *El País*, 19 de julio de 2020.

10 Ignacio Sánchez-Cuenca, «Líbranos de los intelectuales», *La Vanguardia*, 16 de noviembre de 2019.

11 «Un millar de intelectuales y artistas "de izquierdas" firman un manifiesto contra el 1-O», *EFE*, 17 de septiembre de 2017; «Iñaki Gabilondo, Chomsky, Carmena e Innerarity apoyan un manifiesto en favor de una "solución política" para Catalunya», *eldiario.es*, 14 de noviembre de 2019; «Un manifiesto firmado por diversos intelectuales pide la dimisión de Torra», *La Razón*, 30 de octubre de 2019.

12 Daniel Gascón, *El golpe posmoderno*, Barcelona, Debate, 2018, pp. 123-135.

13 Ramón González Férriz, «La crisis de los intelectuales», *Letras Libres*, n.º 148, enero de 2014.

14 *Ibid.*

15 Josep Carles Rius, «Colau y Azúa: cara y cruz de la misma crisis», *Eldiario.es*, 3 de abril de 2016.

16 Soledad Gallego-Díaz, «Antonio Muñoz Molina: "España no es individualista. Eso es mentira"», *El País Semanal*, 18 de febrero de 2013.

17 González Férriz, «La crisis de los intelectuales», *op. cit.*

18 Pablo Sánchez León, «Los ciudadanos, los medios y el papel de los intelectuales», *CTXT*, 27 de abril de 2016.

19 Pilar Ruiz, «Del barco de chanquete a la intelectualidad», *CTXT*, 6 de abril de 2016.

20 José Antonio Fortes, *Intelectuales de consumo*, Córdoba, Almuzara, 2010.

21 Santiago Alba Rico, «Pontífices o amurallados», *CTXT*, 4 de mayo de 2016.

22 Vilar-Bou, «Sergio del Molino: "Los intelectuales no han sabido dar un nuevo discurso"», *op. cit.*

23 Gregorio Morán, *El cura y los mandarines*, Madrid, Akal, 2014, pp. 25, 29, 573 y 578.

24 *Ibid.*, pp. 783 y 785.

25 «La crisis y los intelectuales», *Expansión*, 31 de octubre de 2009.

26 Ignacio de Bidegain, «Tenemos los intelectuales que nos merecemos», *elmundo.es*, 5 de julio de 2013: <https://www.elmundo.es/blogs/elmundo/pasadopresentedeudas/2013/07/05/tenemos-los-intelectuales-que-nos.html>.

27 Benito Arruñada y Víctor Lapuente, «Viejos y nuevos intelectuales», *El País*, 29 de diciembre de 2014. Argumentos parecidos, en: Domingo Soriano, «Víctor Lapuente: "Los intelectuales españoles fomentan el populismo de los chamanes"», *Libre Mercado*, 31 de octubre de 2015.

28 Pablo Simón, «Demasiados Machados y ningún Max Weber», *Jot Down*, julio de 2016.

29 Cita recogida en Muñoz Soro, *Cuadernos para el Diálogo*, *op. cit.*, p. 75.

30 Ignacio Sánchez Cuenca, *La desfachatez intelectual. Escritores e intelectuales ante la política*, Madrid, Libros de la Catarata, 2016. El autor había adelantado las tesis de este libro en

artículos publicados en 2012 y 2013: «Literatura política», *El País*, 11 de enero de 2012; «Intelectuales y frívolos», *infoLibre*, 12 de junio de 2013.

31 Sánchez-Cuenca, *La desfachatez intelectual, op. cit.*, p. 18.

32 *Ibid.*, p. 43.

33 *Ibid.*, p. 10.

34 *Ibid.*, pp. 14 y 18.

35 *Ibid.*, p. 15.

36 *Ibid.*, pp. 36-37 y 41.

37 *Ibid.*, pp. 57 y 83.

38 «La idolatría del "intelectual"», *La Nación*, 11 de julio de 1937; citado en Ouimette, *Los intelectuales españoles, op. cit.*, pp. 64-65.

39 Sánchez-Cuenca, *La desfachatez intelectual, op. cit.*, p. 210.

40 *Ibid.*, p. 25.

41 *Ibid.*, p. 98.

42 *Ibid.*, p. 240.

43 Javier Marías, «En los años de la distracción», *El País Semanal*, 10 de marzo de 2013. Aquello era una respuesta explícita a las declaraciones de Muñoz Molina que se han citado antes, y mereció comentario por parte de otros autores: véase Jordi Gracia, «Guerra de mitos», *El País*, 17 de abril de 2013; Ignacio Echevarría, «Críticos y "comprometidos"», *El Cultural*, 3 de mayo de 2013.

44 Ramón González Férriz, «Los nuevos intelectuales», *El País*, 30 de mayo de 2014.

45 Jorge Urdánoz Ganuza, «Sánchez-Cuenca y los intelectuales», *infoLibre*, 20 de junio de 2016.

46 Justo Serna, «El intelectual culpable», *CTXT*, 29 de marzo de 2016.

47 Jordi Gracia, *El intelectual melancólico*, Barcelona, Anagrama, 2011; Esperanza Aguirre, «¿Intelectuales de derecha?», *ABC*, 7 de enero de 2013; Javier Cercas, «El hombre que dice no», *Letras Libres*, n.º 171, diciembre de 2015; José García Domínguez, «La muerte de los intelectuales», *Libertad Digital*,

14 de abril de 2015; Fernando Vallespín, «Cómo los tertulianos suplantaron a los intelectuales», *El País*, 1 de septiembre de 2019; Manuel Arias Maldonado, «Acotaciones a la figura del intelectual público en su fase digital I-III», *Revista de Libros*, 15, 22 y 29 de marzo de 2017.

48 «Los intelectuales y el poder. Una relación difícil», *Documentos RNE*, 10 de octubre de 2015, <https://www.rtve.es/radio/20151010/intelectuales-poder-documentos-rne/1234881.shtml>; Javier Bilbao, «El inevitable fracaso de los intelectuales metidos en política», *Jot Down*, octubre de 2014; «Intelectuales que cambiaron de idea», *Jot Down*, julio de 2015; Violeta Leiva, «Muertes del intelectual», *Jot Down*, septiembre de 2019.

49 «Fallece Eduard Punset, el intelectual que mejor utilizó la televisión para divulgar la ciencia», *Diario Crítico*, 22 de mayo de 2019; Fernando Vallespín, «Habermas: el último intelectual vivo», *El País*, 1 de septiembre de 2019. El documental en cuestión se tituló *Queridísimos intelectuales*; véase Jordi Costa, «Varietés intelectuales», *El País*, 22 de marzo de 2012.

50 «Ana Rosa, sobre Màxim Huerta: "Uno puede ser un intelectual y presentar un programa"», *El Español*, 7 de junio de 2018.

51 Sergio del Molino, «El regreso de los intelectuales», *El País*, 4 de abril de 2018.

CONCLUSIÓN

1 Christian Delacampagne, «Le philosophe masqué», *Le Monde*, 6 de abril de 1980. Cito la traducción al castellano aportada por Fernando Savater en «Los intelectuales, ante el semáforo», *op. cit.*

2 Aubert, «La historia de los intelectuales en España». *op. cit.*, p. 108.

BIBLIOGRAFÍA

DEL ÁGUILA, Rafael, ed., *Los intelectuales y la política*, Madrid, Fundación Pablo Iglesias, 2003.

ALONSO, Cecilio, *Intelectuales en crisis; Pío Baroja, militante radical (1905-1911)*, Alicante, Instituto de Estudios Juan Gil-Albert, 1985.

ANSÓN, Antonio, ed., *Televisión y literatura en la España de la transición (1973-1982)*, Zaragoza, Institución Fernando el Católico, 2010.

ARESTI, Nerea, *Médicos, donjuanes y mujeres modernas: los ideales de feminidad y masculinidad en el primer tercio del siglo XX*, Bilbao, Universidad del País Vasco, 2001.

AUBERT, Paul, *La frustration de l'intellectuel libéral. Espagne, 1898-1936*, Cabris, Sulliver, 2010.

— «Teoría y práctica de la Transición: el papel de los intelectuales», *Bulletin d'Histoire Contemporaine de l'Espagne*, n.º 50 (2016), pp. 127-162.

AZNAR SOLER, Manuel, «Los intelectuales y la política cultural del Partido Comunista de España (1939-1956)», en Manuel Bueno y Sergio Gálvez, eds., *Nosotros los comunistas. Memoria, identidad e historia social*, Madrid, Fundación de Investigaciones Marxistas, 2009, pp. 367-387.

CACHO VIU, Vicente, *Repensar el 98*. Madrid: Biblioteca Nueva, 1997.

CASASSAS, Jordi, ed., *Els intel·lectuals i el poder a Catalunya: materials per a un assaig d'història cultural del món català contemporani (1808-1975)*, Barcelona, Pòrtic, 1999.

COLLINI, Stefan, *Absent Minds: Intellectuals in Britain*, Oxford, Oxford University Press, 2006.

DOSSE, François, *La marcha de las ideas: historia de los intelectuales, historia intelectual*, Valencia, Universitat de Valencia, 2007.

FERNÁNDEZ, Pura y Marie-Linda Ortega, eds., *La mujer de letras o la "letraherida": discursos y representaciones sobre la mujer escritora en el siglo XIX*, Madrid, CSIC, 2008.

FOX, E. Inman, «El año 1898 y el origen de los "intelectuales"», en José Luis Abellán, ed., *La crisis de fin de siglo: ideología y cultura*, Esplugas de Llobregat, Ariel, 1975.

— *La invención de España: nacionalismo liberal e identidad nacional*, Madrid, Cátedra, 1997.

FUENTES CODERA, Maximiliano, *España en la Primera Guerra Mundial: una movilización cultural*, Tres Cantos (Madrid), Akal, 2014.

— y Ferran Archilés, eds., *Ideas comprometidas. Los intelectuales y la política*, Tres Cantos (Madrid), Akal, 2018.

GARCÍA QUEIPO DE LLANO, Genoveva, *Los intelectuales y la dictadura de Primo de Rivera*, Madrid, Alianza, 1987.

GÓMEZ MOLLEDA, Dolores, *El socialismo español y los intelectuales*, Salamanca: Universidad de Salamanca, 1980.

GONZÁLEZ CUEVAS, Pedro Carlos, *Maeztu: Biografía de un nacionalista español*, Madrid, Marcial Pons, 2003.

JULIÁ, Santos, *Historias de las dos Españas*, Madrid, Taurus, 2004.

— *Nosotros, los abajo firmantes. Una historia de España a través de manifiestos y protestas*, Barcelona, Galaxia Gutenberg, 2014.

— «Intelectuales ante el terrorismo (1975-1981)», *Grand Place*, n.º 5 (2016), pp. 163-174.

LÓPEZ-CHAVES, Pablo, *Los intelectuales católicos en el franquismo. Las conversaciones católicas internacionales de San Sebastián (1947-1959)*, Granada, Editorial Universidad de Granada, 2016.

MAINER, José-Carlos, «La fragua de los intelectuales», en *1898: entre la crisi d'identitat y la modernització*, Barcelona, Publicacions de l'Abadia de Montserrat, 2000.

MARSAL, Juan F., *Pensar bajo el franquismo. Intelectuales y política en la generación de los años cincuenta*, Barcelona, Península, 1979.

MENÉNDEZ ALZAMORA, Manuel, *La generación del 14: una aventura intelectual*, Madrid, Siglo XXI, 2006.

DE MIGUEL, Amando, *Los intelectuales bonitos*, Barcelona, Planeta, 1980.

MUÑOZ SORO, Javier, «Los apellidos de la democracia. Los intelectuales y la idea de democracia durante el franquismo (1939-1975)», *Cercles. Revista d'història cultural*, n.º 14 (2011), pp. 55-81.

— «Después de la tormenta: acción política y cultural de los intelectuales católicos entre 1956 y 1962», *Historia y Política*, n.º 28 (2012), pp. 83-108.

— *Cuadernos para el Diálogo*, Madrid, Marcial Pons, 2006.

ORY, Pascal y Jean-François Sirinelli, *Les intellectuels en France: de l'affaire Dreyfus à nos jours. 2e éd. mise à jour*, París, A. Colin, 1992.

OUIMETTE, Victor, *Los intelectuales españoles y el naufragio del liberalismo, 1923-1936*, Valencia, Pre-Textos, 1998.

PÉREZ DE LA DEHESA, Rafael, «Los escritores españoles ante el proceso de Montjuich», en C. H. Magis, ed., *Actas del Tercer Congreso Internacional de Hispanistas*, México, Colegio de México, 1970, pp. 685-694.

PICÓ, Josep y Juan Pecourt, *Los intelectuales nunca mueren: una aproximación sociohistórica (1900-2000)*, Barcelona, RBA, 2013.

ROBERTS, Stephen G. H., *Miguel de Unamuno o la creación del intelectual español moderno*, Salamanca, Ediciones Universidad de Salamanca, 2007.

SERRANO, Carlos, «El nacimiento de los intelectuales: algunos replanteamientos», *Ayer*, no. 40 (2000), pp. 11-24.

SKINNER, Quentin, «Meaning and understanding in the history of ideas», *History and Theory*, no. 8 (1969), pp. 3-53.

STORM, Eric, «Los guías de la nación: el nacimiento del intelectual en su contexto internacional», *Historia y Política*, no. 8 (2002), pp. 39-56.

TRAPIELLO, Andrés, *Las armas y las letras. Literatura y guerra civil*, Barcelona, Península, 2002.

TUSELL, Javier y Genoveva García Queipo de Llano, *Los intelectuales y la República*, Madrid, Nerea, 1990.

VARELA, Javier, *La novela de España: los intelectuales y el problema español*, Madrid, Taurus, 1999.

VILLACORTA BAÑOS, Francisco, *Burguesía y cultura: los intelectuales españoles en la sociedad liberal, 1808-1931*, Madrid, Siglo Veintiuno de España, 1980.

ZAMORA BONILLA, Javier, *Ortega y Gasset*, Barcelona, Plaza & Janés, 2002.

— «Los intelectuales», en Manuel Álvarez Tardío y Fernando del Rey, eds., *El laberinto republicano*, Madrid, RBA, 2012.

ÍNDICE ALFABÉTICO

intelectuales durante la, 70-
76, 94
Residencia de Estudiantes de
Madrid, 54, 86, 102, 154
Residencia de Señoritas, 91
Restauración, 154
Revista de Cataluña, 112
Revista de Occidente, 54, 130,
154
Revolución Gloriosa, 94, 95
Rico, Alba, 197
Rico, Francisco: *Historia y crítica
de la literatura española*, 152
Ridruejo, Dionisio, 106, 107,
119, 124, 125, 129
Ríos, Blanca de los, 75
Ríos, Fernando de los, 71, 73
Riquer, Borja de, 192
Riquer, Martín de, 158
Rius, Josep Carles, 194
Rivas Cherif, Cipriano de, 69
Roca Barea, María Elvira, 190,
191-192
Fracasología, 191
Imperiofobia y leyenda negra,
190-191
Rojo, Luis Ángel, 186
Romero, Emilio, 141
Rousseau, Jean-Jacques, 15, 155,
212
Rubio Cabeza, V. Manuel: *Los
intelectuales españoles y el 18
de julio*, 153
Ruiz, Pilar, 197
Ruiz Gallardón, José María,
124
Ruiz-Giménez, Joaquín, 107,
124, 251 n., 257 n.

Ruiz Muñoz, Emilio, sacerdote,
73, 94
Rusia, *intelligentsia* en, 22, 24
Rusia soviética, 66
Rusiñol, Santiago, 58

Sainz Rodríguez, Pedro, 75, 83
conferencia «La evolución
política española y el de-
ber de los intelectuales»,
79
sobre la palabra *intelectual*,
56
Salaverría, José María, 50, 59, 87
Salinas, Pedro, 53, 69
Salmerón y García, Nicolás, 69
San Sebastián, Isabel, 178
Sánchez Albornoz, Claudio, 71
Sánchez Ferlosio, Rafael, 130
Sánchez León, Pablo, 196
Sánchez Mazas, Miguel, 113,
124
Sánchez-Albornoz, Claudio,
139
Sánchez-Cuenca, Ignacio, 192,
202, 203
La desfachatez intelectual,
199, 200-201, 203
Sanz del Río, Julián, 95
Sapiro, Gisèle, 161
Sartre, Jean-Paul, 15, 130, 133,
163, 196
Sastre, Alfonso, 147-148, 149,
151-152, 165, 166, 169-170
Saura, Carlos, 251 n.
Savater, Fernando, 157, 170,
171, 174, 175, 185, 192, 200,
256 n.

Este libro
se terminó de imprimir en
Fuenlabrada, Madrid,
en el mes de febrero de 2023